# 巨大的鸿沟

## THE GREAT DIVIDE

Unequal Societies and

What We Can Do

About Them

[美] 约瑟夫·斯蒂格利茨 著

Joseph E. Stiglitz 诺贝尔经济学奖得主

黄菊 杨睿 译

机械工业出版社

CHINA MACHINE PRESS

当今的美国如何成了世界上最不平等的发达国家，以及这个国家又该如何解决这个问题呢？约瑟夫·斯蒂格利茨给出明确的诊断，也指明了出路。斯蒂格利茨通过其特有的、饱含激情但又条理清晰的讲述，据理主张"不平等是一项选择"，是不公正的政策和被误导的优先次序不断积累的后果。斯蒂格利茨呼吁人们正视"美国的经济不平等是由政治和道德问题造成的"。如果美国从现在开始重新投资于人民，并遵行他所描绘的其他政策，所有美国人就能够拥有一个更繁荣、更平等的社会。

## 图书在版编目（CIP）数据

巨大的鸿沟：重译版 /（美）约瑟夫·斯蒂格利茨 (Joseph E. Stiglitz) 著；黄菊，杨睿译 .—北京：机械工业出版社，2024.4

书名原文：The Great Divide: Unequal Societies and What We Can Do About Them

ISBN 978-7-111-75192-2

Ⅰ.①巨… Ⅱ.①约… ②黄… ③杨… Ⅲ.①平等（经济学）—研究 Ⅳ.① F036

中国国家版本馆 CIP 数据核字（2024）第 043081 号

机械工业出版社（北京市百万庄大街22号　邮政编码100037）

策划编辑：顾　煦　　　　　　责任编辑：顾　煦　牛汉原
责任校对：杨　霞　李　杉　　责任印制：刘　媛

涿州市京南印刷厂印刷

2024年5月第1版第1次印刷

170mm×230mm·27.5印张·1插页·291千字

标准书号：ISBN 978-7-111-75192-2

定价：99.00元

电话服务　　　　　　　　　　网络服务

客服电话：010-88361066　　机 工 官 网：www.cmpbook.com
　　　　　010-88379833　　机 工 官 博：weibo.com/cmp1952
　　　　　010-68326294　　金 书 网：www.golden-book.com
**封底无防伪标均为盗版**　　机工教育服务网：www.cmpedu.com

巨大的鸿沟

# 不平等的社会以及我们的应对之法

—

　　美国是如何成了世界上最不平等的发达国家的，以及这个国家又该如何应对呢？在《巨大的鸿沟》一书中，约瑟夫·斯蒂格利茨拓展了他在畅销书《不平等的代价》中给出的明确诊断，并提出了一些应对美国这一越发严重问题的办法。斯蒂格利茨通过其特有的、饱含激情但条理清晰的陈述，据理主张"不平等是一项选择"，是不公正的政策和被误导的优先次序积累的结果。纵观斯蒂格利茨为《名利场》杂志和《纽约时报》等热门媒体撰写的一系列文章，他全面地揭露了美国的不平等——各个维度的不平等、不平等的成因，以及不平等对美国乃至全世界的影响。时间从里根时期跨越到"大衰退"的出现以及其后的漫长余波之中，斯蒂格利茨深入研究了那些不负责任的政策——放松管制、减税、为顶层 1% 的人提供税收优惠，这些政策把很多美国人抛弃得越来越远，让"美国梦"变成了一个越来越难以企及的神话。他借助自己功底扎实且通俗易懂的经济学洞察力，敦促我们接受真正的解决方案——对企业和富人加税；为贫困儿童提供更多的帮助；投资教育、科学和基础设施；救助房屋业主而非银行；最重要的是，要采取更多措施恢复经济直至达到充分就业的状态。斯蒂格利茨还将斯堪的纳维亚国家、新加坡和日本的教训引以为戒，反对欧洲国家非必要的、具有破坏性的经济紧缩之风。最终，斯蒂格利茨认为我们并不一定要在经济增长和社会公平之间做出取舍，只要有恰当的政策，我们可以实现两者兼顾。他的不满并不是针对资本主义本身，而是 21 世纪的资本主义被引入歧途了。斯蒂格利茨呼吁人们正视美国的经济不平等是由政治和道德问题造成的。如果美国重新投资于人民，并奉行他所描述的其他政策，美国就能实现所有人的共同梦想——成就一个更繁荣、更平等的社会。

献给我的众多读者，

你们一直在热心地回应着我关于不平等和机会的文章。

献给我的孩子西沃恩、迈克尔、杰德和朱莉娅，

以及我的妻子安雅，

你们都在用自己的方式争取创造一个更公平、更美好的世界。

还要献给全球各地的学者和积极分子，

你们都为社会正义做出了不懈努力。

感谢你们给予我的启发和鼓励！

# 目　录

# 引　言

—

**当今，没人能够否认美国存在着巨大的鸿沟**。这条大鸿沟将某些被称为 1% 最富有的人与其他人割裂开来。那些人的生活与我们普通人简直判若云泥——他们有着完全不同的焦虑、不同的志向，以及不同的生活方式。

普通的美国人会焦虑如何支付子女的大学学费，焦虑如果家里有人得了重病该怎么办，焦虑如何负担自己的退休生活。在"大衰退"最严重的阶段，数以千万的美国人在担心他们能否保住自己的房子。数百万的家庭连这一点都没能做到。

1%（甚至更顶端的 1‰）中的那些人所探讨的问题是：到底要购买什么样的私人喷气式飞机？什么是最佳的避税路径？如果美国政府强迫瑞士终止银行保密制度，会发生什么后果？开曼群岛会是下一个目标吗？放在安道尔的钱还安全吗？在南安普敦的沙滩上，他们抱怨那些乘直升机往返纽约市的邻居在降落时产生的噪声。他们同样还会担心，如果他们从云端跌落后会怎么样——尽管他们与普通人的差距有如此之大，但在极少数的情况下，这样的事情确实也会发生。

不久之前，我参加了一场晚宴，睿智但忧心忡忡的举办者正是那 1% 中的一员。由于意识到这场巨大的鸿沟，主人召集了一群超级亿万富翁、顶尖学者及同样为不平等担忧的其他人士共聚一堂。就在当晚闲聊刚刚开始的时候，我无意中听到一位亿万富翁（他的人生第一桶金是通过继承获得的）和另一位富人讨论起来，他们认为美国人懒惰的症结在于这些人总想着从其他人身上不劳而获。而在此后不久，他们竟顺势将话题转到了避税天堂——二人明显没有意识到这其中反衬出的讽刺意味。与会者们为了互相提醒放任不平等发展到极端境地的风险，法国的玛丽皇后被送上断头台的典故在当晚被多次提起——"勿忘断头台"成为那晚聚会的主题。在此起彼伏的呼应中，他们坦然承认了本书的核心主旨——美国不平等的严重程度并非不可避免，这不是无情的经济规律的必然结局，而是由政策和政治造成的。他们似乎想要表达，他们这些权贵人士有可能做出让不平等出现转机的行动。

越来越多的富人也意识到，当绝大多数公民的收入停滞不前时，他们所赖以富裕兴旺的持续经济增长就不可能出现。这就是为什么那 1% 的人也越来越急迫地关心不平等问题。

在全球精英云集的 2014 年达沃斯经济论坛年会上，英国乐施会言之凿凿地指明了全球日益加剧的不平等程度，它指出一辆载有85位全球亿万富翁的客车，它所承载的财富相当于世界上50%底层人口的财产之和——总共30亿人的财产。[1]而在一年之后，这辆承载着同样比例财富的客车变小了，只需要80个座位就够了。更夸张的是，乐施会还发现，尽管现在世界上最富有的1%的人拥有世界上接近一半的财富，但依照这个趋势，到2016年他们的财富有望与其余99%的人的财产总和相当。

美国这场巨大鸿沟的形成用了非常长的时间。在第二次世界大战（以下简称二战）结束后的几十年里，这个国家以前所未有的速度增长，而且整个国家都在增长。当所有的阶层都感受到收入的增长时，这就是共享的繁荣。底层人群的收入增速比顶层人群还高。

那是美国的黄金时代，但即便那时年少的我也能明显察觉其中的难掩之瑕。我小时候生活在密歇根湖南岸的印第安纳州加里市，那是美国典型的工业城市之一。我见识过贫困、种族歧视和一次又一次经济衰退重创美国后带来的阶段性失业潮。劳资纠纷在那时十分普遍，因为工人们都想从美国备受全世界赞誉的繁荣中争取到理应属于自己的那份。我听到了关于美国是一个中产阶级社会的说法，但在极大程度上，我所遇到的人都生活在这个所谓"中产阶级社会"的底层，他们还不属于能够左右这个国家的群体。

我的家庭并不富裕，但我的父母尽力做到量入为出——现在看来，那也是最终我们能维持生活的关键。我穿哥哥的旧衣服，母亲总是在打折时买衣服，她更看重结实耐用，而非计较价格。就像她常爱讲的，可不能"小事精明，大事糊涂"。我母亲在"大萧条"期间毕业于芝加哥大学，在我的童年时代，她一直帮我的父亲打理保险生意。当她去工作时，我们就由家里的"帮手"米妮·法耶·埃利斯照看。她是一个有爱心又勤劳能干的聪明女人。即便那时我只有十岁，我在心中还是有些困惑——为什么在这个本应所有人都很富有、本应给所有人公平地提供机会的国家里，她却只念过小学？为什么她要来照看我们，而不是陪伴她自己的孩子呢？

在我高中毕业后，我的母亲终于有机会去实现她自己的人生抱负——重新回到学校，通过学习考取了教师资格证，并去小学任教。她在加里市的公立小学教书，随着"白人大迁徙"⊖的到来，她成为这所事实上已经变成种族隔离的学校里为数不多的白人教师之一。等到 67 岁被强制退休之后，我的母亲开始在印第安纳州普渡大学西北分校教书，致力于让尽可能多的人接受大学教育。直到耄耋之年，她才彻底退休。

就像我的许多同龄人一样，我迫切期待改变。但我们知道改变社会是困难的，这需要时间。我没经历过加里市同辈人所面对的种种困难（除了偶尔被歧视），但我与他们能够产生共鸣。我花费几十年详细研究与收入相关的统计数据，我察觉到，美国并不像它自己宣称的那样是一片充满机会的土地——对于某些人来说，机会非常多，但对于其他人却并非如此。"阿尔杰式"⊖的白手起家至少在某种

---

⊖ 所谓"白人大迁徙"，也有人翻译为"白人群飞"，是指在美国社会，经济地位较高的白人迁离黑人聚集的市中心，移居城郊的好社区，以避免种族混居，并躲开城市日益升高的犯罪率和税收负担。——译者注

⊖ 霍雷肖·阿尔杰（1832~1899年），美国儿童小说作家。作品有130部左右，大多是讲穷孩子如何通过勤奋和诚实获得财富和社会成功的。——译者注

程度上就是一个神话——众多努力工作的美国人永远都无法获得成功。我是幸运的，美国确实为我提供了机会——一份全美优秀学生奖学金让我得以进入阿默斯特学院。最重要的是，这个机会为我打开了一个在未来还能提供其他更多机会的世界。

正如我在《美国黄金年代的神话》一文中解释的那样，在阿默斯特学院读到大三的时候，我将专业从物理学改为经济学。我想要查明我们的社会是如何运行的。我成为一名经济学家，不仅是为了理解不平等、歧视和失业，我还希望能为解决这些困扰美国的问题做出贡献。我在麻省理工学院博士论文中最重要的章节研究了收入和财富分配的决定因素，而且是在罗伯特·索洛和保罗·萨缪尔森（二人后来都获得了诺贝尔经济学奖）的指导下完成的。1966 年在世界计量经济学会（这是一个专注于数学和统计学在经济学上的应用的国际经济学家组织）的一次会议上这项成果被展示过，并于1969 年发表在该协会的期刊《计量经济学》上，但过了半个世纪，它仍然常常被当作思考这一类题材的框架。

喜欢读不平等分析的受众并不太多，无论是经济学家还是普通大众，喜欢听对不平等的分析的人并没有很多。人们对这个话题并不感兴趣。在经济学界，甚至有人对此怀有赤裸裸的敌意。尽管自从里根当政时起，美国的贫富差距就开始显著加剧，但现在这种状况依然存在。著名经济学家、芝加哥大学的诺贝尔经济学奖得主罗伯特·卢卡斯就极力表明："在对健全的经济学最有害的那些倾向中，最有诱惑力、在我看来也最有毒的，是对分配问题的关注。"[2]

与许多保守的经济学家一样，卢卡斯认为帮助穷人的最好方法是做大整个国家经济蛋糕的总量。他相信，把精力集中在分给穷人的那一小块蛋糕上，会分散人们对如何做大蛋糕这一根本问题的关注。事实上他认为，经济学长久以来的两个传统问题（效率和公平分配，或做大蛋糕和分配蛋糕）是可以分开考虑的，而经济学家的工作是有明确定位的，重要但很困难——尽量找出做大蛋糕的方法。而蛋糕的分配就该是一个政治问题，在很多时候，经济学家应该与这个问题划清界限。

像卢卡斯这样的立场在经济学界极为流行，也就难怪经济学家对美国日益加剧的不平等几乎视若无睹。他们并不会在意的现状是，GDP 不断增长的同时大部分美国人的收入却停滞不前。这种忽视意味着他们根本无法很好地解释经济中正在发生的情况，他们无法把握不平等加剧所带来的可能影响，并且他们也无法制定出能让国家走上一条不同道路的政策。

这就是为什么我如此欣然接受《名利场》杂志在 2011 年的邀约，这让我将这些问题呈现给更广泛的读者。最终刊载的《1% 的人的民有、民治和民享》确实比我几十年前在《计量经济学》上的文章有了更广泛的读者。我在《名利场》上的文章所讨论的新社会秩序（99% 的美国人在同一条停滞不前的船上）被引申成为"占领华尔街"运动的口号"我们就是那 99%"。它所表达的观点在这里的文章和我后面的文章中会反复出现——如果不平等的状况有所减少，我们几乎所有人，也包括那 1% 中的许多人，实际上能过得更好。出于理性的利己主义，1% 的人也要帮助构建一个不那么割裂的社会。我并非寻求发动一场新的阶级斗争，而是想要重新找回国家的凝聚感，美国社会中出现的大鸿沟已经让这种凝聚感变得淡薄。

那篇文章所关注的问题是"为什么我们应该担心大幅加剧的不平等？"——因为这不仅是一个价值观和道德的问题，也是一个经济问题，更关乎美国社会的本质以及国家的认同感。尽管美国仍然维持着世界上最庞大的军事力量（美国的军费开支几乎是全球总和的一半），但我们在伊拉克和阿富汗陷入的长期战争暴露了武力的局限性：即便面对远远弱于美国的一些国家，我们也无法牢牢控制哪怕是一小片的土地。美国的真正力量一直是它的"软实力"，最为明显的是它的道德和经济的影响力，这是它为其他国家树立的典范。

不幸的是，由于不平等的加剧，美国的经济模式并没有让大部分的国内人口获益——扣除通货膨胀因素，典型的美国家庭的生活水平还不如 25 年之前。甚至贫困人口的比例也有所上升。一个不能让大多数国民获益的经济模式就不是其他国家效仿的楷模。

《名利场》杂志上的那篇文章促成了我的一本新书《不平等的代价》，在这本书中我深入地探讨了许多在那篇文章中提及的主题，而接着又引来《纽约时报》在 2013 年邀请我撰写了一系列关于不平等的文章，系列的名称就是"巨大的鸿沟"。我深深地希望，通过这个系列，我能进一步唤醒美国，让大家意识到我们所面临的问题——美国并不是我们本国人（甚至许多其他国家的人）所认为的那片充满机会的乐土。我们已成为不平等程度最高的发达国家，我们也是机会公平程度最差的国家之一。我们的不平等表现在很多方面。但它们不是不可避免的，也不是经济规律的必然产物；相反，它们是我们政策和政治的结果。换一种政策就有希望产生不同的效果，也许能得到更好的经济表现（无论如何衡量）和更低的不平等水平。

最初为《名利场》写的那篇文章以及后来的"巨大的鸿沟"系列文章构成了本书的核心。而在近 15 年来，我每个月还为《报业辛迪加》撰写一个联合专栏。创办《报业辛迪加》的初衷就是致力于将现代经济思想引入东欧国家，所以它也适逢其时地获得了巨大的成功，以至于如今全球各地的报纸都会纷纷转载它上面的文章，其中也包括大多数发达国家的出版媒体。不出所料，我为《报业辛迪加》所写的许多文章都是关于不平等的这个方面或者那个方面，从中精选的一些文章（包括发表在其他各种报纸和期刊上的文章）也被收录到这里。

尽管这些论文的关注点是不平等，但我还是决定添上几篇关于"大衰退"的——它们都写于 2007 ~ 2008 年的金融危机期间以及金融危机之后，那时候的美国和世界经济步入"大萎靡"。这些文章理应放在本书中，因为金融危机和不平等是密不可分的——不平等推动了这场危机的产生，危机加剧了早就存在的不平等，而这些不断恶化的不平等又造成了经济的严重下滑，使强劲复苏变得希望渺茫。就像不平等本身一样，这场危机的伤害之深和持续之久也不是不可避免的。事实上，这场危机并不是像百年一遇的大洪水或地震那样的天灾。与巨大的不平等一样，这也是我们政治和政策的后果，正是我们给自己种下的恶果。

本书的内容是关于不平等的经济学。但就像我刚刚讲过的那样，经济和政治无法被严格分割。在本书的很多文章和早先的《不平等的代价》中，我讲述了政治与经济之间的恶性循环——更多经济上的不平等会转化为政治不平等，尤其是在美国的政治体系中，这给了有钱人如此不受约束的权力；政治上的不平等反过来又加剧了经济不平等。但伴随着许多普通美国人对政治进程的幻想破灭，这个循环进一步恶化：在 2008 年危机之后，数千亿美元被拿去救助银行，却几乎没有资金用来帮助房屋业主。受到财政部部长蒂莫西·盖特纳和国家经济委员会主席劳伦斯·萨默斯的影响，奥巴马政府从一开始就很不支持，甚至坚决反对将住房抵押贷款进行再融资，以减轻数百万美国人遭到掠夺性和歧视性银行贷款的痛苦。而这二人都是放松管制政策的缔造者，他们的政策助长了这场危机。这也就无怪乎在那之后，有那么多的民众对两党都心怀不满。

我抵制住了对纳入本书中的文章进行修改或扩展，甚至增减的诱惑。我也不会重新恢复当时为了尽量满足字数限制而不得不抛弃的原始片段的"剪辑"和一些重要想法。[3]新闻写作的格式有其值得称道之处：它的篇幅短小精悍，凸显对当前重大问题的时效性，而不需要像学术写作那样，需要提前阐明所有的适用条件和注意事项。这些文章经常会涉及当时激烈的辩论，在写作时我想向读者表达出更深刻的信息。我希望，本书在传递这些更广泛的主题上也能够取得成功。

之前作为国家经济顾问委员会主席以及世界银行的首席经济学家，我偶尔会写一些专栏文章，但在 2000 年接到《报业辛迪加》的邀约撰写月度专栏之后，我才开始按时写作。这项艰巨的任务极大地增加了我对那些每周必须写一到两篇专栏的人的敬意。相比之下，每月写一篇专栏的主要难题之一是如何选择题材：在世界各地每个月出现的诸多经济问题之中，哪一个最值得关注，并在当时的背景下所表达的信息能反映出更广泛的意义？

巨大的鸿沟（在美国和许多其他发达国家正在上演的巨大不平等）、经济上的管理失当、全球化，以及国家和市场的作用，是过去十年中我们社会面临的四大核心问题。正如这本书所示，这四个问题是相互关联的。对宏观经济的困境、2008 年金融危机以及随之而来的长期经济低迷，日益加剧的不平等既是原因，也是其后果。无论全球化对促进经济的快速增长有什么样的好处，它都加剧了不平等——尤其是考虑到我们对全球化的失当应对。反过来，我们对经济的管理不善和对全球化的应对失当，都与我们政治体系中特殊利益集团的影响力有关——我们的政治越来越多地代表着那 1% 的人的利益。但是，尽管政治是造成我们当前困境的一部分原因，但我们也只有通过政治才能找到解决办法：市场仅依靠自身对此束手无策。不受约束的市场将招致更多的垄断、金融业更多的肆意妄为、更失衡的贸易关系。只有通过民主改革（让我们的政府对全体国民更加负责，更多地反映人民的利益），我们才能抚平这条巨大的鸿沟，重归整个国家的共同繁荣。

本书中的文章分为八个部分，每个部分的开篇都有一篇介绍性的短文，尽量解释该部分文章的写作背景，或谈论一些因篇幅限制而未能在这些文章中详述的问题。

我将以"前奏：裂痕初显"作为开篇。在金融危机爆发之前的几年里，包括美联储主席艾伦·格林斯潘在内的国家经济领导者夸口说，新经济可以避免过去反复折磨我们的经济波动，这所谓的"大稳健"带来了一个低通货膨胀和看似高增长的新时代。但人们只要稍微细心观察，就能发现这只不过是虚有其表，背后掩盖了大尺度的经济管理不当和政治腐败（有些已经在安然丑闻中曝光）。更不堪的是，经济增长的成果并没有被大多数美国人分享，同时大鸿沟正在越发割裂。这一部分还描述了金融危机的产生以及它的后果。

我在第一部分中概述了一些关于不平等的关键问题（包括在《名利场》杂志上发表的《1% 的人的民有、民治和民享》和《纽约时报》上"巨大的鸿沟"系列的开篇之作），继而在第二部分中用两篇文章来回忆我最初是如何对这些课题产生兴趣的。第三部分、第四部分、第五部分分别涉及不平等的几个方面、原因及后果；第六部分表达了对核心政策理念的一些看法；第七部分着眼于其他国家的不平等以及旨在尝试解决这一问题的政策。最后，在第八部分中，我将聚焦造成当今美国不平等的核心根源之一——劳动力市场的长期疲软。我想知道，如何才能最好地让美国人重返工作岗位，让他们找到体面的工作，获得合理的工资。后记中包括《名利场》的编辑库伦·墨菲对我做的一篇简短访谈，其中谈到了一些在讨论不平等中被反复提到的问题，比如：从何时开始，美国走上了错误的道路？那 1% 的人不就是创造出更多就业岗位的人吗？他们难道就不会打造更加平等的社会，以免最终伤害到其他 99% 的人吗？

## 致　谢

这不是一本标准的学术著作，而是我多年以来为各类期刊和报纸所撰写的关于不平等问题的文章和论文的合集——这场巨大的割裂在美国尤为严重，但在世界上其他许多国家也有一定程度的表现。然而，这些文章都是基于长时间的学术研究——最早始于 20 世纪

60 年代中期，当时我还是麻省理工学院的研究生，后来成为英国剑桥大学的"富布赖特"学者。从那时起一直到最近，美国的经济学领域对这一课题都不太关注。因此，我要深深地感谢我的论文导师、两位 20 世纪最伟大的经济学家——罗伯特·索洛（他本人的学位论文就是关于这个课题的）和保罗·萨缪尔森，是他们鼓励我从事这一方向的研究，他们用深邃的洞察力指导着我。[4] 还要特别感谢我的第一位合著者——乔治·阿克洛夫，我们一同获得了 2001 年的诺贝尔经济学奖。

在剑桥大学的时候，我们经常讨论收入分配的决定因素，从与弗兰克·哈恩、詹姆斯·米德、尼古拉斯·卡尔多、詹姆斯·莫里斯、帕萨·达斯古普塔、大卫·钱珀瑙恩和迈克尔·法雷尔的交谈中，我获益良多。我在剑桥还辅导过安东尼·阿特金森，并在那里开始了与他的合作，他后来成为近半个世纪研究不平等领域的顶尖学者。拉维·坎伯尔、阿尔琼·佳亚德福、卡拉·霍夫和罗伯·约翰逊也都曾是我在剑桥大学时的学生或者同事，他们教我的很多知识与本书中所讨论的主题有关。

罗伯·约翰逊现在是新经济思维研究所（Institute for New Economic Thinking, INET）的所长，这家研究所成立于"大衰退"之后。面对满目疮痍的经济，人们逐渐认识到标准经济模型并不能很好地效力于美国或世界的经济增长，形成一种新经济思维（包括更加关注不平等和市场的局限性）是必要的。我十分感谢新经济思维研究所对支撑书中论文的基础研究所做出的贡献。[5]

尽管不平等和宏观经济表现之间的联系是我长久以来理论研究

和政策建言关注的重点，不过有人（包括国际货币基金组织）终于越来越认识到这种联系的重要性。在此，我要感谢与哥伦比亚大学同事布鲁斯·格林沃尔德和何塞·安东尼奥·奥坎波的合作，以及联合国大会主席任命的"国际货币和金融体系改革专家委员会"的工作，该委员会由我担任主席。[6]

当今任何研究不平等问题的人都要感谢伊曼纽尔·赛斯和托马斯·皮凯蒂，这二位不辞辛劳地整理了大量的数据，揭露了巅峰时期的美国及其他许多发达国家的不平等程度。对这本书产生显著影响的其他顶尖学者还包括弗朗索瓦·布吉尼翁、布兰科·米拉诺维奇、保罗·克鲁格曼和詹姆斯·加尔布雷斯。[7]

当库伦·墨菲还在《大西洋月刊》当编辑的时候，他就说服我写一篇关于我在白宫某些经历的文章（一篇名为《喧嚣的九十年代》的文章最终促成了我第二本书的出版，那本书有着更广泛的读者）。[8]这不仅为我提供了把深思熟虑多年的很多想法整理成文字的机会，还为我提出了一项新的挑战——能不能以一种简洁的方式来阐述复杂的观点，让它们得以广泛地传播？我在那之前与他人合著过很多学术论文，而编辑与作者之间的紧密关系在某些方面是有共通之处的，但是在其他方面则全然不同。编辑与作者有着完全不同的角色；编辑了解读者，而我却对此知之甚少。我逐渐开始理解一位优秀编辑对塑造一篇文章所起的作用。即使是经他们之手修改过行文的方式，优秀的编辑也能把作者的声音完整地传递给读者——在很多时候，修改过的文字甚至让话题更吸引人。

继《喧嚣的九十年代》之后，我还为《大西洋月刊》写过几篇文章。

在库伦·墨菲转到《名利场》杂志后，他继续向我索要稿子。其中《资本主义的蠢货》（也被囊括在本书之中）写于"大衰退"前后，因其出色的新闻性获得了著名的"杰拉尔德·勒布奖"。显然，在库伦的督促之下，我在写作上的功夫取得了长足的进步。

我为《名利场》撰写的每一篇文章，库伦都提供了紧密的配合，其中有四篇被收录在本书中。本书的最大意义在于，是他主动邀约并与我共同付出了努力，才成就了那篇《1%的人的民有、民治和民享》的，从而促成我写成了《不平等的代价》和这本书。而该文的篇名是出自格雷登·卡特的建议，后来"我们就是那99%"成为"占领华尔街"运动的口号，也是美国"大鸿沟"的标志。

我与《报业辛迪加》《名利场》《纽约时报》以及许多其他媒体的合作，体现在这本书的很多文章之中，让我有机会表达我对世界上正在发生的事情的看法——我得以成为一名专家，或许我看上去思维比以前更缜密，这得益于我能够自主选择话题并有时间深思熟虑，而不必像周日早间节目中的嘉宾那样，不得不对着众多话题侃侃而谈。

每一篇文章的编辑对收录在此的论文都做出了无法估量的贡献。我特别要感谢《纽约时报》"巨大的鸿沟"系列的编辑斯维尔·陈和亚伦·雷蒂卡，这个系列贡献了本书的书名。早在2012年底我们就在一起策划如何将美国日益严重的不平等问题（各个方面的不平等及其后果）全面地呈现在美国人民面前。但在那之前，斯维尔就曾编辑过马克·赞迪与我合著的一篇论文《拯救美国房地产的最后一招：大规模抵押贷款的再融资》（该文也收录在本书中）。亚伦和斯维尔对本书中的 16 篇《纽约时报》文章进行了出色的编辑工作。我有个喜欢长篇大论的癖好，总是不忍看到作品被大幅删减，但新闻行业限制用 750 个单词甚至 1500 个单词来表述一系列的观点，这确实是一项挑战。亚伦和斯维尔总能在删除无关紧要的修饰时加入一些深刻的见解。

在我非常感激的其他众多编辑中，还有安杰依·拉帕钦斯基、库伦·墨菲及《报业辛迪加》的其他工作人员、艾莉森·西尔弗（现在在汤森路透工作）、美国政治新闻网的迈克尔·赫什、《时代周刊》的拉娜·福鲁哈尔、《卫报》的菲利普·奥尔特曼、《哈泼斯》杂志的克里斯托弗·贝赫、《纽约每日新闻》的乔舒亚·格林曼、《今日美国》的格伦·西村《华盛顿邮报》的弗雷德·希亚特《华盛顿月刊》的艾德·佩斯利。我同样应该感谢《经济学人之声》的亚伦·艾德林、《报业辛迪加》的罗曼·弗莱德曼，还有罗斯福研究所的菲莉西娅·王、凯茜·哈丁、麦克·康扎尔和内尔·阿伯纳西，他们都给予我鼓励和支持。我曾为罗斯福研究所写过一份政策简报，这份白皮书在本书的《假冒的资本主义》中有所描述。<sup>⊖</sup>

罗斯福研究所和哥伦比亚大学提供了无与伦比的机构支持。脱胎于罗斯福总统图书馆的罗斯福研究所，已经发展成为美国顶尖的智库之一，推行罗斯福家族所主张的社会公正和经济正义的理念。福特基金会和麦克阿瑟基金会以及伯纳德·施瓦茨为罗斯福研究所和哥伦比亚大学的不平等研究项目提供了慷慨的支持。

---

⊖　实际上相关描述出现在《缓慢的增长和不平等是政治选择，我们还可以有其他的选择》一文中。——译者注

在过去的 15 年里，哥伦比亚大学一直是我的学术家园。它赋予我从事研究的自由，让我有了热衷于探讨各式思想的学生，云集了能让我受教良多的同事。哥伦比亚大学给了我茁壮成长的土壤，让我可以做我喜欢的事情——学术研究、教书育人，以及提出如我所愿能让世界变得更美好的想法。

另外，我要感谢诺顿出版社的总裁德雷克·麦克菲里，在编辑本书上付出非凡辛劳的老朋友、编辑布兰登·库里，以及提供帮助的索菲·迪韦诺瓦。与过去一样，我也要感谢诺顿出版社的伊丽莎白·科尔和雷切尔·萨尔茨曼，感谢他们发行了这本书，以及他们多年来对我的支持。多年来，我也从企鹅出版社的编辑斯图尔特·普罗菲特的细心编辑中获益匪浅。

如果没有一个平稳运作的办公室，我是无法完成这本书的。所以，我要感谢汉娜·阿萨迪和朱莉娅·库尼科对办公室的管理，以及萨拉·托马斯和鞠佳明对此的支持。

埃蒙·基切尔–艾伦不仅掌管发行的全过程，还在其中担任了编辑。我要加倍感谢他——书中的每一篇文章在最初出版时都是由他编辑的。

一如既往，我应当向我的妻子安雅表达最高的谢意。她坚定地相信我在这本书中讨论的话题，以及把它们传递到更广泛领域的重要性。她在我这样做的过程中提供了鼓励和帮助，她与我反复讨论我所有书背后的理念，并帮助我塑造和打磨它们。

# 注　释

1. 参见《为少数人服务：政治捕获与不平等》（《乐施会简报》第178期，2014年1月20日）。

2. 参见罗伯特·卢卡斯所著《工业革命：过去和现在》（《明尼阿波利斯联邦储备银行2003年度报告论文集》，2014年5月1日）。他继续说道："工业革命至今200多年发生的亿万人福祉的巨大增加，几乎没有丝毫可以归因于资源从富人到穷人的直接再分配。通过找出当前产出的不同分配方法来改善穷人生活的可能，相较于产出增加的无限潜力而言，是无足轻重的。"

3. 有个别情况，由于有其他头条作者无意中选择了过于相近的主题，我就修改了该文的标题。这一决定意味着，不同文章中讨论的主题不可避免地会有一些重复。为了避免重复，收录在本书中的文章会有一些小幅的编改。

4. 我之后与索洛合写过一篇论文，其中涉及不平等和需求在宏观经济上多个方面的体现。参见《短期之内的产出、就业和工资》一文，《经济学季刊》，82卷（1968年11月）：537～560页。

5. 值得一提的是，最初发表在《名利场》上的文章《就业之书》，是基于与布鲁斯·格林沃尔德和其他合著者所做的联合调查，并在INET资助下完成的。参见《行业失衡与长期危机》，收录于《全球宏观经济和金融》，第150-Ⅲ卷，61～97页；以及《流动性约束，生产率趋势和扩大的危机》《经济行为与组织》期刊，第83（3）期：375～393页。

6. 委员会成员包括何塞·安东尼奥·奥坎波、罗伯·约翰逊和让－保罗·菲图西。委员会报告载于拙作《斯蒂格利茨报告：后危机时代国际货币体系改革金融》。我与让－保罗·菲图西和阿马蒂亚·森共同担任"经济表现与社会进步国际委员会"的联席主席，该委员会强调从GDP数据以外的多角度衡量人民幸福程度。委员会的很多理念在本书收录的文章中有所体现。该委员会工作现在由经济合作与发展组织（OECD）继续承担。委员会报告详见斯蒂格利茨、阿马蒂亚·森和让－保罗·菲图西合著的《对我们生活的误测：为什么GDP增长不等于社会进步》。

7. 更完整的致谢名单载于平装版的《不平等的代价》。

8. 载于1992年10月《大西洋月刊》的《喧嚣的九十年代》一文，最终形成了《喧嚣的九十年代：一部关于全球最繁荣十年的新历史》一书。

# 前奏

# 裂痕初显

—

　　这本书要从"大衰退"的开端讲起，事件的发生要早于在《纽约时报》上开始连载"巨大的鸿沟"系列文章很多年。相关的内容最初发表在 2007 年 12 月的《名利场》杂志上，而正是在那时，美国经济开始陷入衰退，并且那次衰退后来被认定是自"大萧条"时期以来最严重的一次。

　　在此之前的三年里，我与其他一小群经济学家一直在对即将到来的经济崩溃发出警告。事实上，人人都能看到危险将至的信号——但是太多人挣到了大笔的钱，对此事睁一眼闭一眼似乎更容易一些。盛宴还在进行中——只有少数上层人士有资格被邀约享用，而我们其余人被要求买单。然而，不幸的是，那些本应确保经济平稳运行的人却与那些举办盛宴狂欢并享受着所有乐趣（还赚到了所有的钱）的人沆瀣一气。这就是为什么我要在这本书的前奏中选择这几篇文章。"大衰退"的产生与美国大鸿沟的形成是紧密相关的。

　　首先，让我们来设定一个场景：在 20 世纪的 90 年代，互联网泡沫激发了巨大的经济繁荣，科技股的价格飙升，但在泡沫破裂之后，经济在 2001 年陷入了衰退。小布什政府对任何问题的万能解药都是减税，尤其是针对富人的减税。

对于那些在克林顿政府中为了减少财政赤字而勤奋努力的人们而言，这让他们感到愤愤不平，其中的原因有很多。财政赤字的再次出现，让之前8年里所完成的全部成果毁于一旦。克林顿政府推迟了对基础设施、教育和资助贫困群体项目的投资，这都是为了减少财政赤字。我不赞同其中的一些举措——我认为通过借钱来投资国家的未来在经济上是合理的，我还担心后任的政府可能会把这些来之不易的成果挥霍到不那么高尚的用途中。

随着经济在2001年陷入了衰退，政策制定者一致认为，经济需要刺激。相对于小布什为富人的减税而言，提供更好的刺激手段将包括实施我们过去曾推迟的那些投资项目。[1]我当时就已经在担心这个国家日益严重的不平等，而这些不平等的减税计划只会让已有的不平等雪上加霜。我在《纽约书评》上发表了一篇题为《小布什的减税方案——各种危险》（2003年3月13日）的文章，我开头这样写道："很少有人能让少数人从多数人的身上拿走那么多。"

更糟的是，我认为这样的减税相对低效。之后的事实也证明了我的想法是正确的。这也是我在本书中经常会提到的一个主题——不平等削弱了总需求，并危害了美国经济。美国日益严重的不平等正在把财富从金字塔的底层转移到顶层，但由于这些顶层的人比底层的人消费占收入的比重更低，从而在整体上削弱了总需求。在20世纪90年代，我们通过创造互联网泡沫产生了投资繁荣，从而掩盖了这个问题。但随着互联网泡沫的破裂，经济落入了衰退。小布什的对策就是给富人减税。由于消费者对自己的未来感到担忧，小布什的减税政策对经济的刺激效果不佳。对资本利得税的更进一步减免（叠加克林顿总统在几年之前已经降低了的资本利得税），只会助长更多的投机行为。由于其中的好处绝大多数流向了最顶层的群体，这样的减税计划不但没有效果，还严重地加剧了不平等。

增加需求并促进平等的最有效工具是财政政策，即由国会和政府制定的税收和支出政策。不恰当的财政政策给货币政策增加了过度的负担，而制定适宜的货币政策正是美联储的职责。美联储（有时候）能够通过降低利率和放宽监管来刺激经济。但这些货币政策是危险的。如此这般的处方应该被打上一个巨大的标签：谨慎使用，并在能理解全部风险的成年人的严密监督之下使用。不幸的是，那些负责货币政策的人并没有如此小心谨慎，他们相信市场总是有效的、稳定的。他们不但低估了政策对经济乃至政府预算带来的风险，而且他们似乎也不关心日益增长的不平等。其结局如今众所周知：他们释放了泡沫，他们的政策前所未有地加剧了不平等。

美联储通过低利率和放松监管的政策维持着经济的运转，但这只有通过制造房地产泡沫才能发挥作用。所有人都应该清楚，房地产泡沫和由此导致的消费繁荣只是饮鸩止渴。只要是泡沫，就一定会破灭。美国的狂热消费意味着美国人平均花掉了他们收入的110%。到2005年，整个国家每天从海外借款超过20亿美元。这必定是无法持续的，而且在我的演讲和文章中，我常常引用一位前任国家经济顾问委员会主席的话，对此反复地提出了警告——不可持续的事情就无法持续下去。

当美联储在2004年和2005年开始加息时，我曾预测房地产泡沫会破裂。但这样的事情并没有发生，部分原因在于我们得到了某种意义上的舒缓——长期利率并未同步上升。直至2006年1月1日，我预测现有的状况将难以为继。[2]而在那之后不久，泡沫就破裂了，但经过一年半到两年的时间，后果才完全显现出来。就像我在最后所写的那样："正如房地产泡沫的破裂是能够预测的，其后果也是可以预见的……"[3]根据"一些估算，在（之前）6年的时间里，超过三分之二的产出和就业的增长……都与房地产行业有关，这表明新建住宅以及家庭利用住房抵押所获取的贷款支撑着这次消费狂欢"，所以毫无疑问，随后出现的经济衰退也必将是旷日持久并影响深远的。[4]

包含在第一部分中的几篇文章描述了"大衰退"发生的政策原因——我们做错了什么？哪些人应当受到指责？尽管那些身在金融市场、美联储和财政部的人们情愿假装相信，这只是一次偶发事件（就像一场百年一遇的无法避免的大洪水），我当时就认定，并且至今更加坚信，这场危机是人为造成的。这是那顶层1%的人（实际上是那1%中的一小部分）对我们其他人所做的坏事。这样的事情之所以会发生，其本身就是"大鸿沟"的一个体现。

## 危机的形成

"大衰退"无疑留下了很多的受害者。然而，这桩"罪行"的始作俑者又是谁呢？如果我们相信美国司法部的判断，那么这就是一起没有罪犯的犯罪案件，因为司法部并没有对任何一家在这场闹剧中扮演核心角色的大型银行的领导人提出指控。我对此并不买账，大多数美国人也是同样的。在这本书收录的三篇文章中，我要尽力挖出扼杀美国经济的罪魁祸首，厘清我们是如何一步步走入如此境地的历史脉络。[5]我想要对整个事件进行更深入的剖析，而不仅仅满足于那些人云亦云的解释——"银行家贷（出）了太多，住宅业主借（入）了太多"。

我想要发问，是什么将我们带入这般境地的？这里定有无能和误判的因素。伊拉克战争就是最有力的明证之一——一场计划不周、执行拙劣的战争最终会花掉上万亿美元。[6]但我要将主要的罪责归于意识形态和特殊利益推手的结合——同样是这股力量导致了美国不平等的日益加剧。我还要特别斥责"不受约束的市场必然高效和稳定"的那一类信仰。我们应该了解到另外一个事实：资本主义自诞生以来，巨大的经济波动就是其固有的特征。有些人会建议，只需要让政府确保宏观稳定——这种说法就仿佛市场的失灵仅仅会发生在宏观层面上。我的观点与之相左——宏观危机只是冰山显露出来的一角，隐藏其下的是数不清的低效能。这次危机本身就提供了充足的证据，市场的崩溃是一系列风险管理失败和资本配置错位的结果——是抵押贷款的原始权益人、投资银行、信用评级机构共同犯下的错误，实际上更是整个金融业和其他经济领域中数百万人共同犯下的错误。[7]

但我同样认为，那些鼓吹自由市场经济的人多少有些动机不纯，这在"大衰退"中再次被证明——表面上支持自由市场经济的人更乐于接受包括大规模紧急救助在内的政府救援。当然，这一类的政策必定会扭曲经济，并导致更糟糕的经济表现。而关乎本书正题的是它们对分配造成的后果——更多的钱流进了顶层人士的腰包，而其他人共同为此买单。

在我看来，扼杀经济的头号嫌犯就是时任的美国总统。《小布什先生的经济恶果》一文详细地讲述了这位总统对经济造成的一些影响。保守派往往会指责财政赤字，但他们似乎特别擅长制造赤字。从里根总统开始，大规模的政府赤字就成了美国经济的标志，直到克林顿总统上台后，财政赤字才开始转为财政盈余。但小布什总统用了很短的时间就扭转了这一局面——美国历史上最大的逆转（向错误的方向），造成这个结果的部分原因在于举债支付两场战争的花销，部分原因在于对富人减税，还有部分原因在于他对制药公司的慷慨赠予以及其他形式企业福利的扩大。他给各行各业富有的公司派发了"小红包"，有的藏在税务体系之中或者通过政府担保实现，也有的明目张胆。甚至在这一切发生的同时，美国以无力负担为理由，削减了对穷人的保障。

正如我曾反复写过的，[8]财政赤字不一定就是坏事：把钱用于投资就很好，特别是在经济疲软的时候进行投资。但是小布什造成的赤字就特别有问题：它们出现在经济看似繁荣的时期，尽管这场繁荣只能惠及少数人。这些钱并没有用来振兴经济，而是去充实一小部分企业的小金库以及那1%的人的钱包。最让人感到棘手的是，我预见了即将到来的风暴——我们有足够的资金来渡过难关吗？保守派会不会在那个时刻重提审慎的财政政策，并在经济急需一剂宽松的良药时实施紧缩政策？

对于这本书来说最为重要的是，小布什时代造成了不平等的恶化，他既没有认识到这一点，对此也毫无作为，反而任其不断加深。这只是一篇短文，无法长篇大论地全面论述其错误之处。我也没有在文中指明，尽管不平等的状况在克林顿时期有所好转，但在小布什的执政之下，一个典型美国人的收入（经过通货膨胀调整后的中位数收入）实际上是下降的，并且这还是在衰退导致经济恶化之前的情况。越来越多的美国人没有医疗保险，并且还要面对更严重的不安全感——失去工作的风险增大了。9

然而，小布什所犯下的最严重错误或许为"大衰退"的发生创造了条件，我将在接下来的两章中用更多的篇幅探讨这个话题。我在前面提过的小布什对富人的减税，在这次衰退中造成了重大的影响——这一政策不但没能发挥出刺激经济的作用，反而加剧了美国本就严重的不平等。我稍后将在本书中谈到的第二个主题：不平等与不稳定是互相关联的。10 即便不秉承"激进"立场的国际货币基金组织也采纳了这个观点。2008 年金融危机的发生恰恰验证了这样的过程：为了应对因不平等的加剧而导致的经济疲软，各大央行制造了泡沫。泡沫最终破裂反而摧毁了经济。当然，美联储本该意识到这种风险，但它的领导者表现出对市场的盲目信任。与小布什总统一样（他先让艾伦·格林斯潘连任美联储主席，后来又任命曾担任小布什政府的首席经济顾问的本·伯南克为美联储主席），整个美联储似乎对这个国家日益加剧的不平等现象都漠不关心。

同时，这也展示了我的第三个主题：政治的作用。政策和政治的作用是重要的。美国政府本该通过投资本国来应对疲软的经济，或者采纳能减少不平等现象的政策。二者都可以带来更强劲的经济增长和更公平的社会。但是经济上的不平等不可避免地导致了政治上的不平等。美国所发生的事情让人自然而然地联想到一个社会割裂的政体。我们得到的不是更多的投资，而是给富人的减税和给企业的福祉；本应用于稳定经济、保护普通公民的监管政策，反而变成了导致经济失衡的放松管制，并放任美国人民被银行家猎食。

## 放松管制

为了理解"大衰退"的形成，我们必须追溯到里根总统大力推行的放松管制运动。在《资本主义的蠢货》一文中，我指出了 5 个关键的"错误"，这些错误不仅体现了更广泛的社会趋势，它们之间也得到了彼此的加强，并在 75 年来最糟糕的经济下滑中走向了极致。其中的几个错误展现了金融业的新权力——格林斯潘因支持放松管制获得了任命，而这场始于里根时期的放松管制运动到克林顿时期还在延续，其中就包括打破投资银行和商业银行之间的监管墙。[11]

监管者没有做到他们的分内之事，整个金融业的罪行还在继续。在我写这些文章的时候，我们只能如管中窥豹般获知了形势恶化的部分状况。我们了解到，银行存在着风险管理不善和资本配置失当，而与此同时，还给管理层发放了高额的奖金以奖励他们做出的绝佳业绩。我们了解到，单单是这样的奖金制度本身就为过度承担风险和在经营行为上的短视提供了激励。我们了解到，信用评级机构在评估风险上错得一塌糊涂。我们了解到，长久以来自诩能够控制风险的证券化，事实上为抵押贷款资产的原始权益人提供了动力去降低房贷的标准（这正是所谓的道德风险问题）。我们了解到，银行正在大规模从事着掠夺性放贷的业务。

但我们无法得知银行的道德沦丧会到何种程度，也无法得知它们从事剥削行为的意愿及肆意妄为的程度。比如，我们不了解它们歧视性贷款的广泛程度，不了解它们对外汇市场和其他市场的操纵程度，不了解它们在匆忙发行不良抵押证券之际对台账疏于簿记的程度，不了解它们欺诈行为的严重程度（进行欺诈的不只有银行，还包括信用评级机构和其他市场参与者）。评级机构为了给出高评级而展开竞争（只有当投资银行"用过"它们的评级之后，它们才能得到酬劳，而且银行只会用对自身最有利的评级），导致它们有意忽略可能不那么有利于评级的相关信息。

不过，本章所载录的文章确实很好地展示了金融领域存在的问题。

## 金融市场与不平等的增加

在这几篇文章以及这本书的其他地方，我将要细细地讲述金融业，我也是有充足的理由这么做的。正如得克萨斯大学的詹姆斯·加尔布雷斯令人信服地表明，世界经济的日益金融化和不平等的加剧存在着清晰的关联。[12] 我们在经济上的问题正集中表现在金融业上——它是不平等加剧的主要推手，是我们经济失衡的主要原因，也是在过去 30 年中经济表现乏力的重要原因。

当然，事情原本不该如此。金融市场的自由化（即放松管制）本应让金融专家更好地分配稀缺资本、更好地管理风险，其结果应该是更快速、更稳定地增长。支持金融业做大做强的人至少有一点是正确的：没有表现良好的金融业，就很难有表现良好的经济。然而，就像我们重复看到过的那样，金融业单凭自身无法做到表现良好；它需要强力的监管和有效的执行，这二者相结合才能防止金融对社会其他部分造成危害，并确保它能真正发挥其应有的功能。令人遗憾的是，最近关于金融业改革的讨论只关注了这项任务的前半部分（即"如何阻止银行和其他金融机构危害社会的其他部分"），而很少关注该任务中"让金融业发挥功能"的后半部分。

如前面所述，2008 年美国及全世界所面临的危机是一场人为的灾难。我在过去曾亲身经历过同样的场景：强大的（如果是错误的）思想与巨大的利益是如何结合起来产生灾难性后果的。作为世界银行的首席经济学家，我曾观察到，在殖民主义结束后，西方世界如何将自由市场的理念成功地推销给发展中国家，其中的很多想法代表了华尔街的观点和利益。当然，发展中国家也没有太多的选择：殖民列强践踏过这些国家、无情地剥削它们、榨取它们的资源，却对它们的经济发展毫不作为。它们需要发达国家的援助，而作为援助的条件，国际货币基金组织以及其他机构的官员趁机强加了一些条款——让发展中国家开放其金融市场，并对发达国家的海量商品打开国内市场，即便在同时，发达国家依然拒绝向发展中国家的农产品开放市场。

这些政策都失败了：非洲国家的人均收入不升反降；拉丁美洲国家的经济陷入了停滞，只有顶层的一小部分人从有限的增长中获得了好处。与此同时，东亚国家走上了一条完全不同的道路——政府主导了发展的进程（这类国家被称为"发展型国家"），国民的人均收入迅速翻了一番、翻了两番——并最终增长了八倍。在这 30 多年里，美国人的收入停滞不前，而中国从一个人均收入不及美国 1%、GDP 不到美国 5% 的贫困国家，成为全球最大的经济体（按经济学家口中的"购买力平价"计算）。预计再过 25 年，中国的经济体量将达到美国的两倍。

意识形态往往比事实证据更具影响力。自由市场经济学家很少注意到那些东亚经济体的成功。他们更偏好谈论苏联的失败，因为那个国家回避了市场经济。在苏联解体和东欧剧变之后，美国利用自身作为全球唯一超级大国的影响力推行其经济利益（或者更准确地说，为的是美国大公司的利益），美国金融业可能就是其中影响力最大的。美国驱使各个国家放开本国的金融市场，结果是一个又一个国家遇到了各式各样的危机——其中也包括那些在市场被自由化之前一直发展良好的国家。

不过，从某种意义上说，美国对待自身并没有比对待其他国家好到哪里去。在克林顿和小布什两届政府之下，美国都遵照着金融业的需求推行海内外政策。在《一桩谋杀案的剖析》中，我会触及这些政策是如何导致危机的。（在《自由市场的坠落》一书中，我更为深入地探讨了这些问题。）

当下我关注的是金融业如何加剧了不平等。金融化产生这些作用需要通过多个不同的途径。金融业精通于寻租和财富占有。致富不外乎两种方式：一是做大整个国家的蛋糕规模，二是从现有的蛋糕上分到更大的一块——但后者很容易导致整个蛋糕变小。而金融业顶层人士的收入往往来自第二种方式。尽管金融人士的一部分财富取自其他富人，也包含他们操纵市场的所得，但更多的部分来自经济金字塔的底层。事实上，就信用卡的违规操作以及掠夺性和歧视性的借贷就高达数十亿美元之多。然而，更有甚者，他们还滥用对信用卡和借记卡的垄断权力：他们针对每一笔交易向商户过度收取费用。这就像是对每一笔交易征税，但与税金不同的是，这些钱最终填满了银行家的金库，而不是花在社会的福祉上。在竞争性的市场中，这些费用不可避免地会以商品涨价的方式转嫁到普通公民的头上。

至少在这场金融危机发生之前，那些金融人士就自诩是经济增长的发动机，并且他们的"创新精神"为美国带来了出色的经济表现。

但真正能衡量经济表现的是一个典型家庭的生活状况。从这个角度来看，在过去的 25 年中，美国的经济没有任何的增长。但是，即便用 GDP 作为衡量标准，美国经济也是非常萎靡的（相比金融自由化和经济金融化发生之前的几十年，如今要差很多），并且仅有的增长也很难归功于金融业。然而，尽管没办法找到金融业对增长的积极作用，但很容易找到金融部门的诡计与经济失衡之间的联系，而 2008 年的金融危机就是最有力的证据。

GDP 数据和利润数据向我们充分展示了金融业是如何插手将经济引入歧途的。在金融危机爆发前的几年里，不知不觉中金融业在整个经济中的比重越来越高——占美国 GDP 的 8%、全部企业利润的 40%。当然，这时出现的信贷泡沫导致了投机并催生了更高的房地产价格，但没能提升可以带来更高薪资和可持续发展的实际投资水平。无论是位于法国蓝色海岸的房产，还是亿万富翁在曼哈顿的公寓，它们的升值都不能转化为更高效的经济运行。这一点有助于理解为什么尽管"财富 / 收入比率"出现巨大的提升，但平均工资却停滞不前，而实际资本回报率又没有下降。（按照经济学的收益递减规律，本该有的结果是资本回报率的下降和薪资水平的上升。而技术进步更应当强化"平均薪资会提高"的结论，尽管少数工种的薪资水平确实会有所下降。）

金融业的过度承担风险，再加上它在遏制监管方面取得的成功，导致我们要以一种可预见的注定方式陷入 75 年以来最严重的一次金融危机。一如既往，总是穷人在这样的危机中受伤最重，他们丢掉了工作，并面临着长期失业。从 2007 年到 2013 年有超过 1400 万套住宅进入止赎状态，而同期政府大幅削减了包括教育支出在内的开支，普通的美国民众在这种环境中深受其害。激进的货币政策（所谓的量化宽松）更注重修复股市的价格，而非恢复对中小企业的借贷，因此更多的效果在于让富人的财富得以恢复，而非惠及普通美国人或为他们创造就业岗位。这就是为什么在随后所谓的 3 年经济复苏中，大约 95% 的收入增长流入最顶层的 1% 的人手中！这就是为什么在这场金融危机发生 6 年之后，财富中位数相比危机前的水平下降了 40%！

在造成美国乃至全世界日益加剧的不平等（以及糟糕的经济表现）的过程中，金融业还扮演了一个角色：我之前讲过，美国严重的不平等现象是它一直推行的政策的结果。金融业推动了很多加剧不平等的政策，并为支持这些政策发展出了一套意识形态。当然，有一些金融市场的参与者对此也一直反对，其中有许多人奉行"开明的利己主义"。但是，总的来说，金融业大体上一直在推行这样一种观念，即市场本身就会产生高效和稳定；依照这个假设，政府应该实行自由化和私有化；他们认为，累进税制应该受到限制，因为它从边际上削弱了激励机制的效果；他们还声称，货币政策就应该只针对通货膨胀，而无须关注创造就业。在这些政策带来了"大衰退"之后，对财政赤字的一味关注又让政府不得不以伤害普通民众为代价削减支出，反过来又延长了经济衰退的持续时间。

## 透明程度

人们普遍认为，市场经济只有在信息透明的情况下才能发挥最大的效力——只有更多人掌握优质的信息，资源才能得到合理的分配。然而，市场（特别是金融市场）会向他人宣扬透明的重要性，但它们自己却会无所不用其极地保守自身的秘密。毕竟，在信息透明和充分竞争的市场中，利润会被压到接近零。任何一个做生意的人都会知道这样的市场了无生机：在这样的市场中，拼了命也就只能勉强维持生存，几乎毫无上进的可能。这就是为什么他们如此珍视机会，如此在乎商业机密和保密性。这是人类的天性使然，其中的道理不难理解。但是，政府的行为就应该反其道而行之，对抗这些天性，让市场更具竞争力和透明度。但是，如果政府被企业所掌控（特别是被金融业），它就无法做到这一点。这就是我对克林顿政府感到特别失望的地方。人们多少会期盼政府能够行事正确，而不只是声称"以人为本"。在《资本主义的蠢货》一文中，我会解释克林顿政府和小布什政府如何为"账目造假"实行激励措施。不幸的是，奥巴马政府未能利用 2008 年的金融危机来强力推行更多的透明政策（解决这次金融危机的破坏性根源），不透明的场外衍生品交易依旧得以存续，尽管被施加了某些限制。

## 经济学家的角色

在该归罪的名单中，我在《一桩谋杀案的剖析》一文中又加上了一类人：经济学家。很多经济学家声称市场是自我规范的——他们无视长期历史表明不受管制或监管不足的金融市场终会失败，也无视经济学理论的重要进展阐述了金融市场需要且应当被监管，还为放松管制的运动提供了所谓的理论基础。当今经济学的进展关注于信息的不完善和竞争的不充分带来重大的变化，这二者在经济领域中很关键，在金融体系中尤为重要。而且，当一家普通企业破产之后，它的拥有者及其家人都要承担后果，但一般不会对整体经济造成太大的影响。正如我们的领导者和银行所宣称的，不能允许任何一家大型银行倒下。但如果真的这样做，那些银行就必须受到监管。如果它们真能做到"大而不倒"，那么它们自己应该心知肚明，过度承担风险对于它们来说就是一场只赢不输的赌博：如果赢了，它们能获得利润；如果输了，就让纳税人来买单。

针对金融业改革的《多德－弗兰克法案》完全无心解决银行业"大而不倒"的问题。事实上，我们处理金融危机的方式反而让情况变得更糟：我们鼓励（甚至有些情况下是强迫）银行进行合并，所以如今市场支配力的集中度甚至比危机发生前更高。这种程度的集中会导致更严重的后果：它所引发的政治权力集中，明显体现在政府通过有效的银行监管法案时表现出来的反复拉锯。《多德－弗兰克法案》所取得的进展是，限制了由政府担保的金融机构创设衍生品——这些高风险产品引起了美国国际集团（AIG）的倒闭，以及人类史上最大规模的救助。尽管对这些金融产品到底是赌博工具还是保险措施仍存在争议，但是没有正当理由认为任何的贷款机构应当提供这类产品，特别是那些接受政府担保的。然而仅凭花旗银行呈上的一面之词，美国国会在 2014 年甚至没有举行任何的听证会就废除了这一条款。

颇具影响力的纪录片《监守自盗》就揭露了经济学界可能正在发生的情况。经济学家惯于强调激励措施的效用：事实上，这似乎是所有经济学家都赞同的一件事。而金融业为那些认同它们的人提供了丰厚的回报：一项又一项有利可图的咨询业务、研究经费，还有其他类似的东西等。这部纪录片提出了这样一个问题：这是否影响到了一些经济学家的判断？

## 危机的应对

正如"危机的形成"阐明了本书的几个主题，我在 2008 年和 2009 年写的一些文章是关于应对危机的，其中刊登在《时代周刊》上的《如何走出金融危机》一文就发表于雷曼兄弟银行破产后的一个月，该文也被收录于此。当时所急需的和我们的实际行动之间存在着明显的差距，这也体现了"巨大的鸿沟"。

尽管这场危机的形成酝酿了很长时间，甚至此期间还有非常多的警示信号，但当危机发生时，那些在美联储和政府掌权的人还是表现得出乎意料，而且我也真心认为他们确实没有预先料到——这也明显证明人们有能力选择屏蔽自己不喜欢的或与自己先入为主观点相左的信息。毕竟，房地产泡沫是在2006年破裂的，经济是在2007年陷入了衰退的，而美联储在2007年和2008年向银行供应了前所未有的资金，并且在2008年3月贝尔斯登进行了天价的救助。事实上，任何一个经济学家，只要他不盲目相信自由且不受监管市场的所有优点以及这般市场的效率和稳定性，都会提前看到那些不祥的预兆。然而，美联储主席本·伯南克却兴高采烈地宣布，所有风险都"得到了遏制"。[13]

雷曼兄弟银行在2008年9月15日突如其来的破产，让美国从始于2007年12月的经济衰退（小布什对于此轮衰退的应对方法是在2008年2月为富人提出了又一轮的减税，但收效甚微）进而陷入了自"大萧条"以来最严重的经济衰退。美联储和财政部之前还信心满满地断言雷曼兄弟的破产对美国经济的影响有限（并且能让银行吸取教训），但接下来它们的态度就发生了180度的大转弯，毅然出手救助了美国国际集团——这是人类历史上最昂贵的救助行动，在一家公司上花费的金额超过了多年以来发放给数百万美国穷人的福利救济。直到后来，我们才知道这其中的原委以及它们为什么要竭尽所能向美国人民隐瞒它们的行动：救助的资金很快就从美国国际集团转移到了高盛和其他银行。正是因为这些银行也处于危险的边缘，美联储和财政部才出手相救的。

在《时代周刊》上的那篇文章，我曾给出了一份简单的解决议程。遗憾的是，当年美国政府和美联储的所做所为并没有依照我给出的药方，而是更多地体现了银行和1%的人的利益和看法，这正是我当时所担心的事情。同样如我所担心的，接下来的经济复苏也相当疲软。奥巴马政府可能会宣称，它阻止了美国经济再次陷入"大萧条"。不管这种说法是否属实，但很明显，奥巴马未能成就强劲的复苏。过了七年，正当这本书付梓之际，大多数美国人的薪资仍低于他们在金融危机之前的水平。中产阶级的财富几乎回到了

1992 年的水平，差不多倒退了 20 年。[14] 这场复苏由那 1% 的人设计，也让那 1% 的人得利。奥巴马总统当然可以在 2015 年 1 月 20 日的国情咨文中宣称，本次危机已经结束了。但连他也不能承认所有的问题都得到了解决。如果没有那场危机，美国的 GDP 水平本应比现在还要高出 15%，我们如今也才刚刚恢复到危机前的水平。由于遵循了 1% 的人制定的解决议程，我们白白损失了数万亿美元。

我的解决议程共有五项。第一项是对银行进行资本重组——当然，资本重组是为了保证银行能够恢复放贷，并且支付给美国纳税人不错的回报，因为他们代替银行承担了风险。后来美国政府确实对银行进行了资本重组，然而，救助银行并不意味也要救助银行的股东、债券持有人和银行家。但这正是美国政府做出来的事情。

若是国际货币基金组织、世界银行或美国政府借钱给其他国家，我们会附加一些条款——我们希望这些资金能够按照指定的用途使用。美国财政部正是最坚守这类条款的机构之一。但具有讽刺意味的是，当谈到对美国银行实行附加条件时，财政部却表示了反对。

救助银行的真正意图应该是非常清晰的：只有把银行救活，它们才能够继续提供资金，我们的经济才能正常运转。但由于我们在救助时没有附加任何条件，这些资金反而被用来支付银行家的巨额奖金（这显然是得不偿失的）。在这场危机发生后的几年，向中小企业发放的贷款金额远远低于危机前的水平。

政府宣称资金援助已经得到了归还，但这个说法多少就是一个骗人的把戏，只不过政府把一个口袋里的钱放到了另外一个口袋里。美联储以零利率将钱借给了银行，而银行再贷给政府和大型企业时收取了极高的利息。（这里不需要什么金融奇才，即便是 12 岁的孩子也能用这种方法赚到钱——但银行家却能拿着金融奇才般的奖金。）政府偷偷将不良的抵押贷款从银行的账簿上转出，放在了政府的资产负债表上。即便干着同样的事情，政府得到的回报也仅仅相当于私人投资者获利的一小部分，对比巴菲特在金融危机期间把钱投给银行获得的回报，这一点就很清楚了。

坦率地讲，普通美国人被蒙骗了。银行相当于收获了一份厚礼，因为它们拿到了条件最优惠的资金，并且借款利率远低于市场其他人愿意借给银行的程度。这样做就相当于将钱从普通公民手中重新分配给了富有的银行家。如果向银行收取了它们该支付的费用，美国的国家债务就会因此而更少，国家就会有更多的钱投资于教育、科技和基础设施——这些投资将催生更强劲的经济增长和更公平的共同繁荣。

就像许多由 1% 的人所设计、让 1% 的人得利的政策一样，政府此次的做法要仰仗涓滴经济学（也称"下渗经济学"）发挥的作用：只要给银行的钱足够多，所有人都能从中获益。但经济并非这样运行，其后果也注定相差甚远 [15]。相比之下，我认为我们应该尝试一点"反向涓滴经济学"（或称"上渗经济学"）——帮助处于中下层的居民，从而让整个经济都受益。

这场危机起源于房地产行业，所以一个很自然的建议就是强劲复苏必须要遏制止赎潮。甚至在奥巴马当选美国总统之前，我就警告过他，单单救助银行是不够的。他必须帮助美国的住宅业主，但他的财政部部长蒂莫西·盖特纳（在银行从事不计后果的勾当的时期，盖特纳正担任着纽约联邦储备银行行长）却在为银行考虑。结果就是成千上万的美国人失去了自己的住宅。尽管数千亿美元流进了银行，但其中只有很少的一部分被用于帮助住宅业主，实际上也就只有 100 亿美元上下（财政部呈交给国会的报告中并没打算列出帮助业主的具体金额），在那个时刻，政府还在疲于推出一个又一个考虑欠周的方案。按照当时政府的观点，将资金花费在银行上也许是拯救经济的必由之路，而任何对于银行救助方案的精细化调整，都被视为整个国家无法承受的奢侈之举。但对于住宅业主和普通民众，政府的态度却恰恰相反：必须要谨慎行事，以免出错。

像"道德风险"这样的术语被滥用在"救助住宅业主有可能会引起对随意借贷的鼓励",而罔顾真正的"道德风险"是对银行的一次又一次救助。

标准的经济学（几乎每一本教科书上都有）要求在经济疲弱时就要施加财政刺激。但我们从小布什政府在2008年对富人的减税结果中得知,设计不周的刺激方案相对没有什么用处。然而,奥巴马政府中的那些人,包括该为本次危机的发生负有重大责任的那几位,无论是积极支持放松管制还是未能对银行进行负责任的监管,他们坚持认为我们仅仅需要一些温和的手段:银行确实出了问题,它们虽然需要大量的（资金）输血,但只要稍加治疗,它们以及整个经济就会恢复健康;尽管银行的问题还没得到完全解决,我们所需要的也不过是临时性刺激;而且由于预想中的复苏将会很快到来,所以刺激方案的规模、方式和持续时间并不非常重要。

我的看法恰好与之相反,我认为美国经济在发生危机之前就已经出了问题——它仅靠人为制造的泡沫维持着,若没有正确的政策（然而美国并没有）相配,危机一旦爆发将会旷日持久且影响深远。另外,政治是丑陋的,所以我们只有一次机会。如果经济没能复苏,保守派就会宣称经济刺激没有用处,再想推出第二套刺激方案将会难上加难。因此,我主张美国需要一份大规模的刺激方案[16]（规模必须远远超过本届政府要求并由国会所通过的那一份,而且必须要经过精心的谋划）,而不是像小布什政府所谓的"刺激"那样只为富人减税。实际上在小布什政府的方案中,三分之一的刺激资金被用在了减税上。雪上加霜的是,当权者还没有搞清楚经济衰退的严重程度,就轻易地预测"随着刺激方案的实施,失业率的峰值为7% ～ 8%";而实际情况是这个数字达到了10%,这就给批评者轻易落下了口实。而政府该有的表述方式是,相比采取其他方式,经济刺激将使失业率相对下降2% ～ 3%——这份经济刺激的计划确实也成功做到了这一点。

《时代周刊》上文章的最后两项议程是关于美国国内的监管改革,并要求建立一家多边的行政机构来协调全国不同执法机关的监管行动的。在我写这篇文章时，形势已经明朗了，当下肯定会发展成为一场全球性危机，而且银行的不良行为（不仅在美国的国内，还在欧洲的几个国家）在世界其他地方也引发了严重的后果。美国国内的有毒资产（那些不良的抵押贷款最终会爆发，引发全球危机）已经感染了全球的金融市场。

在这最后两项上的不作为引起了人们极大的失望和不满。即使在危机过后两年才通过监管改革的法案（《多德－弗兰克法案》），人们也认为它最多称得上好坏参半。但自该法案颁布开始，银行就开始积极淡化其影响力，抵制实施监管的各种努力。它们在议会中争取废除一些关键条款——最终，它们在 2014 年成功地撤销了一项有关衍生品监管的关键条款，不再限制受政府担保的银行创设这些高风险的金融产品。

在全球范围内，也没有新设任何国际性机构，唯一成立的全球性"金融稳定委员会"也不过是为了取代"金融稳定论坛"（该论坛创设于 20 世纪 90 年代东亚金融危机之后，但事实上并没有发挥过任何作用）。与《多德－弗兰克法案》一样，展现给世人的都是一些折中后的结果：有些方面的情况确实好于危机之前，但在金融圈之外，没有人会相信导致经济再次崩盘的一个重大风险已经被解除了。

然而，值得注意的是，所有的讨论都集中在如何防止银行对社会其他部分造成的伤害；几乎没有人关注过怎样让银行真正履行为了让我们的经济正常运转而应该承担的关键职能。对于这本书的主题而言，缺失后者的严重性至少会体现在两个方面。危机的恶果总是让普通人首当其冲——工人失业，住宅业主失去房产，普通民众的退休金账户大幅缩水，他们无力支付子女的大学学费，他们没法实现梦想。小企业也会相继破产。

相比之下，大公司不仅能够生存下来；部分企业甚至因为能在海外业务保持稳定的同时削减了国内的薪资成本而愈加兴旺。那些引发这场危机的银行家也有办法活得很滋润，这就要感谢你们这些受害者。尽管他们可能不会像在他们帮助制造不可持续的泡沫还能维持时过得那么好，但也不过是消费有所降级。他们将自己的滑雪小屋从瑞士的阿尔卑斯山换到了美国的科罗拉多，把房产从法国的蓝色海岸搬到了美国的汉普顿斯。[17]

监管的必要性应该是非常明确的，因为银行和金融机构已经长期形成了剥削他人的习性——市场操纵、内幕交易、滥发信用卡、垄断性的反竞争行为、歧视性和掠夺性的房贷……种种巧取豪夺的手段不一而足。用这些方式赚钱似乎比诚信经营更容易，比如发放能创造就业的中小企业贷款。如果银行热衷于剥削，就会滋长不平等；但如果它们专注于创造就业，就能通过减少失业以及由此促使薪水上涨来促进平等，充分就业必然造成薪资上涨。

所以，限制银行不良行为的监管措施能够产生一石二鸟的效果——一方面约束它们的剥削能力，另一方面单靠打压它们从其他方式上的获利，就足够鼓励它们把心思用在正途上。

## 奥巴马和小布什的失败应对

简而言之，就像这场危机本身是我们前几十年经济政策的可预见之注定后果，危机后几年发生的事情也是应对政策的可预见之注定后果。

在衰退开始的 8 年（从泡沫破裂算起的第 9 年）之后，我们还能说些什么呢？事实证明谁又是正确的呢？美国政府和美联储都愿意宣称，是它们把我们从又一次的"大萧条"中拯救出来的。这种说法也许没有错，但它们在恢复经济繁荣方面则彻底失败了。

银行系统已经基本恢复了正常。经济衰退正式结束了，并且也没用很长时间。但经济明显没有恢复到健康水平。即便重新恢复了增长，但修复"大衰退"所带来的伤害还需要很多很多年，再次让大多数美国人的收入恢复到危机前的水平也需要很多很多年。事实上，这场危机带来的伤害显然是长期的。

# 注　释

1. 小布什总统先后为富人推出了两部减税法案——第一次是在经济开始下滑的 2001 年。当第一次的计划没能见效之后，他决定加倍下注，在 2003 年为富人提供了更多的减税。

2. 参见《2006 年全球隐忧重重》，《报业辛迪加》，2006 年 1 月 1 日。

3. 参见《美国的清算之日》，《报业辛迪加》，2007 年 8 月 6 日。

4. 在《美国的纸牌屋》一文中，我详细阐述了这个主题。该文章载于《报业辛迪加》，2007 年 10 月 9 日。

5. 《一桩谋杀案的剖析：是谁扼杀了美国经济》一文被重新收录在罗伊斯·弗利平编纂的《2009 年美国最佳政治论文选》中。

6. 参见斯蒂格利茨和琳达·比尔米斯合著的《三万亿美元的战争：伊拉克战争的真实成本》（纽约：诺顿出版社，2008 年）。尽管当时我们对数字存在一些质疑，但我们在估算中刻意保持保守，而且历史也证明我们是对的。结果是真实的数字更糟糕。实际上，仅伤残津贴和医疗保障的支出到了 21 世纪中期就能达到万亿美元，部分由于近半数的返乡士兵填报了伤残抚恤申请，而且通常他们都有多处伤残。

7. 我与合作者布鲁斯·格林沃尔德在 30 年前就提出了这一观点，详见《凯恩斯主义、新凯恩斯主义和新古典主义经济学》。

8. 参见我的几篇文章，比如《为什么我没签署减少赤字的请愿信》（政客新闻网，2011 年 3 月 28 日）、《削减赤字的危险之处》（《报业辛迪加》，2010 年 3 月 5 日）以及《奥巴马必须抵抗"赤字洁癖"》（政客新闻网，2010 年 2 月 10 日）。

9. 小布什的这些失败在他的第一个任期结束时就已经很明显了，但到了他的第二个任期结束时愈加清晰。比如，我在 2004 年 10 月 4 日发表于《报业辛迪加》上的文章《小布什的四年失败》中指出："按真实价值计算，实际收入的中位数下降了 1500 多美元。"实现的经济增长"只让收入分配中最顶层的人受益，而这些群体在过去 30 年里一直过得很好，他们正是小布什减税政策的最大受益者"。

10. 参见安德鲁·伯格和乔纳森·奥斯特里合著的《不平等和不可持续的增长：同一枚硬币的两面》，国际货币基金组织研讨笔记，2011 年 4 月 8 日。

11. 对于克林顿政府所扮演的角色以及当时所做之事如何"催生"即将暴露的问题，

相关讨论参见斯蒂格利茨所著《喧嚣的九十年代：一部关于全球最繁荣十年的新历史》。

12. 詹姆斯·加尔布雷斯所著《不平等与不稳定：大危机前的世界经济研究》（纽约：牛津大学出版社，2012 年）。

13. 在 2007 年 3 月美联储主席伯南克宣布"次贷市场的问题对经济和金融市场的影响已经得到了遏制"（美联储主席本·伯南克在美国国会联合经济委员会上的证词，华盛顿，2007 年 3 月 28 日）。

14. 2013 年美国家庭净资产的中位数是 81400 美元，几乎倒退至 1992 年的 80800 美元。根据定义，美国的贫困人口为家庭收入低于中位数 67% 的群体，这些人的情况更加糟糕——该群体家庭净资产的中位数从 1983 年的 11400 美元跌到 2013 年的 9300 美元。参见《美国中等收入家庭和高收入家庭的财富差距达到历史上最高记录》，皮尤研究中心。

15. 2008 年 9 月 30 日我在《卫报》上发表的短文《救助哀歌》对此有所阐述。

16. 在《时代周刊》上的那篇文章发表不久，我在一篇专栏文章《万亿美元的答案》（《纽约时报》，2008 年 11 月 30 日）中详细阐述了一份大规模精心设计的刺激方案的必要性，还进一步在另一篇专栏文章《不刺激就死》（《报业辛迪加》，2009 年 8 月 6 日）中反思了奥巴马政府刺激方案的不足之处。

17. 在东亚金融危机的背景下，我在《全球化逆潮》中提及了这点。另外，我和杰森·福尔曼（后来也担任过总统经济顾问委员会主席）在我们 1988 年共同发表的论文《收入不平等的经济后果》（该文收录在怀俄明州杰克逊霍尔研讨会的论文集《收入不平等：问题和政策的选项》，怀俄明州堪萨斯城，堪萨斯城联邦储备银行，1998 年，第 221～263 页）中展示了其中的规律。

# 小布什先生的经济恶果 [1]

—

要是有朝一日回顾小布什政府所闯下的大祸，我们将会想到长长的一串：伊拉克战争的悲剧、关塔那摩监狱和阿布格莱布监狱的丑闻、对公民自由的侵蚀。他对美国经济造成的损害不会每天都成为头版头条，但其影响将超越阅读本文的任何人的一生。

说到这儿，我仿佛已经听到了怒斥的反驳声。有人说，总统先生在他至今几乎 7 年的任期中并没有使美国经济陷入衰退，而且失业率也维持在可观的 4.6%。当然，这话没说错！但这些数据的背面则是一地鸡毛：美国的税法已变得不可想象地照顾着富人的利益；等到这位总统先生离开华盛顿的时候，国家债务可能已经增长了70%；不断增加的抵押贷款违约；创纪录的 8500 亿美元贸易逆差；史无前例的高油价；美元甚至疲软到让一个美国人在伦敦或巴黎（乃至加拿大的育空地区）买杯咖啡都成了高风险的金融交易。

而且事态变得越来越糟糕。在这位总统到任 7 年后，美国比以往任何时候都缺乏对未来的准备。我们没能培养出足够的工程师和科学家，而我们将需要这类人的技能来对抗来自其他国家的竞争；我们很久都没有投资过基础研究，而正是基础研究的领先让美国成为 20 世纪末的科技强国。尽管我们的这位总统现在终于明白要开始降低对原油和煤炭的依赖（至少他口头上这么讲），但美国在他的管理下对这两者的依赖变得越来越严重。

到目前为止，由于赫伯特·胡佛总统推出的政策加剧了"大萧条"，当谈到对美国的经济管理时，传统观念都认为他最有可能获得"史上最差美国总统"这一称号。富兰克林·罗斯福一上任就推翻了胡佛的政策，美国经济开始复苏。小布什在总统任内对经济的影响比胡佛更难以扭转，并且这些政策的后果可能是旷日持久的。美国作为世界上最富有经济体的地位还不存在立刻被取代的危险，但我们的孙辈将要在小布什总统的经济恶果之中苦苦挣扎。

## 还记得美国曾经的财政盈余吗

从经济的角度来看，在乔治·沃克·布什于 2001 年 1 月就任美国总统之时，这个世界与当今大不相同。在喧嚣的九十年代，很多人相信互联网会改变一切。生产率在当时的年增长速度接近了 3%，而相比之下，20 世纪 70 年代初到 90 年代初的平均年增长速度仅为 1.5%。在比尔·克林顿的第二个任期内，制造业生产率的年增长速度在某些年份甚至超过了 6%。时任美联储主席的格林斯潘曾提到过"以生产率持续增长为特征的新经济是因为互联网埋葬了旧有的经营方式"。甚至还有人大胆预测，商业周期将会消失。格林斯潘也曾公开表示担心，如果美国有朝一日偿清了所有的债务，他将如何管理货币政策。

这种巨大的信心推动美国道琼斯指数越涨越高。富人过得很好，不那么富裕的人甚至穷人也活得很好。但克林顿时代并不是一个经济的涅槃期；作为其中一段时期的总统经济顾问委员会主席，我简直太清楚我们犯下的错误及丧失的机会。美国主导的全球贸易协定对发展中国家极不公平。我们应当在基础设施上投入更多的资金、加强对证券市场的监管，并采取更多的措施促进能源节约。这些我们都没有做到，因为政治因素的干扰和资金的缺乏——但坦率地讲，根本原因就是特殊利益集团不安分地影响着施政的目标。但在这段繁荣的岁月中，自吉米·卡特总统之后美国第一次控制住了财政赤字，也是自 20 世纪 70 年代以来底层群体的收入增长首次高于顶层群体——这具有里程碑式的意义。

等到小布什宣誓就职之后，这大好的光景渐渐暴露出颓势。在 2004 年 4 月，纳斯达克指数单月下跌了 15%，而且没有人确切地知道互联网泡沫的破裂会对实体经济造成何种影响。这本是凯恩斯经济学大显身手的时刻，也是应对教育、科技和基础建设大笔投资以促进经济增长的时刻——所有这些投资都是美国当时迫切需要的，当然现在也仍然需要，但克林顿政府为了不顾一切地消除赤字而推迟这些投资。无论如何，比尔·克林顿为小布什总统留下了实施这类政策的绝佳条件。还记得 2000 年在戈尔和小布什之间的总统大选辩论吗？还记得这二人激烈辩论如何支配预期中的 2.2 万亿美元财政盈余吗？美国完全有能力在一些关键领域上增加国内投资。实际上，这样做可以在短期内抵御衰退，同时在长期内激发增长。

但是小布什政府却揣着自己的小心思。这位总统推动并于2001年6月付诸实施的第一个重大经济议程，便是为富人大规模地减税。年收入超过100万美元的人每年少缴了18000美元的税款——这是普通美国人减税幅度的30多倍。2003年的第二轮减税更加偏向于富人，加剧了原本的不平等。这两轮减税的叠加，如果得到全面实施并成为永久性措施，那么意味着在2012年，对于收入最低的20%的美国人来说，平均减税额为45美元，而收入超过100万美元的人将平均少缴纳16.2万美元的税款。

这届政府宣称，在其治理下的前6年中，经济增长了大约16%，但这些增长主要富裕了那些不需要任何帮助的人，反而没能惠及那些需要很多帮助的人。潮水上涨能让所有的船都升高，但美国的不平等正在加剧，而且其严重程度是近75年以来前所未有的。扣除通货膨胀因素，一个而立之年的年轻男子比他父亲30年前的收入低12%。如今美国贫困人口的数量比小布什担任总统之初增加了530万。美国的贫富差距还没有达到巴西和墨西哥的程度，但它已经在朝着那个方向发展了。

## 以破产潮为代价的繁荣

这届政府无视最基本的财政规则，即便负担着高昂的新支出计划并在伊拉克发动一场财政灾难般的"选择性战争"的同时，也要继续实行减税。小布什总统在上任时接手的财政盈余相当于美国国内生产总值（GDP）的2.4%，而在4年里却变成了3.6%的赤字。自二战全球性危机以来，美国的财政情况还未经历过如此剧烈的转变。

美国农业补贴的支出在2002年到2005年翻了一番。税收支出（藏匿于税法补贴和优惠的庞大体系中）增加了四分之一。总统先生在油气行业的朋友额外获得了数十亿美元的税收优惠。还有，在"9·11"事件后的5年里，国防开支确实提高了（大约增加了70%），但增加的部分大多没有用于反恐战争，而是在伊拉克的失败任务中被浪费掉了，或支付给了外包商。同时，其他的资金继续被用于通常的高科技小玩意儿——针对"不存在"敌人的没用武器。简而言之，到处都在大笔地花钱——除了最需要的地方。在过去的7年中，国防和卫生以外的研发支出占GDP的比重下降了。几乎没有资金被用到日渐老化的基础设施上——无论是新奥尔良的防洪堤，还是明尼阿波利斯市的桥梁。大多收拾残局的任务都将落到白宫的下一任主人头上。

这届政府痛斥为穷人争取福利计划的行为，但它们却颁布并推行了美国40年以来最大规模的福利计划（在美国医保中增加处方药的补贴），这既能在大选前笼络选民，也可以给制药行业一点儿小恩小惠。正如后来内部文件所揭露的，这项措施的真正成本并未向国会如实披露。与此同时，制药公司还得到了其他的特殊照顾。为了能享有新的优惠，患病的老年人不能选择从加拿大或其他国家购买更便宜的药物。该法案还禁止美国政府与制药公司议价以降低成本，而美国政府正是处方药最大的单一买家。最终，美国消费者比其他发达国家的消费者支付了更高的药品费用。

我们还听到很多人声称那届政府的减税是为了提振经济（其中以小布什总统的自辩最为鲜明），但事实并非如此。就一美元赤字所实现的刺激效果而言，该项减税计划产生的回报少得可怜。所以刺激经济的任务又落到了美联储的肩上，它以史无前例的程度踩下油门，将利率下调到了 1%。考虑到当时的通货膨胀水平，美国的实际利率下降到了 –2%，其可以预见的结果就是一场消费热潮。从另一个角度来看，总统先生不负责任的财政政策助长了其他所有人不负责任的行为。"信用"二字被抛到九霄云外，次级抵押贷款成为人们新的生活来源。信用卡债务总额在 2007 年夏季达到了惊人的 9000 亿美元。"天生合格（获得贷款）"彰显了小布什时代的纸醉金迷。美国家庭尽享低利率的好处，他们按照"难以抗拒"的初始利率重新签订抵押贷款合同，并一拿到钱就迫不及待地去享受生活。

所有的这些消费让经济在一段时间里看起来确实更好，总统先生也就有资格吹嘘那些经济统计的数字（他也这样做了）。然而对于很多家庭来说，这样做的后果在几年之内无法显现，但一旦利率开始提升，他们将无力偿还按揭贷款。总统先生当然希望这样的结局发生在 2008 年后的某个时刻，但它的到来却提早了 18 个月。随后，差不多有 170 万美国人失去自己的房子，这意味着陷入贫困的恶性循环的开始。

从 2006 年 3 月到 2007 年 3 月，美国个人破产比率飙升了 60%以上。直到这个时候，才有更多的人意识到 2005 年的破产法案让什么人从中获得了好处，因为他们发现个人更难于以合理的方式解除自身的债务。推行"改革"的债主显然才是大赢家，他们为自己争取到了更多的优势和保障，而让陷入财务困难的人们遭受到了打击。

## 这之后还有伊拉克战争

伊拉克战争（以及战况相对平缓的阿富汗战争）让美国付出了沉重的生命代价和财富代价。生命的消逝是永远无法用金钱衡量的损失。而谈到财富的消耗，值得提醒的是，即使在入侵伊拉克的准备阶段，那届政府也不愿意冒险预估这场战争的花费（并曾公开羞辱一名白宫助理，只因他认为战争可能需要大约 2000 亿美元）。当被要求给出伊拉克战争成本的一个具体数字时，该届政府则认为是 500 亿美元——这个金额实际上只够美国维持几个月的战争开销。如今，美国政府的官方数据承认，用于"战场"的资金超过了 5000 亿美元。哈佛大学的琳达·比尔米斯和我一同做出的一项研究表明，实际上这场战争的总花费可能是这个数字的四倍，即便是美国国会预算办公室如今也勉强承认，战争总花费可能是军事行动支出的两倍左右。例如，官方数据并不包含隐藏在国防预算中的其他相关支出，比如不断飙升的征兵费用，其中仅仅重新召回一名复员兵的津贴就高达 10 万美元；数据中不包括数以万计的受伤退伍军人所需的终身残疾补贴和医疗保健福利，退伍军人中大约有 20% 遭受了严重的脑部损伤和脊髓损伤；让人不可思议的是，这个数据不包括投入战争的装备成本，而且这些装备必须要被持续地更新。如果我们再计入高油价带来的经济损失以及战争导致的连锁反应（比如由战争引发的不确定性给投资带来了多米诺效应，以及因美国成为世界上最不受欢迎国家而导致美国公司在海外面对的经营困难），即使保守估算，伊拉克战争的总成本最少也超过2万亿美元。而且对于这个数字，我们还要加上一个前提：到目前为止。

人们自然想知道，如果将这些钱用到其他方面，能让我们得到哪些收益？美国每年对整个非洲地区的援助一直徘徊在50亿美元左右，不到伊拉克战争两个星期的直接开销。小布什总统曾经大谈特谈社会保障体系所面临的财务问题，但美国蒸发在伊拉克沙漠之中的资金就足够支撑这个体系一个世纪之久。哪怕能从2万亿美元中拨出一小部分用于教育和科技，或者改善基础设施，美国在应对未来的挑战（包括可能来自海外的威胁）时，在经济上也能够更加游刃有余。只需要这2万亿美元中的很小一部分，就足够保障所有符合条件的美国人接受高等教育。

油价的高涨显然与伊拉克战争脱不了干系。问题已经不在于是否要将此事归罪于这场战争，而是这场战争该为油价的上涨承担多少责任。鉴于美国并未从1991年的"海湾战争"中大赚特赚，小布什政府的官员竟然敢在本次入侵之前宣称，不仅伊拉克的石油收入足够支付战争的全部费用，而且战争也是维持低油价的最好手段。如今回想起来，尽管这些话让人感到难以置信，但这场战争的大赢家不正是那些石油公司和国防承包商吗？在这场战争之前，原油市场预计每桶石油的价格在随后三年里将维持在20～25美元。市场参与者普遍预计更多的原油需求会来自中国和印度，但中东地区提高的产量就可以满足这些需求。但这场战争彻底推翻了这一估算，战争不仅限制了伊拉克的石油产出，还加剧了周边所有地区的不安全感，从而压制了未来的石油投资。

无论油价高低，对原油的依赖都成为该届政府的又一后遗症：未能多元化美国的能源资源。抛开让世界摆脱碳氢化合物的环境问题不谈，无论如何，总统先生从未真心在乎过这些事情。在经济和国家安全方面的理由本该足够有力。相反，这届政府还是奉行"先抽干美国"的政策——也就是说，毫不顾忌这一做法对环境的伤害、不考虑这将导致美国在未来更依赖于外国的石油、不切实际地幻想有朝一日核聚变或某种其他奇迹来拯救美国，尽可能多并尽可能快地开采美国本土的石油。在小布什总统 2003 年的能源法案中纳入了诸多对石油行业的赠予——因此该法案被美国参议员约翰·麦凯恩称为"报答所有说客"法案。

## 对全世界的轻视

在小布什总统的领导下，美国的预算赤字和贸易逆差增长到了历史新高。在这里需要澄清的是，赤字本身并不可怕。如果一家企业贷款去购买设备，这是一件好事，而不是坏事。在过去的 6 年中，整个美国（包括美国的政府、美国的家庭）一直都在借钱来维持消费。同时，建设工厂和购买设备等有助于财富增长的固定资产投资却在萎缩。

这样继续下去会有什么后果呢？美国生活水平的提高将变得非常缓慢，甚至可能会下滑。就算美国经济韧性十足，但没有哪个经济体是无懈可击的，而美国的脆弱之处有目共睹。随着人们对美国经济信心的下滑，美元也一路贬值——与 2001 年相比，美元兑欧元的汇率已经下跌了 40%。

美国的对外经济政策与其本土的经济政策一样混乱。总统先生自称相信自由贸易，但又制定了许多旨在保护美国钢铁产业的措施。美国大力推动一系列双边贸易协定的签署，并迫使较小的国家接受各种苛刻的条款，比如延长对抗艾滋病急需药物的专利保护。我们敦促全球开放市场，但又阻挠其他国家收购美国的一家小型石油公司，尽管该公司的大部分资产都位于美国以外。

这就难怪来自像泰国和摩洛哥这样的地方，针对美国贸易行为的抗议会突然增多。但是美国拒绝妥协——比如，拒绝采取任何明确的行动撤销国内巨额的农业补贴，这种补贴扭曲了国际农产品市场，伤害了发展中国家的贫困农民。这一类的拒绝妥协导致旨在开放国际市场的谈判破裂。在其他许多领域，小布什总统也致力于破坏多边主义（反对全球各国需要共同合作的理念），想要用一套以美国为主的体系取而代之。最终，他也未能加强美国的主导地位，反而成功削弱了全球合作。

2005 年，这届政府任命国防部前副部长、伊拉克战争的主要策划者保罗·沃尔福威茨担任世界银行行长的举动，凸显了美国政府对全球性机构的根本蔑视。由于这位新行长从一开始就受到了广泛的不信任并且又因个人问题遭受非议，沃尔福威茨沦为国际上的笑柄，在任不到两年就被迫辞职。

全球化意味着美国的经济要愈加紧密地与世界其他区域相结合。考虑一下美国的那些不良抵押贷款吧。随着很多家庭的债务违约，抵押贷款的所有者会发现自己持有的是一文不值的废纸。这些债券的原始权益人很早就把问题资产卖给了旁人，后者以不透明的方式将其与其他资产打包，然后再一次卖给了其他身份不明的人。当问题浮出水面之后，全球的金融市场面对真正的巨大冲击：人们发现遍布在欧洲、中国和澳大利亚的投资组合中隐藏着价值数十万亿美元的不良资产，其中出问题的不乏高盛和贝尔斯登这样的美国明星投资银行。像印度尼西亚这样的发展中国家确实是无辜的旁观者，但它们也受害于全球风险溢价飙升，而且投资人也会将资金从这些新兴市场转移到更安全的避风港国家。

与此同时，美国变得更加依赖其他国家提供的债务融资。小布什政府在 6 年任期内的海外借款累计超过了 5 万亿美元。这些债权人大概率不会要求收回他们的贷款——否则将会再次引起一场全球性的金融危机。但是，这个世界上最富有的国家竟然无法做到量入为出！这难道不会让人感到怪异和不安吗？正如关塔那摩监狱和阿布格莱布监狱的丑闻侵蚀了美国的道德权威，小布什政府的财政不自律也损害了美国的经济权威。

## 前路漫漫

无论谁在 2009 年 1 月入主白宫，都将要面对如同乱麻的经济形势。让美国从伊拉克战争中脱身将会是一件更为残酷的任务，但让美国经济重归正轨也将是极为痛苦的，并且还需要很多年的时间。

当务之急是要让美国经济的代谢机制尽快恢复正常。这意味着要把储蓄存款利率从零（甚至负利率）回升到一个更为正常的数值，比如4%。如此程度的加息对美国经济的长期健康有利，但短期后果也相当严重。省钱就是不花钱。如果人们不花钱，经济引擎就会熄火。如果美国家庭急速削减开支（抵押贷款市场的崩溃可能会迫使他们这样做），那么就意味着可能出现经济衰退；即便是以一种谨慎的方式进行，仍旧会带来经济增长的长期放缓。因家庭过度举债而造成的止赎和破产在情况发生好转之前，很可能会进一步恶化，并且财政平衡的快速恢复只会加剧这两个问题：这正是美国联邦政府的两难之处。

无论如何，还有更多事情需要我们做。要做的事情在某种程度上很容易脱口而出：停止我们当前的行为，并反其道而行之。这意味着停止超前消费，对富人的加税，削减企业优惠，提升贫困人口的安全保障，并增加对教育、科技和基础设施的投资。

在税收方面，我们应该尽力为我们视为美好的事物（如劳动和储蓄）减负，而让不好的事物（如污染）承担更大的责任。在安全保障方面，我们需要记住，在帮助工人提升技能和获得负担得起的医疗保障方面，政府越积极，就越能释放美国企业在全球市场的竞争力。最后，如果美国能够与其他国家一起建立公平高效的全球贸易和金融体系，我们就能过得更好。如果我们自身的行为不再那么虚伪，我们将有更多的机会让其他国家开放它们的市场——美国要做的是，向它们的商品开放我们的市场，并停止美国的农业补贴。

小布什政府造成的一部分损害能够很快得到修复，而更大一部分则需要花上几十年来修复——这是假设政府和国会都有同样的政治意愿。想想看，我们将要为那增长到 4 万亿美元的债务年复一年地支付利息——即使借款利率只有 5%，一年也要 2000 亿美元。想想看，即使要偿还我们已累积的债务中的一小部分，未来的政府需要额外征收多少税款。再想想看，美国富人和穷人之间不断扩大的贫富差距，这一现象已经超越了经济学的范畴，并正在危及未来的美国梦。

总而言之，这种势头至少需要整整一代人才能扭转。几十年以后，我们回首这段时期，再次审视那条传统的观念。胡佛还能保住他"史上最差美国总统"的不光彩名称吗？我猜，乔治·沃克·布什只会有过之而无不及。

## 注　释

1. 刊登于 2007 年 12 月的《名利场》。安雅·谢芙琳和伊泽特·伊尔迪兹协助了本文的研究内容。

# 资本主义的蠢货[1]

—

终将有一天，信贷危机带来的紧迫威胁会解除，而找到未来经济前进的方向将成为我们那时更重要的任务。但在这个时刻，同样会存在着危险和机遇。在对未来政策辩论的背后其实是对历史的辩论——辩论造成现状的原因。过去的战斗决定着今天战斗的成败，所以厘清历史至关重要。

导致这场危机的关键决定有哪些呢？我们几乎在每一个关口都做出了错误的决策——这就是工程师口中的"系统失效"，即不是一个而是一连串的决定最终累积产生了悲剧性的后果。让我们回顾这五个关键的决策时刻。

# 第一：撤换美联储主席

在 1987 年，里根政府决定解除保罗·沃尔克美联储主席的职位，并任命艾伦·格林斯潘取而代之。沃尔克做了央行行长该做的事情。在他的任期内，美国的通货膨胀率从 11% 降到了 4%。作为美国央行行长，他的成就足以傲视同行，并为自己赢得了连任的保障。但沃尔克也明白，金融市场需要监管。而里根总统需要一个不相信这一套的人，所以他找上了客观主义哲学家和自由市场经济狂热者安·兰德的一位追随者——艾伦·格林斯潘。

在这之后，格林斯潘扮演了双重的角色。一方面，美联储掌管着货币的水龙头，在最初的几年里，他将流动性释放到最大的程度。另一方面，美联储也是监管机构。若是指派一位反对监管的人担任执法者，那么其执行力度就可想而知了。流动性的泛滥结合监管措施的失效，其后果是灾难性的。

格林斯潘一手炮制了两次而不是一次金融泡沫。在 2000 年到 2001 年的科技泡沫破裂之后，他又催生了房地产泡沫。但是中央银行的首要职责应该是维护金融系统的稳定。正如我们所见到的，如果银行所发放的贷款都是基于人为抬高的资产价格，那么崩盘就是早晚的事情——格林斯潘对此应该心知肚明。他有许多对应这种局面所需的工具。为了解决科技泡沫，他本该提高保证金的比例（人们融资买股票时所需的现金资产之比）。为了抑制房地产泡沫，他本该遏制针对低收入家庭的掠夺性贷款，并禁止其他不良的做法（不需要收入证明或财产证明的贷款或"骗子贷"、只付息不偿还本金的贷款等）。这些做法本该是对我们的长久保护。即使美联储没有这些工具，他也应该向国会申请。

当然，美国金融市场当前的问题不单是不良借贷所造成的。银行之间通过诸如衍生品、信用违约互换等复杂的金融工具，押下巨注彼此对赌。按照"赌约"，某个事件一旦发生（比如贝尔斯登破产，或是美元升值），一方就要赔偿给另一方。这些工具创设出来的初衷是为了帮助管理风险，但它们也可以被用于赌博。因此，如果我们确信美元一定会贬值，就可以押注在相应的方向；只要美元确实下跌了，我们就能大赚一笔。问题在于，由于这些巨大的赌注之间存在着复杂的关系，没有人能够掌握其他人的金融头寸——有时甚至连自己的真正头寸都搞不清楚。最终，信贷市场出现冻结就不足为奇了。

格林斯潘在这里还有一重角色。在担任克林顿政府的经济顾问委员会主席时，我还服务于一个由所有主要联邦金融监管者组成的委员会，其中就有格林斯潘和财政部长罗伯特·鲁宾。那时，金融衍生品构成的风险也是显而易见的。然而，正是那些遍布在美联储、证券交易委员会和其他部门的去监管化的拥护者，他们掌管着整个金融市场，面对衍生品的种种风险不但毫不作为，反而还担心任何行动可能会干扰到金融系统的"创新"。这种"换汤不换药"式的创新并没有真正的价值，最多称得上好坏参半（其中"骗子贷"就是一个很好的例证）。

## 第二：推倒监管墙

放松监管的思潮在后来几年里遗祸无穷。1999 年 11 月，在参议员菲尔·格拉姆的牵头下，国会废除了《格拉斯－斯蒂格尔法案》——银行业和其他金融服务业为此前后花费了 3 亿美元用于游说。《格拉斯－斯蒂格尔法案》很早之前就将商业银行（借贷机构）

和投资银行（组织债券和股票销售的机构）分离；该法案是在"大萧条"之后颁布实行的，旨在抑制那个时代的过度行为，包括严重的利益冲突。比如，在投资银行和商业银行没有分业经营的情况下，如果由某家投资银行强力推荐并为其发行股票的公司陷入了困境，那么银行的商业贷款部门（如果有的话），面对压力它会不会不明智地施以贷款的援手呢？之后这家银行会越陷越深，最终如同输急眼的赌徒一般，越赌越大也就不难预见了。我一直反对废除《格拉斯－斯蒂格尔法案》。而支持废除该法案的人则说，我们会建起一道墙，以确保这类事件不会再度发生，他们相当于在说"只要信任我们就好"。作为一位经济学家，我当然怀有健康程度的信任——我所确信的是，经济激励的力量会让人类行为更倾向于自我利益，至少是短期上的自我利益，而不是托克维尔所说的"正确理解的自我利益"。

废除《格拉斯－斯蒂格尔法案》的严重后果并不会直接显现，但它为整个大环境的逆转铺平了道路。商业银行本就不该从事高风险的投资业务；它们应该极其保守地打理客户的存款。正是基于这样的理解，政府才会同意为商业银行的倒闭买单。而投资银行的经营理念则相反，它们管理的是富人的资金，这种属性的钱更愿意承担高风险以获得更高的回报。废除《格拉斯－斯蒂格尔法案》之后，投资银行和商业银行重新回到混业经营，这时候投资银行的理念就会占据上风。这会出现对某些超高回报的需求，这类高回报只能通过提高杠杆和加大风险才有可能实现。

在放松管制的道路上还有几件重大事件。其中一件就发生在2004年4月，美国证券交易委员会在一场几乎没有什么人参加、当时在很大程度上不为人所知的会议上，允许大型投资银行提高其债务资本比（从 12:1 提高到 30:1，或更高），以便能够购买更多的抵押贷款支持证券——这一变化加剧了房地产泡沫。为了能做出这个决定，证券交易委员会力捧自律性监管：这个观念非常奇怪，因为它认定银行能够有效地自我监督。就连格林斯潘现在也承认，自律监管是荒谬的，并且在实操中，自律监管无论如何也无法防范系统性风险——就像每家银行用于管理投资组合的模型几乎会让所有人同时卖掉某些特定类别的资产。

在破除旧规的同时，我们没有采取任何措施来应对 21 世纪市场带来的新挑战，其中最大的难题就是衍生品监管。在 1998 年，美国商品期货交易委员会主席布鲁克斯利·伯恩就曾呼吁对衍生品交易实施监管——在同一年美联储发动了对长期资本管理公司（一家资产超过万亿美元的对冲基金公司，它的倒闭威胁到了全球的金融市场）的救助，此后这种担忧变得迫在眉睫。但是时任财政部部长的罗伯特·鲁宾、他的副手拉里·萨默斯以及格林斯潘，对此都坚决反对（他们取得了胜利）。所以，什么都没有改变！

## 第三：水蛭疗法<sup>○</sup>

随后小布什政府在 2001 年 7 月 7 日实施了第一轮减税政策，两

---

　　○　本意指医生利用饥饿的水蛭进行吸血的疗法，在 17 世纪至 19 世纪，水蛭放血疗法在欧洲大陆掀起热潮，成为治愈一切的万能药。这里作者意指美国政府当前将"减税"当作治愈一切经济问题的万能药。——译者注

年后又实施了第二轮减税政策。总统先生和他的顾问们似乎相信，减税——特别是对高收入的美国人和美国公司的减税，是一剂解决所有经济问题的万能药。这堪称现代版的"水蛭疗法"。这些减税政策对大环境的塑造发挥了关键的作用，为造成当前的金融危机提供了土壤。由于它们对提振经济几乎毫无用处，刺激经济的真正重担只能交予美联储，而后者则开启了史无前例的低利率和流动性宽松。伊拉克战争带来的油价飙升让情况变得雪上加霜。由于美国如此依赖进口的石油，美国人不得不在购买原油上又增加了数千亿美元的花销——这些钱本来可以用于购买美国的产品。正常情况下，这样的消费迁移会导致经济放缓，就像美国在20世纪70年代所经历的那样，但美联储却用我们能想象到的、最为短视的方式迎接了这一挑战。流动性的泛滥让抵押贷款市场充斥着唾手可得的资金，甚至对那些通常无法获得贷款的人也不例外。并且，如其所愿，这一切成功阻止了经济衰退；而美国家庭的储蓄率下降至零。但应该清楚的是，我们此刻生活所仰赖的正是寅吃卯粮的行为。

资本利得税税率的下调从另一个方面推动了这场危机，因为这直接影响到人们对价值的判断：那些靠投机（或者赌博）赢钱的人比辛苦工作赚钱的人缴纳更少的税费。不仅如此，这一决定还鼓励了金融杠杆化，因为利息支出可以抵税。比如，如果一个人借了100万美元购买住宅，或者用住宅净值抵押获取10万美元的贷款去买股票，借款的利息每年都可以全额扣除。任何的资本利得只需要缴纳很少的税款——而且能被递延到遥远未来的某一天。小布什政府相当于一直在公开鼓励过度的贷款——而对于这样习以为常的行为，美国消费者本来就不需要额外的鼓励。

## 第四：账目造假

与此同时，随着一系列重大丑闻的发生（尤其是世通和安然的倒闭），美国国会在 2002 年 7 月 30 日通过了《萨班斯－奥克斯利法案》。那些丑闻几乎涉及了美国所有主流的会计师事务所、大多数的银行和一部分的顶级商业公司，这表明美国会计系统存在诸多的严重问题。会计核算是一个让大多数人感到昏昏欲睡的话题，但如果人们都对这家公司的财务报告心生怀疑，那么这家公司就不值得完全信任。不幸的是，在《萨班斯－奥克斯利法案》磋商的过程中做出了一项决定，即不去触碰"股票期权"的问题，包括受人尊敬的美国证券交易委员会前任主席亚瑟·莱维特在内的很多人都认为，股票期权是造成问题的一个深层次根源。有人辩称"股票期权为良好的管理提供有益的激励"，但事实上它们是徒有其名的"激励性薪酬"。如果一家公司表现良好，那么首席执行官会以股票期权的形式获得不菲的报酬；如果公司表现欠佳，他们的报酬几乎同样丰厚，只不过用其他的方式进行发放。这样做就已经很不合理了，更不要说股票期权还会产生一个附带问题：为不良的会计行为提供了激励，使高层管理者有充足的动力为了推高股价而提供失真的信息。

评级机构的激励模式也被证明是有悖常理的。像穆迪和标普这样的评级机构，它们的收入正是来自它们的评级对象。因此，它们完全有理由给这些公司以更高等级的评级，这与大学教授造成的分数膨胀 <sup>⊖</sup> 并无二致。这些评级机构与付钱给它们的投资银行一样，都

---

　　⊖　指大学普遍授予比学生应得的更高的分数，这产生了更高的平均分数，造成了真实绩点的贬值。——译者注

相信所谓的金融炼金术——垃圾级的有毒抵押贷款能够转化成安全性足够高的产品，并提供给商业银行和养老基金持有。我们在 20 世纪 90 年代的东亚金融危机期间就见识过评级机构类似的失败——高评级促使大量资金涌入该地区，而接下来的评级逆转却招来了灾难。但金融监管者对此并未予以重视。

## 第五：任其失血

最后的转折点是在 2008 年 10 月 3 日通过的救助方案——就是这届政府对本场危机的最直接应对。我们将在未来很多年里感受到其后果。无论是政府还是美联储，长久以来都抱着一厢情愿的想法，希望坏消息只不过是昙花一现，经济增长的恢复指日可待。当那些美国银行面临倒闭之际，政府表现得举止失措了。一些机构（贝尔斯登、美国国际集团、房利美、房地美）获得了救助，而雷曼兄弟银行却没有。有些股东挽回了一些损失，而其他人则两手空空。

财政部长亨利·保尔森最初提出的救市计划仅仅有三页纸（这本身就展现出了极度的傲慢），其中要求提供 7000 亿美元由财政部部长自行决断如何支配，但不接受任何监督或司法审查。他鼓吹这一方案对恢复信心是必要的。但这个方案并没能解决缺少信心的根本原因。银行发放的不良贷款太多了，它们的资产负债表上有很多大窟窿，没有人知道哪些数据是真实的、哪些数据是虚构的。这份救助计划就像给一位遭受内出血的病人大量输血，而对造成问题的根源（就是那些房屋的止赎）置之不理。宝贵的时间被浪费掉了，而保尔森还在推销他自己的"花钱买垃圾"方案，买入全部的不良资产，将风险转嫁给美国纳税人。最终他也放弃了这个方案并向银行提供它们所需的资金，但他的做法却蒙蔽了美国纳税人，并且无法保证银行会把这些资金真正用于恢复提供房贷。他甚至允许这些银行在接受纳税人巨额资金救助的同时，给其股东大笔地分钱。

另一个没有解决的问题涉及美国经济上隐现的薄弱环节。美国经济多年以来一直靠过度举债维持。这个游戏已经进行不下去了。随着消费的萎缩，依靠出口还能维系经济的增长，但随着美元走强以及欧洲和全球其他地区的经济下行，这样的局面很难维系下去了。与此同时，各个州也要面临着税收的大幅下滑——它们将不得不削减开支。如果政府不能迅速采取行动，经济将面临衰退。在这种情况下，即便是银行能自始至终理性地放贷（事实上它们并没有做到），经济下行也必然意味着坏账的增加，这就会让本已陷入困境的金融业雪上加霜。

政府大谈特谈的是信心的重建，但实际上它玩弄的是一个关于信心的把戏。如果政府真心想要恢复金融系统的信心，就早该着手解决那些最根本的问题——有缺陷的激励结构和不完善的监管体系。

如果时间能倒流，历史的进程会因为某一个决定而发生改变吗？每一个决定（既包括那些毫无效用的决定，也包含很多拙劣的经济决定）都是之前所有决定的某一种后果，是因果之间从远古到现在交织而成的一张大网。当然我们也会听闻政府的某些正确行动——比如，《社区再投资法案》要求银行向低收入的社区提供抵押贷款（《社区再投资法案》的贷款违约率实际上远低于其他贷款）。房利美和房地美这两家最初由政府拥有的大型抵押贷款机构也在这场危机中备受指责。但事实上，二者很晚才参与这场次贷游戏，并且它们的问题也与私营企业类似：它们的首席执行官在同样有悖常理的激励下，沉迷于巨大的赌博中。

　　事实上，大多数的单个错误都可以归为一个根本原因：人们相信市场会自我纠错，而政府应当尽量少干预。回想我们这个秋天在国会山的听证会上，听到艾伦·格林斯潘大声说出："我犯了一个重大错误。"国会议员亨利·沃克斯步步紧逼反问道："这样说来，你发现你的世界观、你的意识形态都是不正确的，都运作不灵了？""是的，可以这么说。"格林斯潘回答说。美国（连同这个世界上其他大部分国家）对这个有缺陷的经济哲学的信奉，让我们无可避免地落到了今天这般田地。

## 注　释

1. 刊登于 2009 年 1 月的《名利场》。

# 一桩谋杀案的剖析：是谁扼杀了美国经济[1]

一

对于是谁造成了本次全球经济危机的调查已经开始了。这不仅仅是应当向何人问责的问题，更重要的是，我们要知道为什么或者是谁引发了这次危机。只有这样才能找到避免下一次危机的方法，甚至有可能完全消除眼前的这场危机所造成的恶果。

然而，确定其中的因果关系是困难的。就像我们会说："若是犯下罪行的一方在当时采取了其他方式，那么这场危机就不会发生了。"但是，任何一方改变行动所能产生的后果也要受到其他多个参与者的影响，而其他人的行为也有可能会因为其中一方的改变而随之发生变化。

若是把这比作一桩谋杀案。我们指认出其中开枪的人，但还得有人向这个家伙出售枪支，有人出钱买凶杀人，也许还要有人向其透露关于被害人行踪的内幕消息。所有的这些人都是这场犯罪的参与者。如果那个买凶杀人者铁了心要除掉受害人，即便是原定的杀手拒绝执行，受害人还是可能遭到谋杀：因为元凶还会找到其他的枪手。

在这场犯罪中有很多参与者——有个人，也有机构。任何一次关于"谁该负责"的讨论都会让人想到罗伯特·鲁宾，还有艾伦·格林斯潘。前者是放松管制运动的共谋犯，也是美国政府投入资金最多的两家金融机构之一的前任高管；而后者同样推行放松管制的理念，并且未能行使他所拥有的监管权力，还鼓励住宅业主接受高风险的浮动利率抵押贷款，支持小布什总统对富人的减税政策，[2] 降低利率催生泡沫以刺激经济。然而，如果这二人当时没有身在其位，也一定有其他人替代他们做出同样的事情。这世上的其他人也会有相同的意愿并且有能力犯下相同的罪行。此外，在其他国家也出现了类似的问题（只不过主人公被换成他人），这一事实表明，这背后有更基本的经济力量在发挥作用。

必须对这场危机承担相当责任的组织包括投资银行和投资人、信用评级机构、包含证券交易委员会和美联储在内的监管者、抵押贷款经纪人以及从里根到小布什的连续几届美国政府，后者推动了金融业的去监管化。其中一些机构从多个方面促成了这场危机——特别是美联储，它不仅没能履行监管者的职责，而且它错误地调控利率和信贷供给正是本次危机的成因之一。所有的这些组织机构合在一起（还要加上后面即将讨论的其他人物）要共同承担罪责。

## 主要责任人

但我认为，银行（以及更泛指的金融业）和投资人应该承担最主要的罪责。

银行本应该是风险管理方面的专家，但它们不仅没有管理好风险，反而还制造了风险。它们过度使用了杠杆。30倍杠杆意味着，资产价值下跌3%差不多会让投资组合的净资产清零（具体而言，美国房地产价格已经下跌了大约20%，并且截至2009年3月，人们预计未来还至少下跌10%～15%）。银行所采用的激励结构本质上就会诱导短视的过度冒险行为。此外，它们用于支付给一部分高管的股票期权，为做假账提供了动力，包括鼓励高管进行大量的表外交易。

银行家似乎没有想到证券化正在制造风险，这就包括信息不对称带来的风险——抵押贷款的原始权益人最终不会持有该贷款资产，因此他们不必承担尽职调查失误的后果。银行家还错误地估计了美国不同地区违约率之间的关联程度（没有意识到利率的上升或失业率的上升可能会对美国许多地区造成不利的影响），他们还低估了房地产价格下跌的风险。这些银行也没能准确地评估一些新型金融产品所涉及的风险，比如那些不要求收入证明或财产证明的贷款。

银行家唯一的辩护（显然，这个理由很牵强）是他们的投资人让他们这样做的。他们的投资人并不了解风险，无法区分"精明"的投资与在市场上行过程中过度使用杠杆所带来的回报。那些没有过度使用杠杆的银行，由于收益率没有那么高，所以遭受了股价被打压的"惩罚"。然而，事实上正是银行通过承担更大的风险换取了更高的短期回报，它们利用了投资人的无知推高了股价。

## 共谋犯

若将银行视为这场犯罪的主谋，那么它们还有许多的共谋。

评级机构在这场犯罪中发挥了核心的作用。它们相信金融炼金术，即将垃圾级的次级抵押贷款变成安全到足以让养老基金持有的优秀证券。这一步很重要，这样做可以使现金源源不断地流入房地产市场，从而为房地产泡沫的形成提供了养分。评级机构的行为或许是受到不良的激励机制所影响，因为它们的收入由被评级的一方支付，但我认为即使没有这些不良的激励机制，它们的模型也可能存在重大的缺陷。在这个行业中，竞争反而产生了一种反常的影响——它导致了一场"逐底竞争"，即比拼谁能为被评级方提供对其最有利的评级。

抵押贷款经纪人扮演了关键的角色：他们关心自己所发放抵押贷款的数量更甚于质量（毕竟，他们不会长期持有这些资产）。有些抵押贷款经纪人甚至敬业到发明了新型抵押贷款产品的地步：无财产证明或收入证明的贷款。这类贷款很容易招致欺诈行为，所以人们称其为"骗子贷"。这确实是一种"创新"，但这么看来，以前没有出现过这样的创新也是有合理原因的。

其他的新型抵押贷款产品——几乎不还本金或少还本金的贷款（不摊销本金）、浮动利率的贷款，也会诱使不谨慎的借款人上当。房屋净值贷款（二次抵押贷款）也鼓励美国人以他们的房屋净值作为抵押来进一步增加贷款，提高了（总）借款额与资产净值的比率，从而推升了抵押贷款的风险。

抵押贷款的原始权益人并没有关注风险，反而更看重交易成本。但是他们不打算降低交易成本，而是要让交易成本最大化——他们设计出能提高交易成本的各种手段，从而增加自己的收入。在这一点上，到期必须续约的短期贷款对他们就特别有利，这样的行为实际上罔顾了短期贷款存在无法再融资的风险。

发放抵押贷款所产生的交易费用为欺压无知且没有经验的借款人提供了强烈的动力——比如，鼓励更多的短期贷款，必然造成反复的再贷款，从而很容易生成高额的交易费用。

监管机构也是这场犯罪的帮凶。它们本该先人一步识别出新型产品的内在风险；它们本该自己完成风险评估，而不是依赖于行业自律或者那些评级机构；它们本该意识到伴随场外衍生品的高杠杆风险，尤其是那些无法抵消的头寸所产生的复合风险。

监管机构自欺欺人地认为，只要它们能确保每家银行管理好自身的风险（一厢情愿地认为它们有充足的动机这样做），然后就天下太平了。令人惊奇的是，监管机构竟然不在意系统性风险，尽管关注系统性风险本应是监管体系的主要底层逻辑之一。而且，即使所有银行"普遍"表现良好，但它们某些行为的趋同化也会给整个经济带来风险。

在有些情况下，监管机构会拿出一个理由为自己辩护：它们哪怕发现情况不对，也没有采取任何行动的法律基础，它们认为自己并没有被赋予监管衍生品的权力。但是，这样的辩护就是掩耳盗铃，因为有些监管者（特别是格林斯潘）曾努力确保适当的监管措施不被采用。

废除《格拉斯－斯蒂格尔法案》也起到了特别的作用，这不仅为利益冲突扫清了障碍（这一点在安然和世通的丑闻事件中表现得尤为突出），还将投资银行的冒险文化传染给了商业银行，而商业银行的行为应本着更为谨慎的态度。

犯下错误的不仅仅是金融业的监管方式和监管机构，反托拉斯法本应该得到更严格的执行。银行被允许发展到"大而不倒"的程度——或者大到无法被管理。并且这样的银行还具备不当的激励措施。面对"正面我赢，反面你输"的投硬币游戏，大而不倒的银行就会有过度的冒险动机。

公司治理的法规也存在一部分的责任。监管者和投资人应该意识到这类特别的激励结构可能引发的风险，这些激励甚至不能很好地服务于股东的利益。在安然和世通的丑闻之后，有很多关于改革必要性的讨论，而《萨班斯－奥克斯利法案》就是一个开端。但该项法案并没有触及最根本症结：股票期权。

小布什政府和克林顿政府对资本利得税的削减，连同利息支出的所得税抵扣，为人们加杠杆提供了更充足的动力——比如，住宅业主更愿意利用房屋抵押，去获得尽可能多的贷款。

## 久负盛名的帮凶

有些经济学家成为另类的帮凶，他们提出的论点让金融市场的那帮人觉得不仅好用，还能服务于他们的私利。在这些经济学家所提出的模型中，监管并不是必要的。他们的模型基于信息的完全透明和市场的充分竞争，但这样的假设是不切实际的。

现代经济学理论，尤其是那些专注不完美和不对称的信息以及系统性非理性的理论，特别是在风险判断方面，已经解释了那些早期"新古典"模型的严重缺陷。它们已经证明了那些模型并不可靠——即便是微微地偏离极值的假设也会产生不同的结论。然而，这样的见解被完全无视了。

此外，近年来经济学理论的一些重要流派鼓励央行专注于对抗通货膨胀。它们似乎认定，低通货膨胀对于实现稳定并强劲的增长是必要的，而且也是充分的。其结果就是，各大中央银行的行长（包括美联储主席）很少关注金融结构的问题。

总而言之，很多流传甚广的微观经济学理论和宏观经济学理论助长并教唆了监管者、投资者、银行家和政策制定人——为他们的政策和行为提供了"合理性"。这些理论使银行家相信，在追求自己的个人利益过程中，他们实质上促进了社会的繁荣；它们让监管者相信，其推行的善意忽视政策让私营部门得以蓬勃发展，从而让所有人都从中受益。

## 对辩护之辞的驳斥

低利率确实加剧了泡沫，但泡沫并不是低利率的必然结果。许多国家渴望靠低利率帮助必要的投资项目进行融资。资金本可以被引导到更高效的用途之上，但美国的金融市场没能做到这一点。监管部门允许金融市场（包括银行）将大量的资金用在对社会没有任何贡献的领域；它们放任低利率助长房地产泡沫；尽管它们有办法阻止这一切，但它们并没有利用手上的工具。

如果让我们指责低利率"助长"了市场的疯狂，那么我们必须要反问，是什么促使美联储追求低利率呢？它这么做，一部分理由是为了维持美国经济的动力，因为那时美国经济正经历着科技泡沫破灭所导致的总需求不足。

在这方面，小布什针对富人的减税政策或许就非常关键了。这样的减税方式本来就不是为了刺激经济，并且它对经济的刺激效果非常有限。同时，小布什政府发动的伊拉克战争也造成了非常严重的影响。在发动战争之后，原油价格从每桶 20 美元飙升至每桶 140 美元。（我们在这里不定量分析油价的上涨有多大程度是这场战争造成的，但毫无疑问，战争是其中的一个因素。[3]）美国如今每年要多花费数千亿美元用于进口石油，而这笔钱不是在国内消费。

在 20 世纪 70 年代油价飙升的时期，大多数国家因购买力被转移去采购海外的石油而面临经济衰退。拉丁美洲国家则是例外，它们举债用于维持消费。然而，这样靠借贷度日是无法长久的。而在过去十年里，美国也走上了拉丁美洲国家的老路。为了抵消原油支出增加的负面影响，美联储让利率低于正常情况下应有的水平，但这也将房地产的泡沫化推到了一个前所未有的高度。如今的美国经济与 70 年代的拉丁美洲经济一样，表面上运转良好，但这是因为房地产泡沫带动了消费潮，而与此同时，美国家庭的储蓄率一路下降至零。

由于伊拉克战争以及随之而来的油价飙升，再加上小布什政府设计拙劣的减税计划，维持经济增长的重担就落在了美联储的肩上。

美联储本该运用自己作为监管者的权威，尽其所能将资源导向更有效率的用途。在这一点上，美联储及其主席都负有双重罪责——他们不但辜负了自身的监管职责，反而还在为最终吞噬美国的泡沫大声喝彩。当被问及可能存在的泡沫时，格林斯潘表示否认，有的只不过是个小小的泡泡。这明显是不对的！美联储认为，泡沫只有在破灭后才知道它是泡沫。这话也不完全正确。人们确实在泡沫破灭前无法知道泡沫的存在，但我们有能力坚持推断性的预判。

所有政策的制定都要面对很多的不确定性。房产价格发生了大幅上涨，特别是较为低端的房屋，而大多数美国人同期的真实收入却停滞不前：这是一个显而易见的问题。并且很明显，一旦利率提升，这一问题必然会更加严重。格林斯潘鼓动人们在利率处于历史低位时争取浮动利率的抵押贷款。他还允许他们最大限额地贷款——就好像利率将会长久保持在同样低的水平。然而，由于利率水平太低了，导致实际利率为负值，期望利率一直维持在如此低的水平是不合理的。在利率上升之际，明显会有很多美国人将陷入窘境，而把钱借给他们的银行也不可能独善其身。

袒护美联储的人们有时想要为这种不负责任且短视的政策做出辩解，他们认为美联储也别无选择：提高利率可以消除泡沫，但也会扼杀经济。然而，美联储并不只有提升利率这么一个工具。比如，它还有相当多能够抑制泡沫的监管措施，但美联储并没有利用这些工具。随着出现泡沫的可能性的增加，它本可以降低贷款价值比，它本可以降低月供与收入比例的法定上限。如果它认为缺少必须的工具，也应该到国会去争取。

低利率并不能产生一个令人完全满意的确定结局。诚然，或许金融市场本可以更有效地利用这些资金，比如支持更多的创新或支持发展中国家的重要项目；但也许金融市场会找到其他方法去支撑不负责任的借贷——比如，新一轮的信用卡消费热潮。

## 为无辜者发声

正如所有的共犯都要担负同等的罪责，有些嫌疑人也该判无罪。

在长长的嫌疑人名单中，有两类人被很多共和党人经常提及。共和党人无法接受市场的失效，不敢相信市场参与者竟然能如此不负责任，不能理解金融奇才为什么会不懂风险，更不认为资本主义存在严重的缺陷。他们确信，政府才是罪魁祸首。

我一直认为，政府确实应该受到指责，但理由正是它做得太少了。但保守派的批评家则认为政府要因管得过宽而负有责任。他们批评《社区再投资法案》对银行施加的规定，即要求在银行的资产组合中有一部分要向缺少服务的少数族群社区倾斜；他们还指责房利美和房地美，尽管这两家特殊的政府支持企业在 1968 年被私有化，但它们还是在抵押贷款市场上扮演着重要的角色。按照保守派的说法，房利美和房地美迫于来自国会和总统的"压力"，扩大了住房所有权者的范围。

这显然是在推卸责任。美联储最近的一项研究表明，《社区再投资法案》项目下的抵押贷款违约率实际上低于平均水平。[4] 美国抵押贷款市场的问题始于次贷市场，而房利美和房地美则主要资助"合格"（优质）的抵押贷款。

正是美国完全私有化的金融市场发明了对本次危机负有核心责任的所有不良行为。当政府鼓励住房所有权时，这里指的是获得永久的住房所有权，而不是让人们去购买超过其承受能力的房屋。转瞬即逝的纸上财富会导致终身的贫困：一旦失去了他们的住房，穷人将会一无所有。

对于任何一个人的预算，总会有价格合适的房子。讽刺的是，由于房地产的泡沫，很多穷人最终拥有了原本住不起的大房子——如果能执行更谨慎的贷款政策，这一切就不会发生，因为那样做会抑制泡沫。显然，房利美和房地美也参与了这场高风险高杠杆的"游戏"，但它们加入的时间比较晚、手法也不怎么娴熟。这方面也有监管的失败——专门监管这些政府资助企业的机构本该限制它们的参与，然而在小布什政府放松管制的理念之下，没人去做这件事。一旦这类企业加入这场游戏，它们就拥有一项优势，因为它们可以凭借其背后的政府担保（担保在那时定义模糊）获得某种意义上更便宜的资金。它们可以利用政府的担保进行套利，从而"挣到"等同于纯粹私营企业同行的奖金。

## 政治与经济

还有一个更重大的元凶就是美国现行的政治体制，尤其是在这个体制中对竞选捐款的依赖，在本场事件中的许多不同层面确实担当了关键的幕后推手。竞选捐款可以使华尔街能够运用它所拥有的巨大影响力，从而推动取缔监管，并任命不相信监管的监管者——我们后来也见识到了那些"可预见之注定后果"。[5] 即使在今天，华尔街的影响力仍在寻求解决金融危机的有效手段上发挥着作用。

任何一个经济体都需要规则和裁判员。而美国的规则和裁判员是由特殊利益所决定的；具有讽刺意味的是，我们甚至不清楚那些规则和裁判员是否能很好地服务于特殊利益本身。但清楚的是，它们并不能很好地服务于美国的国家利益。

说到底，这也是一场美国经济和政治体制的危机。每一个参与者都在很大程度上做着他们认为自己该做的事情。银行家遵循游戏规则，尽可能多地赚取收入，而游戏的规则又允许他们利用自己的政治影响力，争取有利于自己的监管规则和监管者，从而让他们及其领导下的公司尽可能多地攫取利益。政客对于游戏规则的反应则是，自己必须为选举筹集资金，为此他们就不得不取悦那些有钱有势的选民。还有一些经济学家为银行家、政客和监管者提供符合其利益的思想体系：在这种思想体系下，一小部分人所追求的政策和做法仿佛能让所有人都受益。

有部分人至今还想让整个体系倒退至 2008 年之前的状态。他们想要推进监管改革，但这种改革必定会浮于表面。大而不倒的银行将会继续被放任不加改变。一定会出现"监督"的，但能有什么实效就不得而知了。而银行将继续豪赌下去，而且它们将继续"大而不倒"。会计准则将会放宽，以便给银行留有更多的余地。公司的激励结构，甚至高风险的经营行为，将会一成不变。但长此以往，下一场危机必定会到来。

# 注　释

1. 刊登于 2009 年 7 月的《批判性评论》。

2. 格林斯潘支持 2001 年的减税政策，尽管他本应知道这会导致财政赤字，而在此之前，他一直对赤字视若蛇蝎。他认为，除非立即采取行动，否则克林顿审慎财政政策所产生的盈余积累将彻底偿还美国经济体系中的全部短期国债，从而使货币政策的实施变得困难——这是我所听过的、从受人尊敬的政府官员口中说出的最拙劣观点之一；可以认为，即使他所设想的意外事件（国家债务的全部偿还）迫在眉睫，国会也有足够的工具和动力能在短时间内纠正这一局面。

3. 参见斯蒂格利茨和比尔米斯合著的《三万亿美元的战争》一书。

4. 参见 2008 年 12 月 3 日在华盛顿特区举办的"对抗聚集贫困政策论坛"上，兰道尔·克罗兹纳代表美联储委员会的讲演稿《社区再投资法案与近期的抵押贷款危机》。

5. 参见斯蒂格利茨所著的《喧嚣的九十年代》。

# 如何走出金融危机[1]

—

**在**过去几周里出现的坏消息，让全世界很多人都感到不知所措。股市大跌，银行停止相互拆借，各大央行的行长和各国的财政部长每天都愁眉苦脸地出现在电视上。很多经济学家发出了警告：我们的世界正在遭受1929年以来最严重的经济危机。而唯一的好消息是，油价终于开始下降了。

这样的时刻让很多美国人感到既惊恐又陌生，但其他国家的一些人却有一种似曾相识的感觉。亚洲国家在 20 世纪 90 年代末经历过类似的危机，而其他很多国家（包括阿根廷、土耳其、墨西哥、挪威、瑞典、印度尼西亚和韩国）也都曾遭遇过银行危机、股市崩盘和信贷紧缩。

事实上，在过去的 30 年里，资本主义市场经济经历过不下 100

次的经济危机。正因为如此，我与很多经济学家都认为，政府的法规和监管是让市场经济有效运转的一项重要组成部分。缺少这些监管，世界各地会频繁发生严重的经济危机。仅靠市场是不够的，政府必须发挥作用。

好消息是财政部长亨利·保尔森似乎终于意识到，美国政府需要帮助银行调整资本结构，并且应该获得其所救助银行的股份。但这些还不足以防止危机蔓延到全球，还有很多工作要做。这就是代价！

## 我们是如何落入这步田地的

我们如今所面对的问题主要是由放松监管和低利率共同造成的。在科技泡沫破裂之后，经济需要刺激。但是小布什总统的减税计划并没有对经济产生多少刺激作用。这就将维持经济运转的重担放到了美联储的身上，而后者的应对方式是给经济注入充裕的流动性。在正常情况下，有很多货币在金融体系中流转是没有问题的，因为这有助于经济增长。但美国的经济此时已经在过度投资，所以多余的资金并没有用在生产上。低利率加之能轻易获得的资金共同造就了不计后果的借贷，即臭名昭著的不还本金只还利息、无首付、无收入证明（"骗子贷"）的次级抵押贷款。很明显，只要泡沫化稍有缓解，很多抵押贷款的价值最终都会没入水下，即资不抵债，房产的价格低于抵押贷款的未偿还余额。这种情况已经发生——到目前为止涉及的金额已经有1200万美元，但这个金额几乎每个小时都在增加。穷人不仅失去了自己的房子，而且失去了他们一生的积蓄。

　　小布什－格林斯潘时代的放松管制之风促进了一种新式银行业态的传播，其核心就是证券化：抵押贷款经纪人发起贷款并转售给其他人。借款人被告知无须担心不断累加的债务，因为房产价格将会一直上涨，并且可以被用于二次抵押融资，还能拿回一部分钱作为投资收益用于购买汽车或度假消费。当然，这违背了经济学的第一准则——天下没有免费的午餐。实际的经济状况是大多数美国人的收入都在下降，在此背景之下，房价会持续快速上涨的假设显得尤为荒谬。

　　抵押贷款经纪人钟爱那些新型产品，因为它们确保了源源不断的费用。他们通过不断地再融资，就能发起尽可能多笔数的抵押贷款，从而让自己的利润达到最大化。他们在投资银行的盟友会买断这些抵押贷款资产，然后分割并打散其中的风险，再转手卖给下家——至少要把能卖的都卖出去。美国的银行家忘记了自己的本职工作是审慎地管理风险和配置资本，他们反而开起了大赌场——用别人的钱一掷千金，反正他们知道如果输得太多，纳税人一定会来收拾残局。他们错误地配置资本，让大量的资金放到人们迟早无法偿付的房产上。宽松的货币和缺失的监管是一个遗祸无穷的组合。最终，一切都完蛋了！

## 一场全球性的危机

　　美国不计后果行为的真正危险之处在于我们将危机出口到了海外。在几个月之前，有人曾谈到过"脱钩"——即便是美国经济陷入了衰退，欧洲经济也能独善其身。我一贯认为"脱钩"无异于一个神话，并且事实证明我是正确的。感谢全球化的功劳，华尔街能够将其不良抵押贷款资产销售到全球各地，似乎有毒资产中大约有一半被出口。如果不是这样，美国的情况远比如今更加艰难。另外，即使美国经济有所放缓，依靠出口也仍旧能维持美国经济的增长。但美国的经济不振会导致美元贬值，让欧洲国家更难于将商品销售到海外。出口疲软意味着经济疲软，所以正像美国之前输出不良抵押贷款资产一样，美国也向海外出口了衰退。

但现在这些麻烦又反噬了回来。不良抵押贷款资产正导致很多欧洲银行被迫陷入破产（美国不单单输出了不良抵押贷款资产，还输出了不良的借贷经营方式和监管行为；许多欧洲的不良抵押贷款资产来自欧洲本地的借款人），当市场的参与者意识到灾难已经从美国蔓延到欧洲之时，自然就出现了恐慌。有部分的担忧是心理原因导致的。但有部分是因为美国和欧洲的政治经济体系是紧密联系在一起的。全世界的银行都参与了相互的拆借；它们彼此之间也要买卖复杂的金融产品。这就导致一个国家因缺乏监管而产生的不良抵押贷款资产，能够污染全球的金融体系。

## 如何修复

我们现在面对的是一个流动性的问题、是一个偿付能力的问题，也是一个宏观经济的问题。我们正处于螺旋下降的第一个阶段。这是在调整过程中我们无法避免的一个阶段：让房价回归到均衡水平，并消除维系美国虚拟经济运行的过度杠杆（债务）。

即使有了政府提供的资本，银行业也不愿意（或者没能力）像过去那样不计后果地发放贷款。房屋所有者也不想去借那么多的钱。已然接近于零的储蓄率将会上升——长期看，这对经济有益，但对于陷入衰退的经济来说却是一件坏事。有些大型公司能够拥有大量的现金，但小企业对贷款的依赖不仅在投资方面，还在维持生存的流动资本方面。未来的日子将会更加难熬。并且，对过去 6 年的温和增长产生重大作用的房地产投资，如今已经达到了 20 年以来的最低点。

政府已经从一个不成熟的解决方案又转向了另一个。这让华尔街恐慌了，而白宫同样也陷入了恐慌，他们很难想出现在该如何做。保尔森和小布什在最初的"保尔森救助方案"上花费了几周的时间（他们顶着巨大的压力），这宝贵的几周时间本来是可以用来解决问题的。此时此刻，我们更需要一个全面的解决方案。再一次经历无力的失败尝试，也许将是灾难性的。接下来就是一份全面解决方案的五个步骤。

**1. 重组银行资本**。惨痛的损失导致银行普遍出现净资产不充足的现象，而且在当前的环境中，银行也很难获得再融资。这就需要政府出面提供资金。作为交换，政府应该得到其所救助银行的表决权。但资本金的注入同样救助了那些银行债券的持有人。而当前市场对这些银行债券的折价表明其发行人违约的可能性极高，所以也应当对这些债券进行强制债转股。如果能做到这一点，所需的政府救助金额将会大大减少。

好消息是财政部长保尔森似乎终于意识到，他购买被自己委婉地称为不良资产的东西的最初提案是有缺陷的。保尔森部长花了这么长时间才搞清楚这一点，这难免会让人感到不安。他被自由市场解决方案的想法束缚得如此之深，以至于他无法接受各种经济学家给出的一致建议：需要他出面重组银行资本，并为银行提供新的资金以补充它们在不良贷款上的损失。

这正是政府在做的事情，但还有三个问题需要解决。首先，对于纳税人来说这笔交易公平吗？答案是显而易见的：相比于沃伦·巴菲特向高盛注入 50 亿美元的条款，政府得到的条件明显对纳税人很不公平。其次，是否有足够的监管和限制，以保证既可以杜绝过往的不良做法、又确定会继续发放新的贷款？同样，比较英国政府和美国财政部对救助条款的诉求，美国再一次处于下风。比如，在政府注入资金的时候，美国的银行依旧还可以分红给股东。最后，这些钱够用吗？银行的经营如此不透明，以至于没有人能完全回答这个问题，但是我们清楚的是，银行资产负债表上的窟窿可能会越来越大。这正是因为所有的措施几乎都没有触及问题的根本。

**2. 遏制止赎潮。** 保尔森最初的方案就像是给遭受严重内出血的病人进行大量输血。但如果我们不想办法解决止赎的问题，终究挽救不了美国经济。即便是经过议会的修改，在救助方案中几乎还是没有任何针对止赎问题的措施。我们需要帮人们保住他们的房子，比如可以把抵押贷款的利息和财产税的抵扣转化为可提现的退税；通过改革破产法以允许加速债务重组，特别是在房屋价值低于抵押贷款余额的时候，调降抵押贷款的余额；甚至政府要直接出手放贷，依靠政府较低的资金成本，为贫困的和中等收入的住宅业主节省一些开支。

**3. 颁布行之有效的刺激措施**。帮助华尔街和遏制止赎潮仅仅是解决方案中的一部分。美国经济正走向严重的衰退，需要大规模的刺激措施。美国需要提高失业保险的金额；如果各州政府和地方政府得不到帮助，它们将不得不因税收断崖式下跌而削减开支，而减少的支出将导致经济收缩。而且为了重振经济，华盛顿就必须对未来进行投资。卡特里娜飓风<sup>⊖</sup>和明尼阿波利斯的大桥坍塌<sup>⊖</sup>都在残酷地提醒人们，美国的基础设施已经变得老旧不堪了。对基础设施和科学技术的投资将在短期内刺激经济，更能促进经济长期的增长。

**4. 改革监管以重塑信心**。这些问题的背后原因在于银行的糟糕决定和失败的监管。为了恢复美国金融体系的信心，这些问题必须得到解决。首先要改变的是有缺陷的公司治理结构，因为这导致了旨在慷慨奖励首席执行官的激励结构，同样，很多激励结构本身也应该做出调整。问题不仅仅是奖金的多少，更在于奖金发放的方式——不透明的股票期权，它为财务造假以夸大公开的收入提供了动力。

**5. 创立有效的多边监督机构**。随着全球经济的联系越来越紧密，我们也需要更完善的全球监管体系。无法想象，如果美国不得不依

---

⊖ 2005年8月卡特里娜飓风登陆墨西哥湾，受灾最严重的路易斯安那州新奥尔良市80%的城区被洪水淹没，数十万人在接下来一周左右的时间里既没有被组织撤离，也没有大规模的灾后援助，使得他们无法获得食物、淡水和其他几乎所有的生活必需品。最终，这场灾难导致1836人丧生，100万人流离失所，成为美国历史上最严重的自然灾害。——译者注

⊖ 2007年8月1日，美国明尼苏达州明尼阿波利斯市一座公路桥发生坍塌，事故造成13人死亡，145人受伤。——译者注

赖于 50 个独立的州内监管机构，整个美国的金融市场如何能有效地运转。然而，我们正试图在全球层面达成同样的共识。

最近的危机暴露出这样做的危险之处：由于某些外国政府为其国内的存款提供了全面担保，资金开始流向那些看似安全的避险国家。为此，其他国家不得不采取应对措施。关于什么是必要的手段，一些欧洲政府的考虑远比美国政府更加全面。甚至在危机蔓延到全球之前，法国总统尼古拉斯·萨科齐在联合国的讲演中就呼吁举办一场全球峰会，定下基调让更多国家层面的监管措施取代当前的自由放任手段。我们可能正要面临一个新的"布雷顿森林体系时刻"——当年正面临全世界刚刚从"大萧条"和二战中走出来，所有国家都急迫地需要构建一个全球经济的新秩序。

这一经济秩序持续了 60 多年。很长一段时间以来，它明显没能很好地适应全球化的新世界。如今，渡过了冷战和金融危机，世界再次需要构建一个适合 21 世纪的全球经济新秩序，并且也需要一个新的全球性监管机构。

这场危机或许能教会我们，不受约束的市场是危险的，而且在一个经济上互相依存的世界中，单边主义是行不通的。

## 展望未来

下一任的美国总统将会倍感煎熬。即便是考虑周全的方案也很可能事与愿违。但我对自己提出的拯救经济路线图（遏制止赎潮、重组银行资本、刺激经济增长、保障失业人员基本的生存权利、巩固国家财政、向有需要的地方提供适当的担保、改革监管规则和监管结构、让那些更重视拯救经济而不是拯救华尔街的人成为监管者并承担保护经济之责）有充足的把握，这份方案不仅会重建信心，而且假以时日也会让美国发挥全部的潜力。反之，不成熟的办法会不断带来失望，必定终将失败。

在一个看重金钱的国家，华尔街的领导者曾经被我们仰视，他们得到过我们的信任，他们被我们认为是智慧的源泉，至少在经济问题上如此。但时代已经变了，这份尊重和信任不复存在了。这太糟糕了！因为，金融市场对于一个良好运作的经济体来说是不可或缺的。而大多数美国人现在认为，华尔街人士更有可能把自身的利益置于其他人的利益之上，并尽可能巧舌如簧地掩饰这一点。如果下一任总统的政策被认为受到华尔街的过度影响，并且这些政策没有起到太大的作用，那么人民对他的信任必将是短暂的。这对他、对这个国家、对全世界都是一个坏消息。

## 注　释

1. 刊登于 2008 年 10 月 17 日的《时代周刊》。

# 第一部分

# 全景思考

—

在本书的第一部分，以我在《名利场》杂志上发表的一篇文章《1%的人的民有、民治和民享》作为开篇，就是要激发人们回想起林肯总统著名的葛底斯堡演说，他认为南北战争的真正目的是确保"这个民有、民治、民享的政府永世长存"。正如我们现在所理解的那样，民主并非只是定期的选举，在一些国家中，这样的选举被用于确保专制政权在形式上的合法，并剥夺了大部分公民的基本权利。

也许，不平等的一个最重要方面就是政治权利的不平等——美国《独立宣言》中的"人人生而平等"并不是说每个人都有同等的能力，而是特别指明我们每个人在政治权利方面都应该是平等的。[1]但"政治权利"的含义并不明晰，这一点在美国近些年的一些辩论中已经很明显了。尽管每一位公民都有权投票，[2]但政治游戏的规则会影响执行这一基本权利的能力和可能性。对于某些特定的群体（比如，无驾照人士。因为美国没有官方统一的国民身份证，而驾照是通用的身份证明），登记投票乃至投票的过程都非常不便利，这就会妨碍他们参与投票的积极性。"人头税"（对每一个参与投票的人征税）会影响到投票的"经济性"，实际上剥夺了穷人的公民选举权。这曾是美国南方地区屡试不爽的方法之一。一些国家尝试在周日举行选举，以便让贫穷的工薪阶层更容易参加投票。还有些国家（如澳大利亚）积极寻求确保所有公民的声音都能被听到。澳大利亚的"强制投票"规则（对所有没有出现在投票亭的人收取罚款）对投票经济性的影响与人头税完全相反。

　　发声的权利甚至更为重要：这是能够左右政治进程的力量，除了可以影响投票模式，甚至可以直接影响关键决策者的行动。如果富人能够用金钱控制媒体或是"影响"（这样讲更温和，但不如"收买"一词精准）政客，那么他们的声音将会被更清晰地听到。从这个意义上讲，富人比其他人更有影响力是几乎不可避免的；但政治游戏的规则会影响这种情况的严重程度。这就是为什么决定了游说活动、竞选捐款和"政商旋转门"（大公司高管和政府高官的双向身份转换）的法律和规则会让人们如此反感：其他的西方民主国家更加重视政治平等的观念，并极力遏制这些滥用行为；有些国家还进一步加强了人们的发声平等性（比如，通过公众手段对媒体加以支援或确保候选人可以平等地使用所有的媒体）。这也是为什么如此多的美国人认为，联邦最高法院对"联合公民案"<sup>⊖</sup>的裁决，为"企业能不受约束地做出竞选捐助"扫清了障碍，进而对发声平等性产生了不利影响，并加剧了"美式套路"这个国家特有的顽症。这其实就是一种腐败，只不过没有表现为塞给政客装满现金的信封，而是采用了另外一种令人作呕的方式，即利用竞选捐助购买能给少

---

　　⊖　联合公民诉联邦选举委员会案是由美国联邦最高法院判决的一场具有重要意义
　　　　的诉讼案。最高法院于2010年1月21日做出判决，认定限制商业机构资助联邦
　　　　选举候选人的两党选举改革法案（又称麦凯恩–费恩古尔德法案，由共和党议
　　　　员约翰·麦凯恩与民主党议员拉斯·费恩古尔德于2002年提出）的条款违反宪
　　　　法中的言论自由原则。该判决结果毁誉参半，支持者认为这符合言论自由的原
　　　　则，而反对者则认为这一判决将会造成大量金钱介入竞选活动，使民主政治腐
　　　　化。——译者注

数人带来财富的"政策"。

这些主题在接下来的很多文章中都有详细的阐述：经济不平等（尤其是在美国出现的这种严重程度）导致政治不平等（特别是政治游戏的规则还会加剧这种情况，又比如在美国）。不可阻挡的经济规律并不是造成经济不平等的唯一原因，甚至不能称得上是大部分的原因，经济不平等同样也是美国政策和政治的结果。从这个意义上讲，经济不平等是一项选择，但在这里形成了一个恶性循环，经济不平等导致并强化了政治不平等，而政治不平等反过来又进一步加剧了经济不平等。

我也认为，这种不平等（至少是在美国出现的极端形式）甚至不符合那 1%的人的利益。《1%的人的问题》一文深入解释了不平等对经济有害的一些理由。如果在那 1% 的人中有人追求开明的利己主义，他们就会担心不平等，并想要对此有所作为。正如我在《不平等并非无可避免》中所指出的，至少在这个世界上的某些国家和地区，情况已经开始发生改观。

## 保守派的回应

在这些文章发表后的几年，一些批评人士表示，不平等的情况并没有如统计数据所显示的那样严重，并且税法的变动也意味着现在参与逃税和避税行为的动机减少了。当然，如果这些批评人士是正确的，那么他们的观点正好表明当前令人难以容忍的不平等（顶层 1% 的人获取了全国总收入的四分之一到五分之一）肆虐美国的时间远比我们之前认为的要长。这也表明美国的经济表现比我们认为的要糟糕，因为美国只有顶层的人才能生活得不错。这些保守派的批评人士似乎还指出，即便是最顶层的人也没能看到收入的真正增长，增长的只不过是名义上的收入。但是伊曼纽尔·赛斯和他的合作者实际上考虑到了税则变化产生的影响。[3] 无论如何，即便后来税法再一次发生变动（这可能导致避税的动机重新恢复），顶级富人的收入比重还是会持续提升的。

其他人认为，重要的不是结果的不平等，而是机会的不公平。然而，正如我在后面的第三部分（《机会公平：美国的国家神话》）中指出的，美国已经不再是美国人（以及其他国家的人）乐于认为的那片充满机会的土地。在很大程度上，如今的美国梦就是一个神话。当然，也有一些非常优秀的移民确实通过努力获得了成功。但是当社会科学家谈到机会公平时，他们指的是底层的人们获取成功的可能性。对于今天的美国年轻人，他们成功的概率远远低于其他发达国家的年轻人。

## 开明的利己主义

《1% 的人的问题》（最早也是刊登在《名利场》杂志上）在某种意义就是写给那 1% 的人的——向他们解释为什么美国不平等的严重程度已经危害到他们开明的利己主义。

在几页纸的篇幅中，我总结了为什么不平等对经济表现有害。这些文字也许会让我们的观念发生最深刻的变化，重新思考近几十年来对不平等的理解。过去人们认为，即便是有人想对抗不平等，为此采取任何措施的代价（对于整体经济表现而言）都过于沉重了。大多数的讨论集中在二次分配上，或至少让那些顶层富人为支持公共事务（比如国防）做更多的贡献，不是绝对的金额，而是要占他们收入的相当比例。二次分配就像一只漏水的桶：由于漏水，从富人手中拿走的 100 美元落到中产或穷人身上只剩下了一半。但在本文中，我认为也许不需要被迫做出这样的取舍：我们能够兼顾公平和GDP，因为有一些政策可以增加税前收入和转移支付前收入的平等程度，也可以增加二次分配政策的平等程度，这些政策增强了经济的整体表现。事实上，一些税收政策（针对土地增值向富人征收资本利得税）确实能促进更多的生产性投资（而不是房地产投机），并创造更多的就业岗位。遏制金融业的过高收入可能会把最优秀的人才引导到能提高经济生产效率的活动中。并且，整体经济表现的提升不单单让全社会都受益，而且在 1% 的人中至少也有一部分人能受益。他们的受益不仅体现在自己成为一个更有凝聚力的社会中的一分子，而且体现在个人的经济收入上。

## 不平等是一项政治选择

第三篇文章延续前一篇未尽的内容。由于加剧的不平等是美国缓慢的经济增长的部分原因，我断言缓慢的增长和不平等都是政治上的选择，而我们有能力走出不同的道路。我在《名利场》杂志上的第一篇文章掀起了关于"不平等"的讨论，三年之后，我又写出了《假冒的资本主义》。《华盛顿月刊》组织了一期特刊，专门讲述美国的不平等对人生各个阶段的影响。其中重点谈到了教育——这是强势群体将自己的特权地位传递给子女的一个主要途径。我要简要讨论美国的健康不平等，而这种不平等带来的巨大差异甚至体现在预期寿命上，考虑到美国收入不平等的严重程度，加之这个国家对昂贵的私营健康保险和医疗体系的依赖，这就不足为奇了。在所有的发达国家中，美国是唯一不承认获得医疗保健是一项基本人权的国家。

我反对一种大行其道的保守派观点，即我们没有能力在促进平等和机会公平上做得更多。恰恰相反，没能做到这些让美国经济损失惨重。我们如何花钱是一项政治上的选择——政府可以选择给富人减税，也可以选择为普通人提供受教育的机会；可以选择购买针对不存在敌人的武器，也可以选择为穷人提供健康保险；可以选择为富裕的棉农提供补贴，也可以选择发放食品券让穷人避免饥饿。美国甚至只要让通用电气和苹果公司这样的企业缴纳它们本该承担的税款，就能增加不少的财政收入。通过对污染征税，美国还能够拥有一个更清洁的环境和更多的可支配资金，这既可以减少社会的不平等，也可以促进经济的增长。

## 全球视角

尽管美国的不平等可能要比其他发达国家更严重，但全球大多数国家（但不是全部国家）的不平等程度都在加剧。有时候这样的不平等在政治事件的演变进程中发挥了核心作用。

2011年1月，我正好身处埃及，突尼斯发生了政变。我记得在"开罗美国大学"的一次晚宴上，有人告诉我说："（在突尼斯之后）接下来就是埃及了。"过了还不到两周的时间，我在那一晚听到的预言就成为现实。

在我访问埃及期间，我明白了其中的原因：尽管这个国家一直在发展，但大多数埃及人并未从中获益。显而易见，人们绝望地想要尝试任何不一样的事物。后来成为突尼斯央行行长的穆斯塔法·纳布利帮我理解了骚乱背后的原因——这不单纯是因为失业率高，更是因为体制的不公平。那些过得好的是有政治关系的、愿意被体制腐化的人，而不是工作努力、在学校成绩优异、生活规规矩矩的人。

在之后的几年里，我又多次来到埃及和突尼斯。我跟一些年轻的革命者很熟络，也熟识了一些更年长、更有地位的人，后者同样也支持这场革命。我钦佩前者的激情、他们的理想主义，但让我担心的是他们的单纯、他们的朴素信念，他们相信仅凭借心中的正义，他们就能获胜。

随着不平等的影响越来越深刻，以及不平等在全球的日益加剧，对不平等的关注也被放在了重要的位置。《不平等蔓延全球》[4]一文是在我从2013年瑞士达沃斯"世界经济论坛"返回之后写的。达沃斯会议是全球精英每年一度的聚会，它由一些专业学者发起并引导，还有一些民间团体人士和社会企业家的加入。这种会议是能感知到世界脉搏的极佳场合，即便不是如此，最低程度也能反映出精英群体的共鸣。在金融危机之前，对于全球化和科技进步，人们普遍存在难以抑制的狂喜。这种乐观情绪随着经济的衰退而消散。但在磕磕绊绊又不均衡的经济复苏之中，人们的关注点又转向了一些长期存在的问题。2013 年达沃斯会议值得注意的一点是，不公平已经成为与会者最为关注的头等大事。

《不平等是一项选择》是为《纽约时报》国际版的创刊号所写的（事实上，这所谓的创刊只不过是《国际先驱论坛报》更名而已）。我将选题聚焦在全球不平等的一个不寻常之处：尽管世界上大多数国家的不平等程度正在加剧，但也有一些国家并非如此，有些国家的不平等程度远远低于美国。决定一个国家不平等程度的不仅仅是经济规律，正如我反复说过的，还有政治和政策。

全球化对全球不平等的影响实际上是复杂的。人口占世界 45% 左右的印度和中国如今却在复兴。由于经济增长率远超发达国家，它们与发达国家之间的差距正在缩小——尽管还有相当大的差距。与此同时，非洲终于进入了增长，并产生了越来越多的非洲中产阶级家庭，但贫困人口的数量仍然非常多，差不多有 4.15 亿人口，他们每日的花费不足 1.25 美元。考虑到以上所有的这些，我们会得出一个令人失望的结论：按照传统的不平等衡量方式（取值在 0～1 之间的基尼系数，0 代表完全平等，1 代表完全不平等），全球的总体不平等状况几乎毫无改观。

## 皮凯蒂现象

这部分的最后两篇文章，在一定程度上回应了经济学家托马斯·皮凯蒂的著作《21 世纪资本论》的巨大成功。这本书的成功之处在于它回应了人们对不平等日益增长的担忧，全球精英在达沃斯论坛上也表达出同样的担忧，并与我自己那篇流传甚广的文章《1% 的人的民有、民治和民享》互相印证。奥巴马总统曾在 2013 年宣布，不平等问题实际上将成为他在剩余三年任期里关注的一个重点。他曾说过，存在着"一种危险且不断增长的不平等，并且缺少（社会阶层）向上的流动已经危及了美国中产阶级的基本价值观，即只要努力工作，就有机会获得成功"。

皮凯蒂汇集了大量的数据，这些数据证实了我和其他人所提出的，即自1980年前后不平等在一直加剧，特别是在社会的顶层。他的伟大贡献是站在历史的角度分析这一现象，指明在我成长阶段的那段时期（即在二战结束之后）是一个反常的时期。在那段时间里，美国所有群体的收入都有增长，但底层人群的收入增速要高于顶层人群。整个国家都在共同发展，而且发展得比其他任何一段时期都要快。皮凯蒂指出，其他国家大体上也是如此。更重要的是，他表明这样的现象在历史上是不寻常的。我们仿佛已经进入了一种新型的"中产阶级资本主义"，然而还继续将社会划分为不同的"阶级"（工人和资本家），让人感觉既古怪又迂腐。社会上的"所有人"都是中产阶级！

我关于"1%的人"的文章提出一种新的分类方法：差不多绝大多数人都在"同一艘船"上，但这条船与那1%的人所乘的又全然不同。99%的人所乘的船正在下沉，或至少是，这艘船航行得不是很好；与此同时，另一艘船却正在高歌猛进。皮凯蒂表明，美国并不是孤例，类似的情况在其他国家也能看到。经济学家曾经错误地解释了二战结束后发生的情况。西蒙·库兹涅茨是国民收入核算体系（我们用于衡量经济的总规模）的奠基人之一，并在1971年获得了诺贝尔奖。他曾提出，在经历了最初的增长阶段（这一期间不平等程度会加剧）之后，随着经济变得富裕，社会也会变得平等起来。1980年以来的现实表明，情况并非如此。所以，皮凯蒂得到的结论或许更加符合事实：资本主义的特征就是高度的不平等。更令人感到不安的是，皮凯蒂认为，在资本家将他们的大部分财富进行再投资之后，他们的财富增长率将不会低于利息率——但只要经济增长率持续低于利率，就意味着富人资本的收益占国民收入的比重将会不断提升，一直到永远。

我十分欣赏皮凯蒂的研究以及他让不平等所受到的关注——这样看来，我们是想要改变全球话语导向的同志，为的是让人们认识到不平等所引发的问题的严重性。他的书中有一点让人感到特别不安，因为其中的主要政策建言是对资本征收全球税，但这一点似乎在可见的未来（甚至非常遥远的未来）不可能实现。这是否这意味着我们将不得不接受日益加剧的不平等呢？我写的两篇文章，在相当程度上对这一问题做出了明确的否定答案。不平等（至少是美国和其他一些国家正在经历的那种极端不平等）并非不可避免。

事实上，1966 年我在麻省理工学院完成的博士论文中，我就忧心资本主义经济是否存在着一种倾向，让不平等程度不断地加剧，在本书的引言中曾经提到过这篇论文。我认为，可以假设经济的走向最终会让财富和收入的不平等达到一个平衡的状态，即不平等既不会加剧也不会减弱的相对稳定状态。当然，经济、社会模式乃至政策的变化都会让经济从一种平衡状态过渡到另一种平衡状态——比如，这会导致更严重的经济不平等。

在那篇论文以及随后的研究中，有一系列的离心力量和向心力量被识别出来——一方面有一些力量会加剧不平等，另一方面有一些力量会降低不平等。我曾认为，从长期看，这些力量之间通常会形成平衡。比如，顶级富豪的子女或孙辈往往因能力不足导致家族财富的消散，从而限制了不平等程度的进一步加剧（俗话说，富不过三代）。

事实上，住在郊区的富人在子女教育上的花费远远超过了穷人，这就是一种典型的离心力量——富人把自身在经济上的优势传递给了子女。美国在经济地位上越来越割裂的现实意味着这种离心力量正在增强，也预示着未来的财富和收入分配很可能比今天更加不平等（除非能有偶发事件改变这些）。

皮凯蒂的书为标准的经济学理论提出了一个难题。财富（或称"资本"）的增长速度一直高于收入或劳动力的供给。通常情况下，人们预计这样的财富增长会导致资本回报的减少——这是经济学经久不衰的原则之一，即每一位经济学学生都会读到的收益递减法则。皮凯蒂似乎悄无声息地否定了这条法则。因为，如果收益递减法则有效（正是我在研究中的假设），当资本（相对于劳动力的供给）有所增加时，利率就会下降，那么就不会发生皮凯蒂这种永续加剧的财富不平等。皮凯蒂是一位经验主义者。他仅仅观察到了同期的资本回报率并没有下降，就断言它在未来也不会下降。

在我对此感到困惑之际，我发现我们二人都没有充分重视不平等日益加剧的一个关键方面，以及财富收入比和资本回报率之间看似反常的表现。一般来说，财富是随着家庭和企业年复一年地储蓄而增长的。但可衡量的财富增长远远超过了这一类储蓄所能解释的范围。通过仔细检验数据，我们发现，财富的增长大部分来自资本利得。

经济学家把来自土地的收入称为租金；这种收入并不是来自辛勤的工作，而是基于一项固定资产的所有权。更高的租金将会抬升资产的价格，但更高的资产价格却往往无法带来更多的土地供给。但是，经济学家如今更广泛地使用"租金"一词，不仅指土地租金，也泛指其他的收益，比如垄断者的收益（也称"垄断租金"）。如果租金上涨（不仅是土地租金或垄断的收益，也包括其他形式的市场剥削），那么相应的资本回报也会增加。收入和财富不平等的加剧在很大程度上与租金和资本回报的增加有关，这体现在房地产的价值增加以及在经济中很多行业的市场支配力（或剥削能力）的提升。但这也表明"财富"和"资本"（依照传统的理解）是完全不同的概念。事实上，很有可能，即使"资本"在减少，"财富"也可以增长。在皮凯蒂的家乡法国，地中海沿海里维埃拉地区的土地价格一直在上涨，但这不意味着能让土地有所增多。如今里维埃拉的土地面积与50年前并无不同，只是土地的价格上涨了。

宽松的货币政策（比如量化宽松政策，美联储通过购买大量的中长期债券将其资产负债表扩大了2倍，在短时间内增加了2万亿美元的货币供应）造成了信贷的泛滥。教科书上的经济学认为，这会增加贷款的数量，并降低贷款的成本，两者都可以促进美国的经济发展。但在一个全球化的世界体系中，美联储创造出来的货币并不一定留在美国；它自然会流向正处于繁荣之中的其他经济体——那肯定不是美国。货币流向了不需要或不想要它的地方，反而没有去到该去的地方。然而即便这些货币留在了美国，对经济也产生不了多大的刺激效果。

货币可以用来购买两类事物：可生产的对象和不变的对象（如土地）。当资金流向前者，对这类对象的需求就会增加，进而产量很可能就会提高（除非该对象的生产存在暂时的瓶颈）。然而，如果资金流向不变的对象，就只会出现价格效应：资产的价值会提高，但数量不会增加。近些年来，各个国家的货币部门在引导货币的流向上表现不佳。由于资金一股脑地推高本土的股票市值和全球的资产价格，迫切需要现金的小企业依旧无法改变饕餮不饱的境地。最终，就像土地价格的上涨，本该发挥刺激作用的货币政策在很大程度上催生了资产价格的泡沫。接下来的信贷增长就表现为财富的增加，但人们不应该疑惑于所发生的事情：整个国家最终不会因此变得更富裕，因为资产的数量其实并没有增加。

真正的危险在于，在与固定资产价格上涨有关的非理性繁荣（如房地产泡沫）之中，对实际资本（让经济得以运转和发展的工厂和设备）的投资甚至有可能减少。这种对土地的重视给前面讨论的难题提供了一种解释：因为实际资本的减少没有显著地增加（相对于劳动力的供给），难怪资本的回报率不会下降，平均工资也没有增长。资产价格的泡沫可能会持续很长一段时间——但这样的泡沫终将破裂，价格自然会下降。但即便资产价格下降了，它们可能还是太贵——新一轮的资产价格泡沫很容易再次形成。事实上，这些年来，全世界已经从一个资产价格泡沫（科技泡沫）进入到另外一个资产价格泡沫（房地产泡沫）。

当然，即使是泡沫也能在一段时间之内产生某些正向的影响——那些感觉自己富起来的人们可能会比不存在泡沫的时候消费得更多，这可能会提振经济。无论如何，任何一轮泡沫都会有终结之日，如果有决策者妄图通过生成新的泡沫让经济从衰退走向复苏，那是非常愚蠢的——但似乎从 1987 年艾伦·格林斯潘上任以来，美联储就一直把这当作一项常规政策。[5]

接下来，我尝试着解决皮凯蒂提出的难题：如果我们能避免泡沫，资本的回报率早晚会降到不平等难以永续加剧的程度，但经济达到的不平等程度很可能远高于当前这样严重且难以接受的水平。但有相当多的政策（个别国家即使不需要国际合作也能够实施的实用政策）可以达到不平等程度更低的平衡状态。其中，很多这类政策实际上不仅能够减少不平等，还可以促进增长，因为它们能带来更多的实际投资。

此外，土地租金也不是美国经济中唯一的"租金"来源。正如我们观察到的，顶层人士的大部分财富来自侵占或其他寻租行为的所得。

随着这类寻租行为的增多，在表面上整个经济的财富也增加了——尽管整个经济的生产力会因此下降。因为租金，比如垄断租金，是可以买卖的，它们被"资本化"，表现为股票市场中的股价上涨。但这样的财富增长并不意味着整个经济更加富有，真实情况完全相反。垄断力代表的是根本性的低效，是财富从消费者到市场支配力拥有者的再分配。事实上，由于市场支配力的扭曲，实际上造成了整体经济的生产力是下降的，尽管表面上可衡量的财富增加了。

因此，美国经济中大部分的财富增长来自固定资产（如土地）的价值提高（而非数量增加）；其中有一部分就是垄断力增加的资本化。美国经济的许多变化给垄断力的运用带来了新的机遇。在 19 世纪末就出现过一系列这样的发展可能，比如经济规模的扩大导致一些公司主宰了像钢铁这样的关键产业。但也有许多这样的主宰力，比如在石油行业和烟草行业，与经济规模或范围的大小无关，只不过是赤裸裸的经济力量。泰迪·罗斯福（老罗斯福）带头打破了这些垄断，他对政治力量的集中和经济力量的集中感到同等的担忧。这是我们今天更应牢记的教训。

在之后的岁月里，美国没能在很多工业产品上形成完全竞争的市场，但也远远没有如很多人担心的那样走入垄断资本主义。[6] 在 20 世纪下半叶，与网络外部性相关的事物成为市场力量的新来源。如果每一个人都使用微软的操作系统，生活就会变得更方便，但这样会使微软的操作系统成为个人电脑的主要平台。微软也利用自己在操作系统上的市场支配地位，阻挡了其他领域的竞争对手，让自己的文字处理和电子表格等办公软件成为主流，尽管它在这些方面都不是原创者。

在 1982 年，美国政府分拆了垄断企业 AT&T 公司，形成了 7 家"小贝尔"公司。但如果缺少政府的制约，成为垄断者的好处（或者至少庞大到足以支配市场）是难以抗拒的；然而，在如今这个很多人都相信市场不受约束的时代，政府的制约很难发挥作用。最终，现在两家电信公司就控制了全美三分之二的市场。如果康卡斯特与时代华纳能够合并成功，那么一家公司将会主宰整个美国的"信息高速公路"。

作为一名经济学家，我理解获得市场支配力的动力。竞争性市场是冷酷无情的，难于生存。尽管如此，标准的经济学理论认为，在竞争激烈的市场中利润会逐渐降低至零（这对于企业家来说毫无乐趣可言），而在竞争不那么激烈的市场中，就会有可以持续的利润。

还有很多其他的事例也能证实，可计量的财富在增加，但潜在的经济可能会恶化。以银行为例，如果我们弱化监管（就像美国自从里根总统上台之后的一贯做法），再加上它们后来获得的救助资金，银行利润的预期价值就会增加。然而，有一部分收益自然是以纳税人支付为代价。这同样是一场零和游戏：金融业的扭曲让美国经济更加破败。尽管如此，"市场"表现为银行市值的增加，却无人在意纳税人的损失——如果银行还需要再一次的救助，纳税人必定又要承担成本。表面上放松管制带来了财富的增长，但实际上让经济状况变得更加糟糕。

我们不能将财富等同于资本，二者有着截然不同的概念，并且它们也有明显不同的变化方式。如果像我们之前认为的那样，一系列的离心力量和向心力量的共同作用造成了不平等的增加或减少（离心力量让经济和社会分裂，造成更大的割裂，而向心力量让经济和社会凝聚），那么我们能够尝试找出可以加以改变的力量，然后有针对性地增加向心力量、减少离心力量。

比如，富人的资本利得很少纳税，这是让他们得以越来越富的一个原因。他们可以在某些离岸国家或地区开立公司账户，只要他们不把其中的资金转回美国，投资收益的滚动复利都不用交税，仿佛是无抵扣上限的个人退休账户。国家只要推行简单的政策，就能加以改变——从长远来看，这些政策几乎绝对会降低财富不平等的程度。同理，由于大量的财富（以及财富不平等）与土地价值的增加有关，那么高额的土地税也许有助于降低不平等的程度——但由于土地的供应量是固定的（相对而言），这样征税对国家的土地数量不会产生任何显著的负面影响。

正像这些文章指出的那样，我们如今所目睹的大多数不平等并不是真正的市场力量所造成的，而是"伪资本主义"的结果，我在这里也将其称为"假冒的资本主义"。让市场像真正的市场那样运转，将会提高效率和经济表现。我还要指出，有很多税收政策是能够产生更高效、更平等的经济形态的，有很多其他的社会政策和经济政策也会产生同样的效果。我们知道如何实现一个更加人人平等的社会。

与其说不平等是"资本主义"在20世纪的问题，还不如说是"民主"在20世纪遇到的问题。令人担忧的是，伪资本主义（制度化的损公肥私）以及有缺陷的民主（更接近于一美元一票的投票制度，而不是一人一票）将会相互作用，在经济和政治两个方面产生令人失望的结果。

# 注 释

1. 参见丹妮尔·艾伦的《我们的宣言：解读捍卫平等的独立宣言》（2014 年）。

2. 这种说法并不完全准确，在美国有些州，被判刑的重罪犯会丧失投票权——这样的法律条款在民主国家中并不多见。

3. 参见托马斯·皮凯蒂的论文《美国的收入不平等，从 1913 年到 1998 年》，《经济学季刊》第 118 期。1（2003）：1～39。更新后的长版本发表在阿特金森和皮凯蒂主编的《20 世纪最高收入》（牛津：牛津大学出版社，2007 年）。Excel 格式的图表更新到 2012 年，发布于 2013 年 9 月。

4. 原名《在无领导者的世界中自鸣得意》（2013 年 2 月 6 日刊登于《报业辛迪加》）。

5. 相关讨论参见《金融市场新范式：2008 年信用危机及其意义》（2008 年）。

6. 参见琼·罗宾逊所著《不完全竞争经济学》（伦敦：麦克米伦出版公司，1933 年）以及保罗·斯威齐所著的《资本主义发展论》（1946 年）。

# 1%的人的民有、民治和民享[1]

—

对明明已经发生过的事情，却假装视而不见，这样做确实毫无裨益。美国最富有的1%的人如今占有近四分之一的全国总收入，而这1%的人还控制了40%的全国总财富。他们的人生状况改变得超乎想象。在25年前，这1%的人的收入和财富占比分别是12%和33%。有人赞扬这些人的聪明才智和努力上进，他们为自己带来了好运，并认为经济的水涨船高也是一个因素。但这种想法是错误的。尽管最富有的1%的人在过去10年中收入增加了18%，但中间阶层的人们却发现自己的收入实际上是下降的。对于只有高中学历的男性，收入的下降幅度非常大——仅仅在过去的25年里就减少了12%。最近几十年的增长（甚至更多的部分）全都流向了顶层人士。单看收入的平等性，美国要落后于曾经被小布什总统嘲笑为"老旧、古板欧洲"中的任何一个国家。许多拉丁美洲老牌的不平等中心地带，如巴西，近些年来却一直在进步，相当成功地改善了穷人的处境，缩小了收入的差距，而美国却一直在任由不平等程度的不断加剧。

经济学家在很久之前就想证明，19 世纪中期令人感到不安的巨大不平等是合理的——与我们今天在美国所目睹的不平等相比，那时的不平等程度只能相形见绌。经济学家找到的合理性来自所谓的"边际生产力理论"。简而言之，这一理论将更高的收入归结于更高效的生产力和更大的社会贡献。这样的理论当然会被富人奉为圭臬。然而，能表明这一理论有效的证据却少之又少。许多企业高管对过去三年的经济衰退负有责任，但他们还继续拿着高额的奖金——尽管他们所谓的"贡献"对整个社会和自家公司都是极大的伤害。在有些公司，连他们自己都不好意思将这样的奖励称为"绩效奖金"，而不得不改称为"留任奖金"（即使唯一留任下来的是糟糕的业绩）。而与那些用金融创新将全球经济推向毁灭边缘的罪魁祸首相比，那些真正为我们的社会做出了巨大积极创新的人，无论是遗传研究的先驱者，还是信息时代的革新者，他们所得到的都微不足道。

有些人对眼前的收入不平等感到无所谓。但如果这些人的收入是来自对其他人的侵占呢？而且这些人认为，重要的是如何能让自己分得一块更大的蛋糕，而不是做大整个蛋糕。这种观点从根本上就是错误的！一个大多数公民的经济状况一年不如一年的经济体（像美国这样），是不可能长期向好的。原因如下：

第一，不平等程度的加剧其实意味着机会的减少。只要降低机会的公平性，就表明我们无法让人尽其所能发挥出最大的效率，而人力是经济中最重要的一项财富。

第二，很多导致不平等的扭曲力量，比如与垄断力量和特殊利益集团的最惠待遇有关的活动削弱了经济的效率。随之而来的新的不平等继续产生出新的扭曲力量，进一步削弱了经济效率。仅举一个例子，我们有太多有才华的年轻人为了追求天文数字般的收入，宁可在金融业内卷，也不愿意进入让经济发展更高效和更健康的其他领域。

第三，可能是其中最重要的。任何一个现代经济体都需要"集体行动"——它需要政府投资基础设施、教育和科技。美国和全世界都从政府资助的研究成果中收获良多，这些研究产生了互联网、改善了公共卫生等。但美国长期以来一直遭受着基础设施（瞧一瞧美国的高速公路和桥梁、铁路以及机场）、基础研究和在所有层面教育上的投资不足。并且，未来在这些方面的开支可能还会进一步削减。

这样的结果不出人意料——当社会财富的分配方式发生严重倾斜时，就会出现这样的情况。一个社会在财富上越分化，有钱人就越不愿意将钱花在公共需求上。富人对公园、教育、医疗保健或个人安全的需求并不依赖政府——他们有能力自掏腰包购买这些东西。在这个过程中，他们与普通人的距离越来越远，也失去了曾经怀有的全部同情心。他们还会担心强势的政府——这样的政府可能会行使其权力以调整平衡，夺走他们的部分财富并将其投入到公共需求上。最富有的 1% 的人可能会抱怨如今这样的美国政府，但事实上他们都很喜欢它：这样的政府太过钩心斗角而无力调节分配方式，太过分裂而一事无成，唯有降低税率。

经济学家不确定如何充分解释美国正在加剧的不平等。供需的正常动态关系肯定产生了一定的作用：节省人工的技术已经削减了许多对"体面的"中产阶级蓝领工作的需求。全球化已经造就了一个全球性的市场，美国高价的低技术劳动力遭到海外低廉劳动力的挤压。社会变革也有一定的影响，比如工会的衰落。曾几何时，工会能代表三分之一的美国工人，而现如今只有12%左右。

但造成严重不平等的最主要原因是最富有的1%的人想要如此。最明显的例证在于税收政策。投资收益是富人的主要收入来源，而下调资本利得税税率使最富有的美国人几乎无偿地享受着国家的一切。从20世纪初的约翰·洛克菲勒到20世纪末的比尔·盖茨，垄断和近乎垄断一直是经济支配力量的来源之一。反托拉斯法的宽松执行，尤其是在共和党执政期间，简直是那最富有的1%的人的天赐福音。如今大多的不平等是由金融系统的操纵造成的，而正是金融业花钱买通了规则的修改——这是它有史以来最佳的投资之一。政府在金融机构走投无路的情况下以接近零利率借款给它们，并对它们以最优惠的条款提供了慷慨的救助；而监管者对透明度缺乏和利益冲突故意视而不见。

一想到美国最富有的1%的人所控制的巨额财富，有人就不禁将这个国家日益加剧的不平等视为典型的美式辉煌成就——这个国家起步晚但发展快，至今已成为世界不平等程度最严重的国家之一，并且似乎美国未来会在这条路上继续保持领先，因为造成巨大不平等的症结还在自我加强。金钱攀附权力，权力催生更多的金钱。在20世纪80年代的美国储贷丑闻中——即便以今天的标准，这场丑闻的发生看上去仍有些不可思议，国会专业委员会质询银行家查尔斯·基廷，他用在几个身居要职的当选官员身上的150万美元是否真的能买到影响力。他的回答是"我当然希望如此"。在最近的"联合公民案"中，最高法院通过取消竞选经费的支出上限，保障了企业收买政府的权利。如今，私利和政治利益完美地结合到一起。美国几乎全部的参议员以及大多数的众议员，他们本身就是最富有的1%的人，他们的连任是依靠最富有的1%的人的金钱，他们也心知肚明如何才能把1%的人伺候好，这样在他们离任后就能收到那1%的人给予的奖励。总的来说，贸易和经济政策关键部门的决策者也来自最富有的1%的人。如果制药公司收到价值上万亿美元的大礼包（立法禁止药品的最大买家——政府跟企业讨价还价），这并不值得大惊小怪；如果国会否决任何不包含为富人大幅减税的税收法案，这也不让人感到意外。鉴于最富有的1%的人所掌控的权力，整个系统运行的方式就该如此。

不平等在每一个我们能想到的层面扭曲着美国的社会。人们的生活受到了显而易见的影响——这最富1%以外的人愈加入不敷出。涓滴经济学可能是臆想出来的"四不像"，但涓滴行为主义（上层人士优先获益）却是非常真实的。不平等极大地扭曲了美国的外交政策。1%的人中很少会在军中服役——现实是，这支"全志愿"的军队无法提供能吸引他们子女入伍的报酬，所以"爱国主义"到这个程度也就只好点到为止了。还有，最富裕阶层对美国开战所产生的高赋税不会有什么痛感：反正这个国家可以借到钱去支付全部的军费开支。理论上，外交政策就是被用于平衡国家利益和国家资源的，但由于掌权的1%的人并不需要付出任何的代价，制衡和克制的概念就被抛之脑后。美国能接受的冒险程度没有限制，企业和承包商自然也就无利不往了。经济全球化的规则同样是为富人的利益所打造的：它们鼓励国与国之间争相招揽公司，从而降低了公司所得税率、减少了对健康和环境的保护以及损害了过去被视为"核心价值"的劳工权利，其中包括薪资集体协商的权利。可以想象一下，如果这些规则被设计为鼓励国家之间争抢工人，这个世界会变成什么样子。各国政府会竞相提供工人在乎的事物，包括生活保障、普通工薪阶层的低税负、良好的教育和洁净的环境。但这些事情对那最富有的1%的人而言，全部无关痛痒。

或者，更确切地讲，最富有的1%的人也认为这些都对自己无关痛痒。其实对美国人身份认同感的侵蚀，也许才是最富有的1%的人让整个美国社会付出的最大代价，因为这种认同感对平等竞争、机会公平和社群集体感是非常重要的。美国长期以来自诩为一个公平的社会，生在其中的每个人都有平等的机会获得成功，然而统计数据反映出的事实与之完全相反：最贫穷的国民，乃至中产阶级，跻身美国上层社会的机会比很多欧洲国家要小很多。这世上几乎事事对他们不公。正是同样让人看不到希望的不公正制度引发了中东地区的骚动，而持续上涨的食品价格和不断增加且难以解决的青年失业问题只不过是导火索。美国青年的失业率在20%左右（在某些地区或某些特定的社会群体中，这个数字还要高上一倍）；六分之一的美国人找不到一份渴求的全职工作；每七个美国人之中就有一个依靠领取救济生活（大约有同样数量的人正遭受着"食物缺乏"）——有鉴于此，有足够的证据表明那些自吹自擂的"涓滴效应"并没有发生，某些神秘力量阻止了从最富有的1%的人向其他所有人的"涓滴"。所有这些都产生了可预见的人心涣散效应——在前一次的大选中，20～30岁选民的投票率仅为21%，基本上等于青年失业率。

在最近几周，我们目睹了在全球范围内数百万人走上街头，抗议自己所在的压迫性国家中糟糕的政治、经济和社会状况。埃及和突尼斯的政府已经被推翻。利比亚、也门和巴林都爆发了抗议活动。这一区域的其他统治家族都在自己冬暖夏凉的豪宅里瑟瑟发抖地关注着事态的进展——自己会不会成为下一个倒台的？他们的惶惶不可终日不无道理。在这些国家里，他们在总人口中只占很小的比例（不到 1%），却控制着绝大部分的财富；在这些国家里，财产的多寡基本上是权力的决定因素；在这些国家里，根深蒂固的各式腐败已成常态；在这些国家里，最富有的人常常会阻挠能改善大众民生的各种政策。

我在关注街头汹涌的民意时，不禁要扪心自问：这样的事情什么时候会落到美国头上？美国在很多重要的方面已经变得像这些遥远的动乱之地了。

阿历克西·德·托克维尔曾经在《论美国的民主》一书中描述了他所看到的美国社会的独特精华之处——他称之为"正确理解的自我利益"，其核心在于"正确理解"。每个人都有狭义上的利己思想，即我现在就想要对我有好处的东西！"正确理解"的自我利益则是不同的，这就要明白一点，关注其他所有人的自身利益（即公众福利）实际上就是实现个人终极幸福的前提。托克维尔并不觉得这种观念有多么高尚，或者有多么理想主义——恰恰相反，他认为这正是美式实用主义的一个特征。那些精明的美国人早就明白这个基本道理：为他人着想不仅对得起良心，而且对生意也有好处。

最富有的 1% 的人享受着最好的房产、最好的教育、最好的医生和最好的生活，但金钱似乎买不来一条道理：他们自身的命运其实与其他 99% 的人的生活状况息息相关。随着滚滚的历史车轮，最富的 1% 的人早晚会明白这个道理。但恐怕为时已晚！

## 注　释

1. 刊登于 2014 年 5 月的《名利场》。

# 1%的人的问题[1]

———

让我们从一开始就明确一个基本前提：近几十年来，美国的不平等一直在加剧。我们都清楚这是一个事实。然而，仍有一些右翼人士否认这一现实，但所有政治派别的严肃分析家对此都习以为常。我不会在这里罗列出全部的证据；我只想指出，如果按照年收入统计，1%的人与剩余99%的人的差距是巨大的；如果以财富（即积累的资本以及其他资产）计算，那么他们之间的差距就更大了。以沃尔顿家族为例，沃尔玛帝国的六位继承人合计拥有的财富大约是900亿美元，这相当于整个美国社会底层30%人口的财富总和（许多底层人口的净资产实际为零或为负，这一点在房地产市场崩盘之后尤为突出）。沃伦·巴菲特对此讲得很透彻，他说："在过去20年里，阶级之间的战争一直在进行，而我的阶级赢了。"

所以，答案是否定的：对于日益加剧的不平等几乎是一个没有争议的基本事实。争辩的焦点在于如何对这件事加以解读。我们有时候会听到右派讲，不平等是一件好事情，因为富人的好处越多，就越能惠及其他所有人。这个观点并不是实情：虽然富人变得越来越有钱，但大多数的美国人（不单单是那些处于社会底层的人）已经无法维持他们在过去的生活水平，更不用说跟上步伐了。一个典型的全职男性工人今日的收入与30多年前是一样的。

与此同时，左派的观点是日益加剧的不平等往往引发了对"朴素公正"的呼声——为什么这么少的人能拥有这么多的财富，而其他那么多的人只有那么少的财富？在一个由市场驱动的时代里，公正本身就是一种可以买卖的商品，所以不难发现，会有一部分人将这种想法视为圣母心的泛滥而不屑一顾。

抛开怜悯之情不谈，富人也理应关心不平等问题——即便他们只考虑自身的利益。富人不生活在伊甸园中，他们需要在一个正常运转的社会中才能维持自己的地位。普遍不平等的社会无法有效地运作，其经济发展既不稳定也不可持续。历史证据和现代世界的经验都明确无误地指出：不平等的程度存在一个危险的临界点，一旦超出就会使整个社会出现不可逆转的经济紊乱，那时即便是富人也要付出高昂的代价。

接下来，让我简要介绍一下其中的几点原因。

## 消费的问题

当一个利益集团握有太多的权力时，它制定出的政策必然将自身的短期利益置于整个社会的长期需求之上。这就是美国在税收政策、监管政策和公众投资等方面的真实写照。普通家庭的开支是当今美国经济的一个重要引擎，通过解读这项数据，很容易看到收入和财富的增长只导向一个方向的后果。

在美国不同人群中最广泛的净收入提升（那时的不平等程度有所降低，部分要归功于累进税制）同步于美国经济增长最快的时期，这一点并非偶然。同样并非偶然的是，与"大萧条"一样，随着不平等程度的大幅加剧，本次衰退也接踵而至。当太多的金钱汇集于社会的最顶层，普通美国人的支出必然减少——或至少在缺少一些人为支撑的情况下就是如此。将金钱从社会的底层转移到顶层会导致消费的下降，因为高收入人群的消费总额占其收入的比重要低于低收入人群。

在我们的想象之中，情况似乎并非总是如此，因为富人的开销无不令人咂舌，看看在《华尔街日报》周末版上待售房屋的彩色照片就可想而知了。但只要稍微计算一下，就明白我讲的是有道理的。以米特·罗姆尼为例，他在 2010 年的收入为 2170 万美元，但即使他想过上一种更加奢华的生活，他本人和他的妻子也只能花费其中很小的一部分。但是如果将等额的美元分给 500 个人（比如，创造 500 份年薪为 43400 美元的工作），我们就会发现这 500 个家庭几乎会花光全部的收入。

这种关系极其明确：当越来越多的金钱集中到社会的顶层，总需求也会随之下降。除非出现其他的事物形成干预力量，经济中的总需求迟早会低于经济的供给能力——这意味着失业率将不断上升，并进一步抑制需求。在 20 世纪 90 年代，这个"其他的事物"就是科技泡沫；在 21 世纪的前十年里，则是房地产泡沫。如今，在这场严重的经济衰退之中，唯一的外力来源就是政府支出——而这正是那些顶层人士现在不想看到的。

## "寻租"的问题

这里我有必要稍稍借助一点经济学的术语。"租金"一词最初指的是一个人因为其拥有的一块土地被使用而获得的报酬（这是由于所有权而得到回报，而并非来自他真实地做出了什么劳动或生产了什么产品），这种意思一直被沿用至今。与之对应的一个词是"工资"，比如工人因提供劳动而获得的补偿。"租金"一词最后延伸到包含了垄断利润——某人仅仅靠垄断就能获得的收入。最终，"租金"的词义进一步扩展到包括了所有种类所有权的回报。如果政府给予一家公司独家进口某种商品（比如白糖）的特权，那么因这项垄断而产生的超额利润被称为"配额租金"。获取采矿权或者钻探权也会产生一种形式的租金，某些利益集团的税收特惠待遇同样也是另一种租金。从广义上讲，"寻租"指的是在我们当前的政治生态中以牺牲普通人的利益为代价帮助富人的诸多手段，包括政府的转移支付和补贴、削弱市场竞争的法律、允许高管从公司获取的好处远超其对公司收入的贡献（然而《多德－弗兰克法案》让这种情况有少许的改观，因为该法律要求至少每三年一次由股东对薪酬方案进行不具约束力的投票）以及让公司通过破坏环境牟利的法律。

尽管寻租的规模难以量化，但无疑它对经济的伤害是巨大的。

精于寻租的个人和企业能够得到极为丰厚的回报。金融业正是一个精通寻租的行业，其运行方式更像一个投机市场，而不再是促进真正经济生产力的工具。金融业的寻租不只是投机。金融业还利用其对支付方式的掌控来获得租金——信用卡和借记卡的各种高昂费用，还有民众可能不熟悉的商家服务费，后者最终还是要转嫁到消费者的头上。金融业通过掠夺性贷款从美国穷人和中产阶级的身上榨取的金钱，也可以被认定为租金。近些年来，尽管金融业贡献了全部公司利润的40%，但并不意味着它对社会有所贡献，或至少不产生拖累。而这次危机也表明了金融业可以对经济造成非常严重的摧残。在一个像当今美国这样的寻租经济体之中，私利与公益的平衡出现了严重的问题。

最简单的租金形式，无非是从社会一部分人向寻租者的再分配。美国经济的大部分不平等就是寻租的结果，因为在极大程度上，寻租将社会底层的钱重新分给了顶层的人。

但这样做会有更为广泛的经济后果：争夺租金不过是一场零和游戏。寻租不会带来任何的成长。努力的方向不再是争取将蛋糕做大，而是想方设法分到更大的一块蛋糕。还有更糟的是：寻租造成资源配置的扭曲，并使经济更加疲软。寻租具有很大的吸引力：寻租行为的回报如此巨大，因此吸引了越来越多的力量不顾一切地加入进来。有的自然资源丰富的国家在寻租活动上臭名昭著。在这些地方，以优惠条件获取资源远比生产出能造福人民、提高生产力的商品或服务要容易得多。这就是为什么尽管这些国家看起来很富裕，但它们的经济表现却如此差劲。美国人很容易嘲笑这些国家，并说：

美国可不是尼日利亚，也不会是刚果。但美国的寻租机制与这些国家并无两样。

## 公平的问题

人类并非机器，他们需要努力工作的动力。如果让人觉得自身遭受了不公正的待遇，就很难继续激励他们了。这就是现代劳动经济学的核心原则之一，是所谓"效率工资理论"的组成部分，该理论认为（包括支付给工人多少工资在内）员工待遇问题会影响生产效率。实际上，这个理论是在近一个世纪之前由伟大的经济学家阿尔弗雷德·马歇尔提出的，他观察到"报酬优厚的劳动一般是有效率的劳动，因此不是昂贵的劳动"。事实上，将这个观点仅仅视为一种理论是错误的：它已经被无数的经济实验所证实。

尽管人们对"公平"一词的确切含义一直存在分歧，但在美国越来越多的人意识到，当前的收入差距以及总体上的财富分配方式，就是极其不公平的。对于那些改变了我们经济生活发明了计算机，开创了生物技术的人所累积的财富，我们并不嫉妒。但是，在大多数情况下，这些人并不处于经济金字塔的顶端。更确切地说，在很大程度上，最富有的人是那些擅长以某种形式寻租的人。对于大多数美国人来说，这似乎也不公平。

去年，当乔恩·科尔津领导的金融公司——全球曼氏金融突然破产时，人们感到惊讶，数千人沦为可能被判定为犯罪行为的受害者的境地；但一想到华尔街近年来的记录，我不确定当人们在听到全球曼氏金融的多名高管还能拿到奖金时，他们是否会感到意外。如果公司高管决定为了提高公司竞争力，必须降低员工工资或者进行裁员（但同时又提高了自己的报酬），那么员工认为这不公平就是顺理成章的。这反过来又会影响他们对工作的付出程度、对公司的忠诚以及他们与公司共命运的意愿。

在一个不平等不断加剧的社会中，公平不仅仅关乎工资、收入或财富。这是一种更加全方位的感受。我的生活水平有没有随着社会的进步而提高？我有没有从集体行动中分享到利益？如果答案是明确的"不"，那么油然而生的挫败感将影响从财务到个人生活的方方面面。

对于美国人而言，公平的一个关键方面体现在机会公平：每一个人都应该有希望实现美国梦。"阿尔杰式"的故事依旧让人神往，但数据表明现实并非如此：在美国，一个人从接近社会底层的位置跻身到顶层社会，或者只是达到中产，他的机会比"老欧洲"国家或其他任意一个工业发达国家都要少。反之，让那些最富有的人感到放心的是，自己在美国发生阶层滑落的可能性也比在其他地方要低很多。

缺乏机会要付出很多代价。大量的美国人没有过上自己应该过上的日子；我们正在浪费最宝贵的资产——每个人的才能。当我们慢慢理解正在发生的状况后，把美国当作公平国家的认同感就会被侵蚀，这将造成直接的经济影响，但也有间接的影响，那就是破坏公民将美国视为一个国家而团结到一起的纽带。

## 不信任的问题

现代政治经济学的一个难题是，人们为什么要劳心费力去投票。几乎不可能有选举的结局真正会因一个人的选票而逆转。投票是有成本的（美国没有一个州会对不走出家门去投票有明确的惩罚，但走到投票站却需要劳时费力），而且似乎对个人没有任何的好处。现代的政治和经济理论都假设理性自利人的存在。基于这一点，为什么有人愿意去投票就成为一个难以理解的事情。

归根结底是因为我们都被灌输了"公民道德"的观念。投票是我们的责任。但单纯的公民道德是脆弱的。如果人们相信政治和经济体制都对自己不利，个人就会主动解除这项公民义务。当这种社会契约被废弃时（当政府和公民之间丧失了信任时），随之而来的就是失望和逃避，甚至可能发生更糟的情况。在今天的美国，以及世界上许多其他的民主国家，不信任感正在上升。

有人甚至还在火上浇油。高盛的首席执行官劳埃德·贝兰克梵曾明确表示：精明的投资人不会，或者至少不应该依靠信任。那些购买他家银行所售产品的人都是有行为能力的成年人，他们就更应该清楚这一点。他们应该知道，高盛有能力、也有动机设计出一些失败的产品；他们也应该知道，高盛也有能力、也有动机去制造信息不对称（所谓的买家没有卖家精），还有能力和动机充分利用信息的不对称。投资银行的受害者大多是富裕的投资人，但信用卡的欺诈行为和掠夺性贷款让更多的美国人产生了银行不值得信任的感觉。

经济学家常常会低估信任对维持经济正常运转的作用。如果每一份合同的执行都必须依靠一方将另一方告上法庭，我们的经济就会举步维艰。纵观历史，经济繁荣的年代往往伴随着言而有信的社会风气。没了信任，基于先整体决策后敲定复杂细节的商业计划就不再可行；没了信任，任何事情的每一个参与者都要小心提防，生怕和自己打交道的人随时在背后捅刀。

不断加剧的不平等正在侵蚀信任：就其对经济的影响而言，这就好比一剂无所不能的消融剂。在它腐蚀下的经济世界让赢家都感到胆战心惊。更不要提那些无权无势的人！在每一次交易当中（每每与老板、企业或官僚的接触中），他们都眼睁睁地看到有人在占自己的便宜。

在政治和公共方面，没有什么比信任更重要。对于这一点，所有人必须要步调一致。在绝大多数人的处境相似之时，人们更容易采取共同的行动，而现在即使大多数人的处境不完全一样，也相差不多。但不断加剧的不平等也显示，所有人不会团结一心（因为还有少数人高高在上，但更多的人一文不名，甚至有人还会食不果腹），这就能很好地解释，为什么人们对政府的分内事有如此大的理解差异。

如今日益加剧的不平等几乎扩展到了方方面面——警方的保护、本地道路和公共设施的状况、完善的健康保险、优秀的公立学校……我无法一一列举。尽管高等教育越来越重要（不仅对个人发展，还对整个美国经济的未来），顶层人士却一边在推动大学削减预算和上涨学费，一边又在减少国家担保的学生贷款。从他们支持学生贷款的根本态度上，又反映出了寻租的行为：将学生贷款毫无规范地发放给营利性学校；让学生贷款变成不可解除的债务，即便破产也无法免除；把学生贷款设计为一种工具，让富人剥削那些渴望脱贫的人。

## "自利"的解决方案

很多美国人（如果不是绝大多数的话）对美国社会不平等的本质了解不足。他们感觉有些事情不对劲，但他们低估了不平等造成的危害，同时也高估了做出改变所需付出的成本。这些被意识形态上的托词加重的错误信念，正在对政治政策和经济政策产生灾难性的影响。

没有任何理由能够解释，这些受过良好教育、被专家顾问成群环绕、拥有被大肆吹捧的商业头脑的1%的人也会被如此误导。他们的前几辈人往往能够想得更明白。他们懂得没有牢固的基础就无法支撑金字塔尖的道理——如果社会本身不稳定，他们的自身地位就会岌岌可危。亨利·福特在历史上未被视作一个心慈手软的人，但他明白他能为自己和他的公司做出的最好的事情，就是给他的工人支付体面的工资，因为他希望工人能努力工作，他也希望工人能够买得起他的汽车。小罗斯福是一位纯种贵族，他同样明白，拯救一个本质上是资本主义的美国的唯一方法，不仅要通过税收和社会项目来分配财富，还要通过监管来约束资本主义本身。尽管罗斯福和经济学家凯恩斯受到了资本家的唾骂，但他们成功地从资本家手中挽救了资本主义。理查德·尼克松时至今日仍以玩弄权术而闻名于世，他将社会安宁和经济稳定的最好保障归结为投资，并且他确实在医疗保险、开端计划<sup>⊖</sup>、社会保障和环境治理等方面进行了大量投资。尼克松甚至提出让国家保障每年最低收入的想法。

　　所以，我今天给那1%的人的建议就是：一定要硬起心来。当被问及是否要考虑减少不平等的议案（增加税收并投资教育、公共工程、医疗保健和基础科学）的时候，放弃任何可能利他的念头，转化为纯粹的利己想法。不要因为能帮助他人就接受这样的政策，做这些纯粹是为了自己！

## 注　释

1. 刊登于 2012 年 5 月 31 日的《名利场》。

---

　　⊖　开端计划是美国联邦政府对处境不利儿童进行的教育补偿，以追求教育公平，
　　　改善人群代际恶性循环的一个早期儿童项目。——译者注

# 缓慢的增长和不平等是政治选择，我们还可以有其他的选择[1]

—

个富裕的国家，却有数以百万的穷人；一个以机会之地而自豪的国家，却比其他发达国家相比，让孩子的未来更取决于他父母的收入水平和受教育程度；一个信仰公平竞争的国家，却让最富有的人士总比不那么富有的人士享受更低的赋税水平；一个让儿童每天面对国旗宣誓效忠并号称"公正对待所有人"的国家，却越来越变得只让付得起钱的人"享有正义"。随着美国开始理解在社会中的不平等的严重性（美国社会的不平等比任何其他发达国家都要严重），这个国家也正在痛苦地挣扎着去接受这些矛盾之处。

那些尽量不去考虑这个问题的人认为，这只是一种"嫉妒的政治"。而那些讨论这一问题的人则被指控为煽动阶级战争。但随着我们开始了解这些不平等的前因后果，我们也开始明白，这并不关乎嫉妒。美国不平等发展的极端程度以及这些不平等的出现方式损害了国家的经济。有太多的顶层财富来自剥削所得——牟利的方式无外乎垄断力的行使，利用公司治理法规的缺陷，将大量公司收入用于支付与真实业绩无关的高管巨额奖金，或者金融业在市场操纵、掠夺性和歧视性贷款以及信用卡滥用等行径上的巧取豪夺。收入最底层群体的贫困，是因为很大程度遭受了经济上的歧视，以及国家没能为全国近五分之一的生活穷困儿童提供最基本的教育和医疗保健。

在美国，近期关于不平等的争论愈演愈烈，集中在美国社会的本质、美国人对自身的认知以及其他国家的人对美国的看法。美国人过去曾将自己的国家视为中产阶级社会，每一代人都会比上一代人生活得更好。美式民主的根基在于中产阶级——正是被托马斯·杰斐逊视为国家中坚力量的那些美国小农场主的现代版本。人们也都认为，最好的发展方式要从中间阶层延伸出去，而不是自顶层涓滴而下。这一常识性观点已经被国际货币基金组织的研究所证实，表明更平等的国家能够发展得更好——更快的增长、更强的稳定性。这就是我的著作《不平等的代价》的主旨观点之一。由于美国对不平等的容忍，即使是最经典的美国梦也变得遥不可及：即使对比大多数的"老欧洲"国家，美国已经不配称为"机会之地"。

在这一期《华盛顿月刊》特别版上的诸多文章讲述了美国的不平等是如何影响人一生中各个阶段的，其中有几篇特别关注了教育。我们现在已经清楚，从儿时进入幼儿园开始，人与人之间就存在着巨大的差距。随着年龄的增长，这个差距越来越大，富人家的孩子住的是豪宅，接受的教育远好于在贫困地区上学的孩子。经济上的三六九等成为当今社会的秩序基础，即便是那些财力充沛、心怀善意的名牌大学早就定下了经济平权行动计划（明确要求提高来自社会经济底层群体的学生比例），也很难做到不随波逐流。穷人家的孩子既负担不起就业市场越来越看重的高等学位，也接受不了为接触到一份"体面"工作而无薪实习的机会。

美国的严重不平等在各个层面都上演着类似的故事。以医疗保健为例，美国不承认享有医疗保健是一项基本人权。这在所有发达国家中是独一无二的。这也意味着，一个美国穷人获得最基本的医疗保健的可能性低于其他的发达国家，更别提良好的医疗了。即使是在《平价医疗法案》（ACA）通过后，还有差不多24个州拒绝扩大急需的医疗补助计划，截至2014年初，仍有超过4000万的美国人没有医疗保险。众所周知，美国针对医疗保健系统的统计数据是非常糟糕的：尽管美国在医疗保健上的支出（无论是平均到个人，还是占国内生产总值的比重）远超其他国家，但健康产出却远远落后。比如，在澳大利亚，人均医疗保健支出只有美国的三分之二，然而澳大利亚的健康产出更好，其中预期寿命一项就明显比美国人多三年。

美国人糟糕的健康数据有两个原因与社会顶层和底层的不平等有关——一是制药公司、医疗设备制造商、健康保险公司和高度集中的供应商网络获取的垄断利润既推高了价格，又加剧了不平等；二是穷人无力承担及时的医疗服务，包括获得预防性药物，这导致该群体的健康情况更糟糕，进而产生更高昂的治疗费用。《平价医疗法案》在这两个方面都有所改善。设立医疗保险交易所的目的就是促进竞争，整个法案的目的就是帮助人们更好地获得医疗服务。数据也表明这个法案发挥了作用。至于代价，关于奥巴马医改将导致医疗保健费用大幅上涨的普遍预测已被证实是错误的，因为在过去几年里，医药价格的涨幅一直相对温和——这也再次表明，公平和效率之间的关系并不一定是此消彼长的。在实行《平价医疗法案》的第一年，医保的覆盖率有了显著的提升。同意扩大《医疗补助计划》范围的州比拒绝这样做的州的数量增加得更明显。但《平价医疗法案》只是一个折中的结果，它并未触及牙齿保险和延长长期照护保险。

尽管如此，医疗保健上的不平等仍然伴随着美国人的一生，这甚至在出生前就开始了。穷人更有可能暴露在有害的环境下，而且母亲获得良好产前护理的机会更小。其结果就是，美国的婴儿死亡率与一些发展中国家相当，同时出生体重过低的发生概率比其他发达国家更高（与更低的寿命预期有系统性的关联）。这20%在贫困中长大的美国儿童缺乏全面的医疗保健，再加上缺乏足够的营养，使他们在学业上取得成功的可能性更低。由于最便宜的食品大多是不健康的碳水化合物，穷人家的孩子更容易患上儿童糖尿病和肥胖症。这种不平等会伴随人们的一生，最终表现为预期寿命统计数据上的显著差异。

这样也好，有人可能会说：要是能给所有人都提供免费的医疗保险，给所有人都提供免费的大学教育，那当然很好，但这简直是白日做梦，我们必须要接受的一个严峻事实是，美国无力负担这一切；由于美国财政赤字巨大的额度，建立一个更平等社会的提议会让赤字更加雪上加霜——知道这一点就足够了；尤其让美国束手束脚的是，它还要承担着一项代价不菲的使命，那就是确保全世界的和平与安全。

这显然是一派胡言，理由如下。

美国真正的实力在于它的"软实力"，而非军事力量。但日益严重的不平等正在从内部削弱美国的世界地位。即使有少数的最顶层的人过得很好，如今美国家庭收入的实际中位数（扣除通货膨胀因素后，一半家庭收入高于这个数字，一半家庭收入低于这个数字）比 25 年之前还低，一个提供如此少机会的经济体能成为其他国家都想要效仿的榜样吗？

除了医疗保健，美国还有其他很多同等重要的事情需要负担。其他国家（比如北欧三国）就尽力为全体公民提供良好的医疗、近乎免费的大学教育和完备的公共交通，它们在这些方面做得不差，有些甚至更好，但用经济表现的标准指标做对比：美国的人均收入和增长率并不输于那些国家。甚至有一些远比美国贫困的国家（比如非洲东部印度洋上的毛里求斯）也做到了提供免费的大学教育和更容易获得的医疗保健。每个国家都要做出选择，而那些国家做出了不同的选择：它们可以减少军费的支出，可以减少监狱的支出，可以增加税收。

此外，许多分配的问题不在于我们花了多少钱，而在于这些钱花在谁的身上。如果我们把隐藏在税务体系中的"税收优惠"计入政府的支出，那么美国实际在富人房产上所花费的钱比公认的要多很多。一栋豪宅每年的利息抵扣额很轻易就能达到 2.5 万美元。并且在所有的发达经济体中，只有美国偏爱向学生群体更富有的学校投资更多的钱，而不是多资助一些贫穷学生的学校——这是美国学区经费依赖于地方税收的后果。有趣的是，根据某种计算方式，美国全部的赤字可能都归因于低效和不平等的医疗保健系统：如果美国能有一个更好的医疗保健系统（以更低的价格提供更平等的医疗服务，像许多欧洲国家那样），我们甚至可以说美国今天不会有任何联邦预算赤字。

或者换一种思路：如果能够给穷人提供更多的机会，包括让他们获得更好的教育和找到收入体面的工作，那么国家就不需要花费那么多钱在监狱上——在有些州，有时候政府在监狱上的支出超过了对大学的支出。如果穷人能够更好地把握新的就业机会，相反美国的经济就更有效率；如果能有更完善的公共交通体系，工薪阶层可以更方便、更便宜地到达有工作机会的地方，那么就会有更高比例的人口在工作、在纳税；如果能像北欧国家一样提供更好的托育服务并施行更积极的劳动市场政策，帮助工人适应不同工作之间的切换，那么就有可能出现更高的劳动力参与率——经济的增长将会为国家带来更多的税收收入，投资于人民是有价值的！这就引出了我的最后一个观点：我们可以实行一套公平的税收制度、增加更多的财政收入、改善平等状况、促进经济增长，同时减少经济和社会中的扭曲（这就是我在2014年为罗斯福研究所撰写《改革税收以促进增长和公平》白皮书时的核心发现）。比如，如果对资本利得实行与工薪收入同等的税率，政府能够在未来十年增加大约2万亿美元的收入。"漏洞"已经不足以形容美国税收制度的缺陷；用"断裂带"的说法可能更为恰当。消除这些缺陷可能会终结一种怪象：非常富有的人近乎得意地宣布，他们公开收入缴纳所得税的税率只有较低收入的人的一半，还有他们把钱都放在了开曼群岛这样的避税天堂。

没有人会认为，这些小岛上的居民比华尔街的奇才更懂得理财，但这些海滩胜景在阳光的照耀下，钱生钱似乎来得更快！

收入顶层的人实在是太有钱了，近四分之一的收入流向最富有的1%的人，这也有一项为数不多的好处，只要对最富有的人稍稍加税，马上就能筹集到大量的资金。而且，由于顶层的人的很大一部分钱都来自剥削（或者，经济学家更喜欢称为"寻租"——也就是说，获取更大的蛋糕份额，而不是做大蛋糕的尺寸），仅对富人加税似乎对经济表现不会有太大的负面影响。

接下来要谈的就是美国的企业税率。如果美国真的能堵上漏洞，让企业支付它们该支付的成本，那么政府每年将会增收数千亿美元。通过恰当的重新规划，就可以让美国得到更多的投资和就业。显然，美国公司的法定企业税率在发达国家中是较高的；但事实却是另一番景象——作为公司收入的一部分实际成本，美国的联邦企业税只占其全球公开收入的13%。在大多数情况下，真实缴纳的税率（占公司利润的比重）并不高于其他发达国家的平均水平。苹果公司、谷歌和通用电气已经成为美国天才匠心的典范——其产品令全世界的其他国家艳羡不已。但是，它们的匠心大多被用来想方设法地逃避应缴的税款。此外，它们和其他美国公司充分利用了在美国政府支持下产生的思想和创新（比如互联网本身）；与此同时，它们还依靠那些得到联邦政府大力支持的美国一流大学所培养出的人才；它们甚至要求政府向美国的贸易伙伴争取更好的待遇。

企业总认为，如果税率能更低，它们就不会做出避税这样的恶劣行径。但是我这里还有一个更好的解决方案，这也是美国个别州发现的办法：让企业只针对它们在美国国内开展的经济活动进行缴税，用一个简单公式来核算它们在美国本土的销售、生产和研究活动，并且做到在美国投资多的企业少缴税，在美国投资少的企业多缴税。用这种办法，美国就能够增加本土的就业和投资——这要远远优于当前实行的制度，因为现行制度从本质上甚至鼓励美国公司去其他国家进行生产（即使美国的税率并不高于平均水准，但仍存在一些避税天堂在竞相压低税率，比如爱尔兰，试图招揽企业将它们的国家变为自己的纳税居所）。这样的改革将终结美国企业中盛行的"税负倒置"，通过改变企业的纳税居所国以实现避税，尽管这些企业还声称影响其缴税总额的并不是自己将纳税居所放在哪个国家，而是自己在哪里做生意。

财政收入的其他来源也将有利于美国的经济和社会。税收要依从两项基本原则：一是对善举征税不如对恶行征税；二是对带有经济学家所说的"非弹性供给"因素的事物征税更优，也就是说，即使对这些事物征税，也不会影响其生产和销售的数量。所以，如果我们对任何形式的污染征税，包括碳排放，美国每年就可以收取数千亿美元，还能拥有一个更好的环境。同样，对金融业规划合理地征税不仅能收获大量的资金，还能防止银行将损失转嫁于人——就像当初它们用不良的抵押贷款污染了全球的经济。

相比于银行家不负责任地给美国的经济和社会带来的损失，救助银行所花费的 7000 亿美元简直不值一提——美国国内生产总值损失了数万亿美元，数以百万的美国人失去了自己的房子和工作。然而，极少有金融业的人被追究责任。

如果我们要求银行交出一小部分它们强加给其他人的成本，我们就会得到更多的资金来消除它们那些歧视性和掠夺性贷款行为所造成的一些损害，减少将资金从经济金字塔的底部转移到顶部的效果。对华尔街的投机活动征收哪怕是很少的税（金融交易税），我们就能增加急需的收入、打击投机（从而提高经济稳定性），并鼓励更高效地利用我们的稀缺资源，包括最有价值的资源——有才华的年轻美国人。

同理，通过对土地、石油和矿产更多地征税，并强制那些从公共土地上开采资源的人或企业对这些资源的全部价值进行支付，政府就可以将这些收入用于公共投资，例如教育、科技和基础设施等，而不会导致土地、石油和矿产的减少。（即使对资源征收更多的税费，这些资源既不会罢工，也不会离开这个国家！）这样做的结果是：增加对美国经济的长期投资将在未来更高的经济生产率和更强的增长方面产生可观的红利——如果这些钱用对了地方，美国可以得到更多的共同繁荣。问题不在于我们是否愿意对不平等问题做出更多的改变；而在于我们能否承受不做改变的代价。在美国的讨论并不是关于如何完全消除不平等，而是为了缓和不平等和重造一个美国梦。

## 注　释

1. 刊登于 2004 年 12 月的《华盛顿月刊》。

# 不平等蔓延全球[1]

---

一

在达沃斯举办的世界经济论坛年会已经不如金融危机发生之前那样引人注目了。毕竟，在2008年金融危机之前，金融和工业的领导者还可以鼓吹全球化、科技和金融自由化带来的好处，这本该预示着一个持续增长的新时代的到来。所有人都可以从中获益，但前提是，他们要做"正确的事"。

好日子一去不返了，但达沃斯仍旧是一个能感受当下全球时代思潮的好地方。

毋庸置疑，发展中国家和新兴市场国家不再像以往那样看待发达国家。但一位来自发展中国家矿业公司高管的言论捕捉到了变化的核心。一位发展专家发自内心的绝望，认为不公平的贸易条约和未兑现的援助承诺让发达国家失去了道德权威，他反驳道："西方国家从来没有过任何的道德权威。"殖民主义、奴隶制度、将非洲肢解为许多小国以及长期的资源掠夺，对于犯下这些罪行的人来说仿佛是遥不可追的过去，但对于那些因此而遭受苦难的人民来说却并非如此。

如果说有哪一个话题能让参会的领导人最为关心，那就是经济的不平等。时隔仅一年，讨论的话题似乎发生了戏剧性的转变——竟然没有人再次提起有关涓滴经济学的概念，也几乎无人愿意继续主张社会贡献和私人回报之间应该是紧密一致的关系。

美国不再像它长期宣称的那样，是一片充满机会的土地。尽管意识到这件事情让其他国家的人和美国人一样感到不安，但全球范围内的机会不平等甚至比美国更加严重。只要还存在一个普通非洲人为了几百美元可以出卖自己的人力资本，而与此同时富裕的美国人能从自己父母和其所在阶层那里得到价值超过 50 万美元的礼物，那么就没有人能够真正说这个世界是"平"的。

这次会议的高潮是国际货币基金组织总裁克里斯蒂娜·拉加德的演讲，她强调在国际货币基金组织的内部（至少是高层）发生了显著的改变：深切关注妇女权益、重新强调不平等与不稳定之间的联系、承认集体协商和最低工资能够在减少不平等方面发挥重要作用。多么希望国际货币基金组织在希腊等地方的项目也能充分体现这些情绪的改变！

美联社组织了一场关于技术和失业的令人深思的会议：面对现代技术已经能够利用机器人和其他机器取代任何可重复性的劳动，各国（尤其是发达国家）还能创造出新的就业——尤其是体面的工作吗？

总体而言，欧洲和美国的私营企业自 21 世纪初以来，一直无法创造出很多体面的工作。即使在制造业持续增长的其他地区，生产力的进步（通常伴随着自动化进程扼杀就业岗位）贡献了绝大部分的产出增长。其中受影响最大的是年轻人，他们如今面对的长期失业将会毁掉他们未来的生活。

然而，大多数的达沃斯参会者都忽视了这些问题，反而在庆祝欧元渡过了危机。主流的基调多少带有一些自满——或者甚至是自鸣得意。所谓的"德拉吉看跌期权"（欧洲央行仰仗其雄厚的财力，有决心、也有能力采取必要的措施拯救欧元以及每一个陷入危机的国家）似乎取得了成功（至少是暂时的）。短暂的平静给那些声称"首先需要恢复信心"的人提供了一些支持。人们希望德拉吉的许诺为市场提供信心而无须产生任何成本，因为他们认为根本不会走到那一步。

批评人士一再指出，根本矛盾尚未得到解决，如果想要欧元长期存活，就必须建立一个财政和银行的联盟，这需要欧洲在政治上的更多统一，而正是这一点超出了大多数欧洲人愿意接受的程度。但是，会议之中和会议前后的许多言论反映出团结的严重缺乏。一位北欧国家的高层政府官员在晚宴中被一位一腔热忱的同席之人打断并指出许多西班牙人还在垃圾桶里翻找食物时，他甚至没有放下手中的刀叉。"这些国家应该早一点改革。"他一边回答，一边继续吃着他的牛排。

在达沃斯会议期间，国际货币基金组织发布的增长预测凸显了这个世界的严重脱节：发达工业国家当年的国内生产总值预计增长率为 1.4%，而发展中国家将维持 5.5% 的强劲年化增长率。

尽管西方国家的领导人也谈到了重新重视增长和就业，但他们并没有给出具体的政策。在欧洲，财政紧缩仍旧是重中之重，还加上对迄今所取得进展的沾沾自喜，以及决心在当前道路上继续走到底的反复重申，尽管这条道路已经让整个欧洲陷入衰退，也让英国陷入了"三重底衰退"。

也许最令人感到欣慰的消息来自新兴市场国家：全球化的风险在于必然导致一种新的依赖关系，因此美国和欧洲有缺陷的经济对策会摧毁发展中国家的经济，但那些更成功的新兴市场国家在面对西方国家的失败时，已经能很好地应对全球化，并保持着增长。

由于共和党人在政治上的幼稚让美国政坛陷入了瘫痪，欧洲国家则满足于力保先天不足的欧元方案，全球领导力的缺位是萦绕达沃斯论坛的一大怨言。在过去的 25 年里，我们的世界先由两个超级大国来主导变为由一个超级大国来独断，而现如今又变成了一个没有领导者的多极世界。虽然我们可能会谈到 G7、G8 或 G20，但 G0 的说法在当下应该更恰当。我们不得不学会如何在这个新世界中生存和壮大。

## 注 释

1. 刊登于 2013 年 2 月 5 日的《报业辛迪加》。

# 不平等是一项选择[1]

—

众所周知，如今在大多数富裕国家里，尤其是美国，收入和财富不平等的程度在近几十年中急剧攀升，并且更糟糕的是，自本次"大衰退"以来这个状况还在进一步恶化。但世界上的其他国家又是什么情况呢？随着像中国和印度这样的经济大国让数亿人口摆脱了贫困，国与国之间的差距是否缩小了呢？在贫穷国家和中等收入国家的内部，不平等的情况是在恶化还是得到了改善呢？我们正在走向一个更平等的世界还是一个更不平等的世界呢？

这些问题都非常复杂，而世界银行的经济学家布兰科·米拉诺维奇和其他学者在他们的新研究中为此提供了一些见解。

开始于 18 世纪的工业革命为欧洲和北美洲带来了巨大的财富。当然，在这些国家内部出现的不平等现象是骇人听闻的（比如 19 世纪 20 年代英国利物浦和曼彻斯特的纺织厂，还有 19 世纪 90 年代曼哈顿下东区和芝加哥南区的贫民窟），但作为全球的普遍现象，富人与其他人之间的差距一直到二战前后都在扩大。之后，国家之间的不平等远远超过了国家内部的不平等。

但从 20 世纪 80 年代末开始，经济全球化加速，国家之间的差距开始缩小。1988 年到 2008 年的这段时间"可能见证了自工业革命以来世界公民之间的全球不平等程度的首次下降"，米拉诺维奇在之前发表的一篇论文中如此写道。米拉诺维奇出生在南斯拉夫 <sup>⊖</sup>，他著有《全球不平等逸史》。尽管一些地区之间的差距有了显著的缩小（例如亚洲和西方发达经济体之间），但巨大的鸿沟仍然存在。在过去的几十年里，不同国家收入的平均值已经越来越接近，特别是在中国和印度经济增长的强劲推动之下。但从个体的角度来看，人类整体的平等程度几乎没有改善（用于衡量不平等程度的基尼系数在 2008 年仅比 2002 年提高了 1.4 个百分点）。

所以，虽然亚洲、中东地区和拉丁美洲国家整体上可能正在追赶西方国家，但不管哪里的穷人都被落在了后面。

米拉诺维奇发现，从 1988 年至 2008 年，全世界最富的 1% 的人，他们的收入增加了 60%，而那最贫穷的 5%，他们的收入则毫无增加。尽管近几十年来全球收入的中位数得到了极大提高，但还是存在着严重的不均衡：8% 的人获得了全世界收入的 50%，但其中仅最富有的那 1% 的人就拿走了 15%。收入增幅最大的是全球的精英阶层（富

---

⊖　南斯拉夫是1929年至2003年建立于南欧巴尔干半岛上的国家。——译者注

裕国家的金融业和企业高管）以及印度、印度尼西亚和巴西庞大的"新兴中产阶级"。而谁又丧失了良机呢？米拉诺维奇继续指出，那就是非洲、某些拉丁美洲国家，以及那些生活在东欧地区的人。

美国为全世界提供了一个非常糟糕的样板。因为美国在很多方面都要"引领全球"，如果其他国家在这一点上也效仿美国，那可不是什么好兆头。

一方面，美国日益加剧的收入和财富不平等成为整个西方世界现行趋势的一部分。经济合作与发展组织在 2011 年进行的一项研究发现，收入不平等的加剧最早始于 20 世纪 70 年代末到 80 年代初的美国和英国（还有以色列），从 80 年代后期开始变得普遍。在过去的十年里，收入不平等的现象甚至在像德国、瑞典和丹麦这样有着平权主义传统的国家也有所增加。除了个别国家（法国、日本、西班牙）之外，在大多数的发达经济体中收入最高的 10% 群体更为富有，而收入最低的 10% 群体则愈加贫穷。

不过，这种趋势不是普遍的，也不是不可避免的。智利、墨西哥、希腊、土耳其和匈牙利等国家在同期成功地大幅减少了收入不平等的现象，其中不乏不平等程度极为严重的国家。这表明不平等不是仅靠宏观经济力量造成的，而是政治的产物。说不平等是全球化不可避免的副产品是错误的，是劳动力、资本、商品和服务的自由流动，以及有利于技术能力更高和教育程度更好的员工的技术变革共同造成的。

在全球发达经济体之中，美国在收入和机会上的差异最为极端，给宏观经济带来了致命的后果。在过去的 40 年里，美国的国内生产总值已经翻了两番多，在最近的 25 年里也增长了几乎一倍。然而就像众所周知的那样，好处都到了富人的手中，并且越来越集中在最最富有的人群手中。

在去年，美国最富有的 1% 的人拿走了全国收入的 22%；最富有的 1‰ 的人得到了 11%。自 2009 年以来，美国收入增长的那部分，有 95% 都流向那最富有的 1% 的人。近期公布的人口调查数据显示，美国人的收入中位数已经差不多 25 年没有变化了。普通美国男性的收入（扣除通货膨胀因素）低于 45 年之前；美国高中毕业但没有获得四年制本科学位的男性，比 40 年前拥有同等学历男性的收入少近 40%。

美国的不平等程度在 30 年之前就开始加剧，与之相伴的是对富人的减税和对金融业的放松管制。这绝对不是巧合。随着美国减少对基础设施、教育和医疗保险体系以及社会保障网络的投入，不平等的情况进一步恶化。不断加剧的不平等通过侵蚀美国的政治体制和民主治理形成了恶性循环。

而欧洲仿佛正急不可耐地想要重蹈美国的覆辙。从英国到德国，实行的紧缩政策导致了失业率的高企、工资的下滑和不平等的加剧。德国新任总理默克尔和欧洲央行行长德拉吉等官员认为，欧洲的问题是臃肿的福利支出所导致的。但这种思路只会把欧洲带入经济衰退（甚至萧条）。经济或许已经见底（衰退或许已经"正式"结束），这样的说辞并不能给欧盟的 2700 万失业者带来任何慰藉。在大西洋的两侧，紧缩的死忠粉大喊着，我们要进行到底——这难道是想要实现繁荣就必须咽下的苦药吗？但这繁荣到底会让谁受益？

　　过度金融化助力英国成为世界最发达经济体中仅次于美国的最不平等国家——尽管这个名次不一定那么靠谱，但过度的金融化确实导致了这个国家日益严重的不平等。在很多国家，薄弱的公司治理和遭受侵蚀的社会凝聚力已经让首席执行官和普通工人之间的收入差距越来越大——根据国际劳工组织的估计，尽管许多国家并没有像美国规模最大的公司那样，二者相差 500 倍，但也比衰退之前的水平高了很多（已经限制高管薪酬的日本是一个明显的例外）。美国在寻租（个人致富不是靠把经济蛋糕整体做大，而是靠操控体制来获取更大的份额）方面的创新已经影响了全世界。

　　不平等的全球化也让全世界付出了代价。自由流动的资本要求工人在工资上做出让步，要求政府在税收上做出让步。这导致了一场"逐底竞争"，工资和工作环境正在受到威胁。像苹果公司这样的先行企业，其业绩所依靠的巨大科技发展有许多都是在政府的资助下实现的，但这些公司为了避税而无所不用其极。它们只愿意索取，而不愿意回馈。

　　儿童的不平等和贫困是一种特殊的道德耻辱。这样的事实让右翼人士关于贫困的谬论不攻自破——既然他们说贫困是懒惰和选择不慎的结果，那么儿童又怎么可能去选择自己的父母呢？在美国，有近四分之一的儿童生活在贫困中；在西班牙和希腊，这个数字大约是六分之一；在澳大利亚、英国和加拿大，这个比例略高于十分之一。这些都不是不可避免的。有些国家已经做出了选择，想要打造更公平的经济体制，比如韩国在 50 年前只有十分之一的人能上大学，而如今，韩国大学完成率是世界上最高的。

基于这些原因，我认为我们正在进入一个两极分化的世界，分化不仅发生在富人与穷人之间，还发生在无所作为和有所作为的国家之间。一些国家将会成功地创造出共同繁荣——这才是我心目中唯一真正可持续的繁荣。其他国家将任由不平等肆意泛滥——在这些割裂的社会里，富人要把自己关在深宅大院之中，几乎不与穷人往来，穷人的生活简直超出了他们的认知底线，反之亦然。我曾经访问过一些似乎已经选定了这条道路的国家。它们不是我们大多数人向往的居所，无论是与世隔绝的富人聚集地，还是让人心生绝望的贫民棚户区。

## 注 释

1. 刊登于 2013 年 10 月 13 日的《纽约时报》网页版。

# 21世纪的民主[1]

一

**美**国和其他发达经济体对托马斯·皮凯蒂的新书《21世纪资本论》的反响，证明了人们对于不平等在加剧的日益担忧。最富有人群占有的收入和财富比例还在不断飙升，而他的书为这一不争的事实提供了更加确凿的证据。

此外，皮凯蒂的书对"大萧条"和二战之后30多年的这段时间提出了不同的看法，他将这视为一段异常的历史阶段，究其原因也许是由灾难性事件激发的不寻常社会凝聚力所造成的。在那个经济快速增长的时代，繁荣被广泛地分享，所有群体的收入都在提高，但底层人群的获益程度更大。

皮凯蒂还旧事重提，指出里根总统和撒切尔夫人在20世纪80年代将"改革"阐述为经济增长的增强剂，并号称这能让所有人都从中获益。但他们的改革带来的是经济增长的放缓和全球不稳定的加剧，而增长的真实好处绝大部分给了最顶层的人。

但皮凯蒂的著作指出了经济理论和资本主义未来的根本性问题。他记载了财富产出比的大幅上升。在标准理论中，这样的上升应该伴随着资本回报的下降和工资的增长。但当下的资本回报并没有缩水，而且工资也没有像预期的那样增长（比如在美国，平均工资在过去的 40 年里一直停滞）。

不言而喻，可衡量财富的增长并没有与生产性资本的增加同步——数据似乎也能够验证这种解释。财富的增加在很大程度上来自不动产价值的提升。在 2008 年金融危机之前，房地产泡沫在很多国家都很明显；即便是现在，"修复过程"可能还没有彻底完成。房地产价值的上升也可能反映了富人对"地位商品"（海滩上的一栋小楼或纽约第五大道上的一套公寓）的争抢。

有时候，可衡量的金融财富的增加不过是一些"无法衡量"的财富转变成了"可衡量"的财富，这种转变实际上反映了整体经济表现的恶化。如果垄断力增长，或厂商（比如银行）发明出更好的方法来剥削普通消费者，就表现为更高的利润。一旦这些被资本化，就成为金融财富的增加。

但是，只要有这样的事情发生，社会福祉和经济效率自然就会下降，尽管官方的可衡量财富会增加。我们根本没有考虑到人力资本的价值（工人的财富）相应地减少了。

此外，如果银行成功地利用它们的政治影响力将其亏损社会化，并留存越来越多的不当得利,那么金融业的"可衡量财富"就会增加。我们当然不会考虑纳税人的财富减少。同样，如果公司能够说服政府高价购买它们的产品（如大型制药公司的所为），或让自己低价获得公共资源（如矿业企业的成功案例），公开的金融财富就会增加，而普通公民的财富则不会有任何变化。

我们的所见（财富即使在增长，但工资增长停滞、不平等在加剧）并不体现正常市场经济的运作方式，但这反映的正是我所说的"伪资本主义"的运作方式。问题可能不在于市场应该如何运转，而在于我们政治制度，它不但无法确保市场的竞争性，还制定出维护市场扭曲的规则，让公司和富人能够剥削其他人，（不幸的是）它们也确实在这么做。

当然，市场并非存在于真空之中。游戏必须要有规则，而这些规则的制定要经过政治程序。在美国这样的国家里，极度的经济不平等导致了政治不平等，追随美国经济模式的国家也变得日渐如此。在这样的制度下，经济上更上层楼的机会同样变得不平等，进而加剧了社会阶层的固化。

因此，皮凯蒂对更高程度的不平等预测并没有反映出经济学规律。稍做改变（包括提高资本利得税和遗产税,增加普及教育的支出，严格执行反垄断法、约束高管薪酬的公司治理改革，以及遏制银行剥削全社会的金融监管制度）就能显著降低不平等，并增加机会公平。

如果能制定出正确的游戏规则，美国甚至有望恢复快速且由各阶层共享的经济增长，就如发生在 20 世纪中叶的中产阶级社会一般。我们今天面临的主要难题其实不是 21 世纪的资本主义，而是 21 世纪的民主。

## 注　释

1. 刊登于 2014 年 9 月 1 日的《报业辛迪加》。

# 假冒的资本主义[1]

—

美国人终于开始正视美国社会标志性的收入和财富不平等的严重程度。最近，这一认识从一个意想不到的人（法国经济学家托马斯·皮凯蒂）的身上得到了加强。皮凯蒂所著的《21世纪资本论》出人意料地成为当年的畅销书。皮凯蒂收集了大量的证据，用于说明在过去40年里经济不平等的加剧和继承财富的增加——这些正在造成新的财阀统治。然而，尽管皮凯蒂对问题严重性的认识是正确的，但他对其成因以及如何解决的思路并不完全正确。如果美国人从他的著作中吸取了错误的教训，那么我们可能无法做出能真正解决不平等问题的改变。

坦率地讲，皮凯蒂认为不平等是资本主义的天然产物。在他的眼中，20世纪中叶标志性的长期共同繁荣现象在历史上是反常的，

而在镀金年代 <sup>㊀</sup> 和我们这个年代的贫富差距才是正常的。但是,如今在美国实行的制度充其量只能被称为伪资本主义,注定会制造出不平等。金融危机期间发生的事件已经充分地说明了这一点,那时的美国将损失社会化,却允许银行将利润私有化,对施害者慷慨相助,但对失去房子和工作的受害者却坐视不管。

当然,并不存在什么"纯粹"的资本主义制度。美国一直实行的是一种混合经济,依赖政府对教育、科技和基础设施进行投资。美国经济最具创新、最成功的产业(科技和生物技术)都建立在政府研究的基础之上。一个运行良好的经济体需要公共部门和私营企业之间的平衡,拥有必要的公共投资和资金充足的社会保障体系。而所有这些资金的来源都需要仰仗于税收。

一套设计完善的税收制度不仅可以筹集资金,还能够被用于提高经济效率和减少不平等。美国当前税收体制的作用则恰恰相反。无论有多少优点,皮凯蒂关于用税收(某种全球财富税)解决不平等的建议在政治上都是不可行的。但是美国(作为发达国家中贫富差距最严重的国家)可以自行采取几个措施。通过对国内税法做出合理的改革,美国可以同时做到增加收入、改善经济表现并解决一些最严重的社会问题——不仅有不平等,还有失业和迫在眉睫的环境灾难。

在评估任何税收提案时,首要考虑的就是其对收入分配的影响。

---

㊀ 指从南北战争结束到20世纪初的美国历史时期,得名于马克·吐温的同名小说。在这一时期,美国工业快速发展,移民快速涌入,贫富差距极速扩大,上层人士挥金如土、腐败横行。——译者注

但有三个通用原则也会有助于引导思维。第一个原则：对坏事征税要好过对好事征税。比如说，要对污染和投机征税，而不是对劳动和储蓄征税。第二个原则：最好对土地、石油和其他自然资源征税，这些资源不会因为征税而消失（经济学家称之为非弹性供应的因素）。这两个原则反映了更普遍的第三个原则：激励很关键。税收应该鼓励那些具有广泛利益的活动，而打击那些对社会造成高昂代价的活动。在遵守三个原则的前提下，有大量的税收改革措施可以提升公平性。

首先，公司税应当鼓励在美国本土投资并创造工作岗位的企业，相比于那些没有这样做的企业，要降低它们的税负。对跨国公司的全球收入征税将堵住所谓的苹果－谷歌税收漏洞。全球化为这些企业提供了新的逃税机会，它们声称自己巨额的利润不是来自美国研究人员的独创性，也不是来自美国消费者对其产品看似无限的需求，而是来自散布在爱尔兰等低税收主权地区的个别员工。通过对所有公司在美国的生产和销售征税，就可以获得大量的财政收入，用来创造就业和刺激增长。

此外，应该对金融业有一套特别的税收方法。鉴于这个行业在金融危机中的影响，它自然应该付出一些代价。设计完善的金融税将会提高这个行业的绩效和效率，并引导其对本职工作的尽心尽力。

尽管皮凯蒂告诉我们自由市场资本注定会造成骇人听闻的不平等，但我认为我们有一个不同的问题：市场并没有表现得像一个竞争性市场。从最基础的经济学课程中我们得知，促进效率和创新的竞争性市场会促使利润的下降。财富之所以最终会积聚在少数亿万富翁的手中，是因为我们的经济并没有真正的竞争性。最成功的"企业家们"都清楚如何为防止竞争而设置护城河，在护城河的保护下他们赚得盆满钵满。比尔·盖茨就有一家公司在欧洲、美洲和亚洲专门从事反竞争行为，所以他能这么有钱也就不足为奇了。卡洛斯·斯利姆也不例外，他的第一桶金是利用了考虑不周的私有化过程，在墨西哥的电信行业形成了实质上的垄断，进而能够收取比竞争市场高上数倍的资费。

如果我们的努力无法让市场达到真正具有竞争性的程度，就应该对垄断利润（经济学家所说的租金的一种形式）加以重税。正如对土地征税不会让土地减少，对其他形式的租金征税也是一样。其他形式的租金包括自然资源所有者的收入。在很多情况下，石油、天然气和矿产公司实际上并不拥有这些资源，它们只是从公共土地上开采出这些资源，并且支付的价格只是其真正价值的一小部分。进行公平有效的拍卖是解决这种不平等的最好办法，这样才能确保公众最大程度地获得这些资产的收益。如果企业已经设法取得了这些资源并且支付的价格只相当于资源价值的很小一部分，公众就应该通过对由此产生的利润收取更高的税率来获得补偿。

从企业税转向个人所得税，美国必须实行更公平的所得税税制，那些为生计而劳作的人们不必比那些享受着继承而来的财富或管理私募股权基金的人，缴纳占收入比重更高的所得税。尽管大多数美国人都认可这样一个普遍原则，富人缴纳的税款应占其收入比例更大，但美国的体制在实践中明显背离了这个原则。最富有的那群人所缴纳的税款占其公开收入的比例要低于普通有钱人，而且他们的公开收入往往只是其实际收入的一部分。

许多常被讨论的个人所得税税法改革建议集中于取消旨在帮助中产阶级的条款，最广为人知的是抵押贷款利息的税前抵扣和雇主对医疗保险补贴的税收减免。这样的条款缩小了税基，降低了经济效率，因此只要谨慎操作，取消它们还是有一定好处的。事实上，抵押贷款的利息抵扣使有钱业主获得的好处要多于中产阶级——根据有些估算，政府通过税收系统为富人提供的住房补助，实际上要多于通过公共房屋为穷人提供的援助。这项抵扣鼓励了超前的房屋消费和过度的借贷（考虑到美国银行业的政治影响力，这并不意外）。但是在房地产市场崩溃后，数百万的美国人失去了相当大一部分的个人财富，而美国的房地产行业仍然在苦苦挣扎之中。现在立即取消全部的补贴只会让房地产市场雪上加霜。抵扣额的取消应该是循序渐进的，而且我们应该从省下来的钱中拿出一部分鼓励住房的公平，比如，对首次购房者延长补助。

考虑到中产阶级所承受的巨大压力（扣除通货膨胀因素，近几十年来收入几乎没有变化），不应该把抵扣条款单纯视为财政增收之法。相反，由此节省下来的钱应该被用于降低对中产阶级影响最大的几级边际所得税税率。一些人回应道，如果只对富人增税，就无法做到大幅地削减赤字，因为他们没有那么多钱。这句话曾经是正确的，但现在已经不是了。不平等程度加剧的一个好处是，我们只增加最富有群体的税负，就能够获得巨额的资金。

对碳排放征税可能是获得大量资金的又一个办法，而且能够同时改善经济的整体表现。经济学中最基本的原则是，公司应该补偿其在生产过程中造成的损失。这就是价格体系可以将经济引向高效的原因。若生产可以获得补贴，这就在市场上造成了扭曲。我们的环境是最稀缺的资源之一——那些通过污染破坏环境的人正在给整个社会造成巨大的损失。强迫那些碳排放量很高的企业补偿这些损失，可以让经济运行得更有效率，同时增加财政收入。

综上所述，这些建议会在减少不平等方面取得实质性进展，使美国重新出现更像二战后那段时间的经济状态。在那段岁月里，随着几十年的快速增长和广泛共享的繁荣，美国成为它长期以来所宣称的中产阶级社会，而底层人群的收入增长速度要高于顶层人群。这也正是托马斯·皮凯蒂认为资本主义在历史上的反常时期。但回到那个时代并不需要消灭资本主义，它需要消除当今美国实行的伪资本主义的市场扭曲。与其说这是一个经济问题，不如说这是一个政治问题。我们不必在资本主义和公平之间二选一，我们必须两者都保留。

## 注　释

1. 刊登于 2014 年 9 月的《哈泼斯》杂志。

# 第二部分

# 个人反思

—

在这短短的两篇文章中，用今天的视角回顾了我的青年时代。第一篇文章的写作适逢"华盛顿工作与自由游行"的 50 周年纪念日。正是在 1963 年 8 月 28 日，美国牧师马丁·路德·金在华盛顿广场上发表了令人难忘的《我有一个梦想》演讲。当时我有幸就在现场。当然，这也绝对不是纯粹的运气：与我的很多同学一样，我也参与了争取种族平等的斗争。种族歧视是美国的一道伤疤。从小到大，我目睹了种族歧视是如何摧残生命的。这违背了美国所代表的一切，也违背了我从小到大被教导的一切。然而，美国从建国之前到现在一直饱受着这种毒害。

后面，我（与其他经济学家）会提出一个问题，种族歧视是否会在市场经济之中继续存在？肯定的回答是显而易见的——但难题在于如何加以改变，因为歧视已经是世界各地市场经济的一项长期特征。然而，一些经济学家试图提出相反的论点。在《马丁·路德·金如何引导我的经济学研究》一文中，我对这项研究做了简短的回顾——这是一个例证（就像宏观经济学研究认为金融危机是不会爆发的），揭示了一些经济模型与现实情况的脱离程度。[1]

作为对比，我在读完皮凯蒂的《21世纪资本论》并反思了自己的青年时代之后，写下了《美国黄金年代的神话》。皮凯蒂将我年轻时经历的这段时期称为资本主义的黄金年代——这段时期的资本主义并没有明显出现极端的不平等。但在我的记忆中却不太一样：在肮脏的工业化的美国，随处可见种族歧视、不平等、劳工冲突和偶尔失业，我成长在这样一个国家里，很难认同这就是一个资本主义的黄金年代。肯尼迪总统曾谈到过"水涨船高"；在他当政的20世纪60年代，[2]这些话可能多少有一丝的真实，但到了半个世纪之后，这显然就讲不通了。

最让我感到不安的是，奥巴马政府对经济危机的应对方式似乎也拘泥于涓滴经济学：只要给银行足够的钱，经济就会复苏。我还是主张使用更大规模的"反向涓滴经济学"——拿钱去帮助数百万失去自己房子的美国住宅业主，经济将从中受益。这样做甚至还能帮到银行，因为这会对房地产市场产生积极影响、降低住宅抵押贷款的违约率并提升整体经济的实力。

《美国黄金年代的神话》也完成于美国前财政部长蒂莫西·盖特纳出版他的新书《压力测试》之后不久，他在书中试图大胆地为其本人和政府在危机期间的政策做出辩护，但在我看来，他没有成功。这些人所担心的是，帮助资不抵债的住宅业主对那些一直保持资信良好、不需要任何帮助的业主是不公平的。从长计议，这样做会打压购房者应该具有的谨慎——这就是经济学家所熟知的"道德风险"。

我一直都没有想明白，盖特纳（银行界的很多人也一样）怎么能够接受这种程度的双标。按照他们的逻辑，救助行为不端的银行不仅对其他运营良好的银行不公平，而且对饱受银行不当行为之苦的数百万美国人也不公平。这相当于帮助施害者，而让受害者自生自灭。如果真想找出其中存在着道德风险的蛛丝马迹，银行家已经提供了线索：无论是发生储贷丑闻时的救助，还是应对墨西哥、韩国、泰国和印度尼西亚等危机时的救助，真正得到救助的都是西方的金融机构。但此时此刻，它们又一次得到了救助。相比之下，住宅业主在很大程度上被金融人士的建议所误导，接受了超出自己偿还能力的巨额抵押贷款。他们已经吸取了教训，并不太可能重蹈这样的覆辙。此外，在大量止赎案件的解决方案中，还有很多建议提供债务重组，但这将要求住宅业主放弃自家房屋的大部分产权。政府可没有允许银行如此为所欲为。

# 注　释

1. 我个人在这个领域更多的理论著作包括《歧视经济学的研究方法》（《美国经济评论》62 卷第 2 章，1973 年 5 月，287～295 页）和《歧视性政策和经济性政策的理论》（发表于弗斯滕伯格等人主编的《种族歧视的模式》，马萨诸塞州，列克星敦，列克星敦书店，1974 年，5～26 页）。与安迪·韦斯的合作为"界定现象"的研究奠定了理论基础。"界定"是指银行拒绝向居住在某些区域的人发放贷款的做法。参见斯蒂格利茨和韦斯合写的《不完全信息市场中的信贷配给》（《美国经济评论》71 卷，第 3 章，1981 年 6 月，393～410 页）。之前的研究则阐述的是另外一种观点，即市场力量将会对抗歧视的影响，这也是已故诺贝尔经济学奖得主、经济学家加里·贝克尔在其著作《歧视的经济学（第 2 版）》（芝加哥大学出版社，1971 年）中所表达的。不出所料，他对我的文章很不满意，并给我发了一封电子邮件加以表达。
2. 肯尼迪总统实际上不止在一个场合说过这样的话，包括在 1960 年代称赞圣劳伦斯航道的修建时。

# 马丁·路德·金如何引导我的经济学研究[1]

—

1963年8月28日，我非常幸运地在华盛顿广场的人群中，聆听了马丁·路德·金激动人心的《我有一个梦想》演讲。我当时20岁，大学刚刚毕业。几周之后，我就到麻省理工学院开始了经济学研究生的学业。

在华盛顿工作与自由游行的前夜，我住在一位大学同学的家中，他父亲阿瑟·戈德堡时任美国最高法院的助理法官，并致力于实现经济平等。当时谁能想到，曾经被视为坚决欢迎一个更加平等和包容的美国最高法院，在50年之后竟然成了维护不平等的工具：它允许企业几乎不设上限地支出来影响政治大选，假装投票歧视的遗留问题已经消失，还限制工人和其他原告起诉雇主和公司不当行为的权利。

聆听马丁·路德·金的演讲让我百感交集。尽管我还是一个不谙世事的年轻人，但我这一代人见证了从过去继承而来的不平等，并决心纠正这些错误。我出生在二战期间，我在成长中亲眼见证了悄然而生的变革席卷了美国社会。

作为阿默斯特学院的学生会主席，我曾带领一群同学南下，帮助推进种族融合。我们都无法理解有些人为了要保留种族隔离的旧制度而诉诸暴力。在参观一所黑人大学时，我们强烈地感受到了那里的学生在接受教育上的机会不平等，尤其对比我们自己所在的那所享有特权、世外桃源般的大学。此时的美国社会就是一个倾斜的竞技场，从根基上就不平等。这是对我们从小到大接受并坚信的美国梦的嘲弄。

正是因为我希望自己能够有所作为，去解决这些问题以及我在印第安纳州加里市成长过程中目睹的其他问题——贫困、短期和长期的失业、对非裔美国人无休止的歧视，我才决定成为一名经济学家，而放弃了研究理论物理的早期想法。很快我就发现自己加入了一个奇怪的群体。虽然有一些学者（包括我的几位老师）也非常关心那些把我吸引到这个领域的问题，但大多数人对不平等问题毫不在意；主流学派推崇（被曲解的）亚当·斯密，崇拜高效率市场经济的奇迹。我认为如果这就是我们能得到的最好世界，我倒宁可创建并生活在另一个世界中。

在那个诡异的经济学世界里，失业（如果它存在的话）就是工人的错。芝加哥学派的一位经济学家、诺贝尔奖获得者罗伯特·卢卡斯后来写道："对健全的经济学最有害的那些倾向中，最有诱惑力、在我看来也最有毒的，是对分配问题的关注。"另一位芝加哥经济学派诺贝尔奖获得者加里·贝克尔则会试图证明，在真正具有竞争性的劳动力市场中不会存在歧视。虽然我和其他人写下了多篇论文来驳斥了其中的歪理，但他的观点却被那些有心人接纳了。

与许多回忆过去 50 年的人一样，我也只能为我们当年的愿望与如今所取得的成就之间的差距感到震惊。

的确，某个"玻璃天花板"已然被打破：我们有了一位非裔美国人当上了总统。

但是，马丁·路德·金当年就意识到，对争取社会平等必须要有更宏大的构想：这不仅是一场反抗种族隔离和种族歧视的斗争，还是为所有的美国人争取更大的经济平等和公正的斗争。所以，那场大游行并非无缘无故就被游行的组织者贝雅·拉斯丁和菲利普·伦道夫命名为华盛顿工作与自由游行。

在很多方面，种族关系的缓和一直受到侵蚀，甚至被困扰着这个国家的不断扩大的经济差距所逆转。

遗憾的是，反对公然歧视的斗争还远未结束：在那场大游行发生 50 年之后，在通过《公平住房法》45 年之后，诸如富国银行这样的美国大型银行仍然基于种族歧视，将掠夺性贷款的目标瞄向了美国公民中最脆弱的群体。就业市场上的种族歧视更是无处不在而且根深蒂固。有研究表明，名字听起来像非裔美国人的求职者接到的面试通知更少。歧视以新的形式出现；种族定性仍旧在许多美国城市肆意横行，其中就包括纽约市将拦截盘查当作了标准程序。美国的监狱服刑率全球第一，尽管有迹象最终表明，那些财政紧张的州开始认识到，通过大规模的监禁浪费如此多的人力资本是愚蠢的（如果还没认识到其中的不人道之处）。并且，囚犯中几乎40%是黑人。这一惨剧已经被米歇尔·亚历山大和其他法律学者在其著作中有力地记录下来。

原始数据更能揭露事实的真相：在过去的30年里，非裔美国人（或西班牙裔美国人）和美国白人之间的收入差距并没有显著缩小。2011年，黑人家庭收入的中位数为40495美元，仅为白人家庭收入中位数的58%。

除了收入，我们在财富方面也看到了日益加剧的不平等。截至2009年，白人的财富中位数是黑人的20倍。2007～2009年的"大衰退"让非裔美国人倍感煎熬（其他处于社会经济阶级最底层的人也是一样的）。他们的财富中位数在2005～2009年下降了53%，下降的幅度是白人的3倍多：黑人与白人之间的财富差距创下了纪录。而且后来所谓的复苏对于黑人来说不过是镜花水月（超过100%的收益流向了那最富有的1%的人），不用说，在这个群体中的非裔美国人寥寥无几。

如果马丁·路德·金的生命没有被刺客的子弹终结，谁能设想出他的人生会有怎样的精彩？他被害时年仅39岁，如果能活到今天就84岁了。虽然他可能会支持奥巴马总统的医疗保健体系改革方案，并捍卫总统对老年人、穷人和残疾人的社会保障网络，但很难想象，这样一位道德上的伟人在看到今天的美国之后，除了失望，他还会有其他的感想吗？

尽管名义上还称自己为"机会之地"，但实际上，美国年轻人的未来比其他任何发达国家都更取决于其父母的收入和受教育程度。上一代人的被歧视及教育和就业的机会缺乏，还会这样一代又一代地传下去，永远没法改变！

即便在如今，还有 65% 的非裔美国儿童生活在低收入家庭，如果考虑到社会阶层间缺少流动，这一事实对于他们个人的未来乃至整个国家的未来来说，都不是什么好兆头。

在过去的 20 年里，只有高中学历男性的实际收入大幅下降，而且这一点对非裔美国人的影响尤为严重。

根据加里·奥菲尔德和其他学者的记载，尽管在学校里公开的种族隔离被禁止，但事实上，教育上的种族隔离现象在近几十年里却越发严重了。

部分原因是美国在经济上的种族隔离加剧了。美国经济政策研究所指出，贫困的黑人儿童更有可能生活在穷人聚集的社区——差不多有 45%，而相比之下，贫困的白人儿童仅有 12%。

在今年年初的时候，我已经满 70 岁了。这几十年以来，我的大部分研究工作和公职服务，包括我在克林顿时期任职于经济顾问委员会，之后加入世界银行，都是在致力于减少贫困和不平等。我由衷希望，我没有辜负马丁·路德·金在半个世纪之前的呼吁。

马丁·路德·金正确地认识到了这些持续存在的割裂是美国社会的毒瘤，会破坏美国的民主制度并削弱美国的经济。他告诉我们，过去的不公正绝非不可避免，而且他也同样知道，只有梦想是不足以成事的。

## 注　释

1. 刊登于 2013 年 8 月 27 日的《纽约时报》。

# 美国黄金年代的神话[1]

—

当我在印第安纳州的加里市长大时，我并没有意识到自己有幸生活在资本主义的黄金年代，因为这座密歇根湖南岸的美国工业城市一直饱受种族歧视、贫困和高失业率的困扰。加里市是一座单一的公司城市，是用美国钢铁公司董事会主席的名字命名的。那里曾经拥有世界上最大的综合钢铁厂，并奉行一套进步主义的教育体系，为的是将加里市变成一个由欧洲各国移民组成的大熔炉。但在我出生的1943年，这个熔炉已经显露出裂缝了。为了破坏罢工（确保工人无法完全分享现代技术带来的生产力增长），这家大型钢铁公司从南方的贫穷种族隔离区招来非裔工人。

工厂的烟囱不断向空气中排放着有毒物质。隔三岔五地裁员让许多家庭只能勉强糊口。即使我还是个孩子，我好像就已经懂得，我们所知道的自由市场很难成为维持社会繁荣、幸福且健康的一剂药方。

　　所以在大学求学时，我对自己读到的东西感到十分震惊。当时的标准经济学的课本似乎与我在加里成长过程中的所见所闻毫不相干。书上讲，失业是不应该存在的，而且市场带来了我们能得到的最好世界。但如果这就是现实，那么我决定，我要活在另外一个不同的世界里。尽管其他经济学家痴迷于为市场经济歌功颂德，我还是把许多研究工作集中在寻找市场失灵的原因，并且我花费了大量的精力在麻省理工学院的博士论文中分析不平等的成因。

　　近半个世纪过去了，不平等已经达到了产生危机的严重程度。约翰·肯尼迪本着在我上大学时盛行的乐观主义精神，曾宣布"水涨船高"。如今发现我们几乎所有人都在一条船上——这条船承载了全部靠下层的 99% 的人。其上搭载的是愈加贫困的底层的人和日渐空心化的中产阶级，这与那顶层 1% 的人所乘坐的船完全不同。

　　最让人感到不安的是，人们已经意识到美国梦（关于美国人活在机会之地的说法）就是一个神话。相比包括"老欧洲"在内的其他许多发达国家，如今一个美国儿童的未来人生际遇更依赖于他父母的收入和受教育程度。

　　于是托马斯·皮凯蒂挺身而出，在他的新书《21 世纪资本论》中警告我们，情况只可能变得越来越糟。最重要的是，他认为资本主义的正常状态似乎就是某种极度的不平等。但这与我从研究生课程中学到的是完全相反的。经济学家西蒙·库兹涅茨曾乐观地写下，不平等在经济发展的最初阶段会增加，之后就会下降。尽管历史数据很少，但这个论断在他发表文章时或许是有效的：19 世纪到 20 世纪初，不平等似乎确实在减少。他的论断同样在二战至 1980 年之间似乎得到了验证，在这期间富人和中产阶级的财富都在一同增长。

然而，来自过去30多年的证据表明，前述时期是一个反常的时期。那是一个由战争导致的团结时期，政府尽力做到"一碗水端平"，《退伍军人权利法案》和后来公民权利的进步在某种程度上也表明了美国梦还存在。但现如今，不平等程度再度急速加剧，而且过去30来年的状况也对涓滴经济学的罪责做出了定论，这种观点理想地认为，政府完全可以袖手旁观，如果让富人变得更富并利用他们的才能和资源创造就业机会，那么所有人都将受益。但现在看到的历史数据证明，这个思路完全行不通。

但美国用了很久的时间才理解这其中的危险之处。收入和财富的分配改变得非常缓慢，这就是为什么需要有类似皮凯蒂提供的宏大历史观，才能有所觉察正在发生的事情。

值得讽刺的是，揭穿这个非常"共和党式"的涓滴经济学理念的最终极证据竟然来自民主党政府。为了将美国从另一场"大萧条"中拯救出来，奥巴马总统提出了"银行优先"的对策，即只要把钱提供给银行（而不是提供给那些任由银行鱼肉的住宅业主），经济也就保住了。政府向把美国推到崩溃边缘的银行倾注了数十亿美元，但没有换取任何预设的条款。而国际货币基金组织和世界银行在参与任何的纾困时，一贯要求确保资金被用到指定的方向。但这次，美国政府仅仅表达了对银行维持信用（经济的命脉）流动的一点点希望。从此，银行收紧了贷款，并向高管支付了巨额的奖金，尽管这些人几乎毁掉了银行自身的业务。即使在那之前，我们就知道银行的大部分利润不是通过提升经济效率获得的，而是通过剥削而来的——通过掠夺性贷款、滥用信用卡和垄断定价等行为。而它们的全部罪行（比如，通过非法操纵关键利率和外汇汇率，影响了价值数百万亿美元的衍生品和抵押贷款）才刚刚开始为人所知。

奥巴马发誓要制止这些滥用行为，但到目前为止，只有一位银行高管（以及为数不多的中低层级员工）被送进了监狱。总统的前财政部长蒂莫西·盖特纳在他的新书《压力测试》中想要大胆地为政府的行动辩护，但并没能说服人们相信，政府当时别无选择。但盖特纳显然过分地担心帮助资不抵债业主的"道德风险"（换而言之就是鼓励随意借贷的习惯），同时似乎毫不在意帮助银行所产生的道德风险，或不关心银行怂恿过度举债和兜售抵押贷款的后果，后者让穷人和中产阶级承担了超过其承受能力的风险。

事实上，盖特纳就是在找理由为政府的所作所为进行辩护，但这只会让我更加确信，整个体制都被人操控了。如果那些负责做出重大决策的人被1%的人和银行家"认知绑架"，他们就会认为唯一的选择是将数千亿美元拨给那些造成危机的罪魁祸首，而让工人和住宅业主留在泥潭中，那么这个体制就是不公平的。

这一做法进一步加剧了这个国家最紧迫的问题之一：日益加剧的不平等。只有拥有充满活力的中产阶级，经济才能全面复苏，并且实现更快速的增长。不平等程度越高，经济增长就越慢——这一结论现在甚至得到了国际货币基金组织的认同。由于不太富裕的人消费占收入的比重要高于富人，所以只要他们能够有更多的收入，他们就会增加消费需求。当需求扩大之后，就业机会就会被创造出来：从这个意义上讲，普通的美国人才是真正创造工作岗位的群体。因此，不平等的代价极其昂贵：以更低的增长及更多的不稳定为特征的疲软经济。这个结果并不难理解。

这一切也不是不可阻挡的经济铁律造成的；而是政策和政治的后果——我们做了的以及我们没做的。如果美国的政治导致那些从资本中赚取收益的人得到优惠的税收政策，如果美国的教育系统让富人的孩子上了最好的学校，而穷人的孩子只能去一般的学校，如果美国的富人才能独享才华横溢的税务律师以及用于逃避大量税款的离岸金融中心，那么出现高度的不平等和机会的匮乏也就不足为奇了。如果任由这些政策持续下去，这些情况将会越来越糟。

而且现在也很清晰，这样高度的经济不平等已经转化为全新形式的政治不平等——不平等程度糟糕到我们将美国的政治体制描述为"一美元一票"，而不再是"一人一票"。2010 年 1 月，美国最高法院对"联合公民案"的裁决赋予了企业比普通人更大的权力去影响政治，而无须企业或其管理人员承担真正的责任。最高法院在今年对"麦克卡森案"<sup>⊖</sup>的后续判决，取消了个人向国家候选人和政党捐款的总金额限制。所以在今天，越富有的人就越有能力影响政治进程和由此产生的经济决策，并且操纵政治使之完全有利于 1% 的人。由此看来富人会变得越来越富，这又有什么值得奇怪的呢？

救助行动已经过去 6 年了，奥巴马政府小心翼翼但又慢慢吞吞地开始调整他们对"大衰退"的认识。就连盖特纳本人，在他的书中也认同应该采取更多的措施。但别忘了，总的资源是有限的，决

---

⊖ 麦克卡森案的判决废除了个人和机构捐赠累积上限。

策者必须要把钱押在他们认为最有效的地方。问题就出在这里：听信了银行家的话，毫无疑问他就会把钱押在银行家身上。甚至在奥巴马就职之前，我就曾呼吁要更多重视住宅业主：我们应该至少在涓滴经济学中加入一点点"反向涓滴经济学"。但因为奥巴马政府向金融业的既得利益者寻求建议，那些与我观点相同的人遭到了冷遇。

奥巴马的支持者感到很困惑，这个国家似乎对那届政府阻止了另外一次"大萧条"并不心怀感激。奥巴马政府拯救了银行，而且通过救助银行，他们还将经济从百年一遇的风暴中拯救了出来。并且他们还自豪地指出，交给金融业的钱已经全都偿还了。然而，在他们大言不惭之际，他们忽视了一些关键的问题：这场危机到底是如何发生的？这就是一系列草率行为的结果，就是放松管制以及对仅剩的监管措施执法不力的"可预见之注定后果"，就是全盘接受了那1%的人和银行家的观念的下场——盖特纳和他的导师、前白宫经济顾问拉里·萨默斯在最后一点上负有不可推卸的责任。这就好比一场因酒后驾驶引起的交通事故，但由于刚才请司机喝酒的就是现场执勤的那位警官，所以醉酒司机被释放了，他的车也急匆匆地被送到了修理厂，而只有受害者被留在了事故现场苦苦挣扎。

再看所谓的"偿还"，如果有任何一场骗局能做到类似的结果，那个行骗的人就会感到相当的骄傲。美国政府在美联储的赞助之下，以近乎为零的利率借钱给了银行。接下来，银行又按照2%～3%的利率反手将钱借给了政府。这中间的"利润"则以偿还政府"投资"的形式返还给政府；与此同时，银行的高管还因他们为银行"赚到"高额回报而获得奖金——即使换个12岁的小孩也能这样赚到钱。这到底还是不是资本主义？在一个真正的法治世界里，酒后驾车的司机不但需要自己花钱修理汽车，还要赔偿自己造成的全部损失——在这场危机中的 GDP 累计损失金额，如今算来已经超过 8 万亿美元，后续还在以每年 2 万亿美元的速度增加。银行复原了，然而普通美国人的收入却骤降到了 20 年以来的最低水平。由此不难理解，人们为什么会对当前的政府抱有怨气。

产生怨气的原因并不是政府官员所说的沟通失败，问题是美国人都亲眼见识了他们的所作所为。在救助发生前、救助过程中和救助完成后，在美国国内一直都有关于不同行动方案的有益讨论，像希拉·贝尔、伊丽莎白·沃伦、尼尔·巴罗夫斯基、西蒙·约翰逊、保罗·克鲁格曼，还有其他的左、中、右翼批评家无不各领风骚（至少在学术界的辩论和公众的认知中），但究其原因并非在于他们是更好的沟通者，而是因为他们提供的信息更令人信服——存在其他拯救经济的方式，不但更平等，还会产生更强劲的经济。相反，美国的政治和经济现在深陷了一个恶性循环：经济不平等产生了政治不平等，而这种政治不平等又导致了规则的改写，进一步加剧了经济不平等……如此反复。最终呢？人们对美国的民主越来越失望。

情况很可能会进一步恶化。最新的研究还发现了其他各种恶性循环。贫困陷阱意味着那些处于底层的人难以翻身。贫穷的父母养出来的孩子即使在学校中表现得再优异，前途也远不能与那些富人家的差学生相比。来自收入后 25% 家庭的美国大学新生到 24 岁之前只有一半能毕业，而收入前 25% 家庭的大学新生中，这个比例是 90%。并且，只有高中文凭的那些人的工资仅为普通大学毕业生收入的 62%（但在 1965 年这一比例为 81%），明显这些人的成功机会还不如他们父母那代多。

同时，降低资本利得税和遗产税让继承而来的财富越发庞大——这实际上会产生美国的新财阀政治。正像我很久以前在博士论文中所指出的，这甚至有可能让财富越来越集中在特定的少数人手中，皮凯蒂同样也强调了这一点。共同繁荣是我年轻时候这个国家黄金年代的标志（那时每个群体的收入都在增长，而底层人群的收入增长最快），但这也一去不返了。

然而，也许是我太单纯了，我甚至还相信，这不能全部归罪于资本主义：更多源于美国政治的瘫痪以及一场仍认为政府是头号问题的辩论，在这场延续至今的大辩论中，任何进步性思想都会遭到排斥。我作为经济学家，本职就是"事后诸葛亮"般批评市场以及展示市场的不完美，但市场可以成为提高所有人生活水准的强大力量。然而我们需要一种平衡，类似于美国在 20 世纪中期那样，当时的政府扮演了一个具有进步性的角色。否则，我担心受操纵的经济和政治制度将会给美国留下永久的创伤，那个制度在很大程度上已经造就了今天的不平等。

当我生活在加里市的时候，正值当地雾霾呛人的"黄金年代"，没有人能够看清楚这座城市的未来。我们不知道，也不会去谈论，美国即将发生的去工业化。换句话说，我当时根本没有意识到，在我上大学离开加里市时的那种惨状，实际上竟是加里市在之后的岁月里所能得到的最好结局。

我担心美国今天可能正在同样的处境里。

## 注　释

1. 刊登于 2014 年 7 月、8 月的美国政治新闻网。

# 第三部分

# 不平等的诸多方面

—

　　美国与其他国家一样，在很多方面都存在不平等，它们各有特点。有些国家在某个方面做得差，但在其他方面却优于他国。顶层人群的内部有不平等——到底是 1% 的人还是 1‰ 的人获取的收入比例更大；底层人群的内部也有不平等——这要看贫困人口的数量以及他们的贫困程度；有医疗健康、接受教育机会、政治发言权和安全保障房的不平等；还有性别和儿童贫困的不平等；也许最重要的就是机会的不平等。

　　当然，不平等是相互关联的：童年贫困、获得教育和医疗的不平等，基本上就注定了不会有平等的机会。越来越多的证据表明，收入不平等程度越高的国家（或地区），就是机会更不平等的地方，这就解释了，为什么发达国家中收入最不平等的美国，已经成为机会最不平等的发达国家之一。与其他发达国家相比，一个美国年轻人的未来更取决于他父母的收入和受教育程度。

　　本书这一部分所选取的文章，对这些不平等的一些关键方面做出了特定的研究，第一篇就是《机会公平：美国的国家神话》。关于这个话题，在这里提到的许多内容在后面的文章中都有所呼应。比如，儿童贫困似乎是道德上的错误，因为儿童无论如何也不应当为自己所处的困境负责；但不解决儿童贫困，我们对机会不平等就束手无策。然而，正如我在联合国儿童基金会为纪念《儿童权利公约》通过25周年而写的一篇文章中指出的那样，美国有五分之一的儿童在贫困中长大。

在《学生债务和美国梦碎》一文中，我讨论了美国更为严重的不平等现象之一：接受高等教育机会的不平等。反过来，接受高等教育机会的不平等也成了美国不再是机会之地的原因之一。尽管美国曾经是大学毕业生人口占比最高的国家，但现在它的排名下滑了。更致命的是，教育的不平等固化了阶层的优势和劣势：在美国1980年左右出生的人口中，那些收入靠后的25%的人只有9%拥有大学学位。

造成这种现象的一个原因就是高等教育的昂贵学费。其他一些国家提供了免费的高等教育，或者给予了更多的教育补贴。在2008年金融危机之前，美国就做得很差，之后情况变得更糟了。随着财政收入的恶化，州政府减少了教育补贴，而各家大学只能被迫提高学费。就如同美国人过度举债购买房产一样，他们现在为了筹措教育费用也不得不债台高筑——学生贷款的总额远超1万亿美元，平均每个大学生在毕业时要承担3万美元的债务。这一趋势的宏观经济后果将在未来显现——这对年轻人决定是否买车、买房，甚至婚育都有影响。而它的微观经济后果更是无孔不入的——到底要不要上大学就让年轻人感到进退两难，一方面他们明白如果放弃接受高等教育，自己的前程必然无望，但另一方面如果上了大学，自己一毕业就要背上沉重的债务。

在这篇短文中，我没有回答那个显而易见的问题：在美国这样一个预算严重紧张的国家，我们是否还有其他的选择？实际上，有两种方案。其一，有一些远比美国贫困的国家已经决定将全民教育作为优先事项，并提供免费（或更多补贴）的大学教育。比如，奥巴马总统在2015年就曾提出一个倡议，让社区大学为符合条件的学生敞开免费的大门。而且这同样是2014年苏格兰独立公投中的一个重要事项——尽管英格兰在过去的15年里仿效美国一直在大幅提高学费，但苏格兰自始至终都为年轻人提供免费教育。其二，就是效仿澳大利亚。该国政府以低利率发放学生贷款，但在偿还时会根据他们毕业后的收入进行调整，收入高的多偿还一些，收入低的就少偿还一些。这种方式不仅能避免像美国制度那样（以及私人债主的盘剥）给年轻人造成的巨大压力，还能让年轻人根据自己的爱好和能力去选择职业。澳大利亚的年轻人可以从事他们感兴趣的职业，而无须忧心还款的问题。法律专业的学生可以下决心钻研收入较低的公益法，而不必为了柴米油盐而委身于公司法。这一切对整个社会的好处是显而易见的。

《部分人的公正》讨论了美国不平等特别令人讨厌的一个方面——缺乏平等地获取公正的途径。美国的少年儿童每天早上都要对着国旗宣誓，誓言中有一个关键句是"人人享有公正"。然而渐渐地，美国越来越容易被描述为"让付得起钱的人享有公正"。这一点在美国的刑事司法系统中表现得淋漓尽致。美国将本国公民送入监狱的比例，比其他任何另一个国家都要高：美国人口不到世界总人口的5%，却拥有全球25%的囚犯。20岁左右本该是待在学校里的大好年纪，但在那些穷人和非洲裔美国人当中却有很多的年轻人要在监狱里度过这段时光。[1]

这篇文章在美国房地产危机的背景下讨论了这个问题，尤其是其中的一个方面："机器人签名危机"。在银行急于发放不良抵押贷款之际，它们根本就不重视记录的保存。当不可避免的房地产危机爆发时——这距离银行很乐意借钱给人们买房还没过几年，又到了把这些人从他们自己的家中赶走的时，银行这才发现对借款人和抵押物的记录存档简直是一团乱麻。美国许多州都有这样的法规，只要银行单方面签署一份书面证明，声明自己已经检查过记录，就可以宣布丧失抵押品赎回权的个人确实欠下银行所认定的金额。被指控的穷人当然可以花钱为自己辩护——但这就是美国穷人面对的难题：获得公正的价格是高昂的。这些银行实际上对法庭撒了谎,而且它们一次又一次地撒谎。未欠债的人也被扫地出门。

文章中提出了一个让人感到不安的问题:美国人认为自己国家的一大优势就是依法而治,但这是真的吗?法治就应该保护弱者不受强者的侵害,也意味着法律应当不偏不倚地被公正执行。美国有禁止做伪证的法律,有旨在保护人民财产免遭不当剥夺的法律。但面对银行家,这些法律都形同虚设——没有一个人因为这种严重的司法不公而银铛入狱。只要能更有效地执行关于掠夺性和歧视性贷款的法律,只要美联储能对抵押贷款市场的贷款执行标准做到基本尽责,我们就可以将这场抵押贷款危机防患于未然。

在我与穆迪的首席经济学家马克·赞迪合写的《拯救美国房地产的最后一招》中,我们认为在房地产危机出现时还存在不一样的应对之策——借鉴曾在"大萧条"时期行之有效的一种思路,这能让政府不花费一厘。俄勒冈州参议员杰夫·默克利提出的一项名为《重塑美国住房所有权》的法案本来也可以成功地实现这个目标,甚至还有一套在当时政坛掣肘下具体操作的策略。可惜,我们没能说服奥巴马政府。

后来奥巴马政府承认自己在政治和经济上的一个重大失误就是未能针对住房问题采取更多措施。钱都给了银行,却对正在失去住宅的普通美国人几乎一毛不拔。倒是有几个小项目,总计规模有几十亿美元,但都是雷声大雨点小,最终每一个项目的结果都让人感到失望。只有极少数的住宅业主得到了救助。政府也从未充分解释过,为什么它没有支持一个更划算的提议,或者我和其他人提出的替代方案。[2] 也许是因为政府从未深思过危机的严重程度;也许是因为它们太痴迷于拯救银行,认为把关注点和金钱放在其他地方都是错误的;也许是因为它们对银行家过于言听计从,那些人宁可指责借款人,也不会反省自己的放贷方式;也许是因为许多提议(不包括我这个)都需要银行先确认惊人的损失;也许是因为银行家希望能继续剥削住宅业主,如果像我的方案一样给业主提供再贷款的选项，那么就会限制银行家的剥削。

这部分的倒数第二篇文章涉及了美国不平等中最令人不安的两个方面：儿童贫困和医疗保健不平等。儿童时代的贫困会对一个人造成终生的影响，而美国的儿童贫困问题在发达国家中是最严重的。因为相当大一部分美国人没有机会人尽其才，这对经济的整体表现必然存在严重的影响。美国儿童深受美国成年人的不平等加剧和公共项目遭到掏空之苦，公共项目提供的不仅有安全保障体系，还有普通公民所依靠的福利。确实，如今的美国真是江河日下，想象一下如果让一个人在出生前选择自己的国籍，但不能选择自己的父母（可能是富人或者穷人，也可能是百万富翁、管道工或教师），单从统计数字来分析，为了自己的前途有更大的确定性，他也绝对不会选择美国。当然，如果他知道自己会出生在一个富裕之家，并且能够受到良好的教育，确信自己会跻身食物链的顶端，他就绝对会选择美国。但其他状况的家庭就免谈吧。

最后一篇文章写于埃博拉疫情在西非肆虐之际，人们对埃博拉可能会传播到美国而感到恐慌。埃博拉爆发的地区有两大特点：高度的贫困和医疗服务匮乏。想要应对这种程度的危机，我们就要依靠政府，而不是私营机构；但是经费不足削弱了国内和国际公共机构的行动能力。这篇文章最后得出结论，由于人们在意识形态上信奉医疗保健应该由私人提供和资助，尤其是在减少医疗保健不平等上做得不够，我们（包括美国和全世界）正在付出高昂的代价。

在结束这部分之前，我还想强调，这一部分我只涉及了美国大鸿沟在许多方面中有限的几个。特别是，我没有提及性别和种族的割裂；尽管性别差异有所缩小，但依旧不容乐观；然而，种族不平等的改善程度的确让人失望。当然，美国也取得了一些标志性的成就——比如一些首席执行官的肤色和奥巴马总统本人的当选就是明证。但白人和非洲裔美国人之间的收入差距实际上已经扩大，财富差距继续扩大，而且这一点在"大衰退"之后更加明显。

同样，我也没有讲述美国的中产阶级是如何被掏空的。

这一部分的文章为后面的内容做了铺垫，之后的几部分我们将继续探讨日益加剧的不平等的原因。

## 注　释

1. 有些人认为这一现象并非偶然，而是对长期肆虐于美国的种族歧视政策的延续。特别参见米歇尔·亚历山大所著的《新种族隔离主义》（第 2 版，2012 年）。
2. 比如参见斯蒂格利茨所著的《自由市场的坠落》（纽约：诺顿出版社，2010 年）。

# 机会公平：美国的国家神话[1]

一

奥巴马总统在他第二任期的就职演说中，激情澎湃地重申美国将致力于实现机会公平的梦想："当一个出身贫寒的小女孩意识到，自己和其他人一样有机会获得成功，因为她是美国人，我们忠于我们的信条；不论在'上帝'还是在大家眼中，她都是自由平等的。"

理想和现实之间的差距太大了。如今，美国的机会公平程度几乎低于其他任何一个发达工业国家。一项又一项的研究已经揭露，美国所谓的机会之地就是一个神话。最为悲剧的是，尽管美国人可能对结果平等的诉求有所差异，但几乎所有人都一致同意，机会不平等是无论如何也行不通的。皮尤研究中心发现，大约90%的美国人认为政府应该尽其所能确保机会的公平。

也许在100年前，美国可以理直气壮地宣称自己是机会之地，或者至少这片土地上有着比其地方更多的机会。但至少在最近的 25 年里，一谈到阿尔杰式白手起家的故事，虽然不绝对是个精心策划的骗局，但考虑到它哄骗美国人产生出的自鸣得意之感，估计也相差无几。

阶层的流动并不是绝无可能的，但至少当下美国人向上层流动已经成为小概率事件。根据布鲁金斯学会的研究，出生在收入最底层 20% 的美国人中只有 58% 能离开那个阶层，而其中不超过 6% 会跻身到最顶层。美国经济地位的流动性低于大多数的欧洲国家，也低于斯堪的纳维亚半岛上的全部国家。

评判机会公平的另一种方法是，观察一个孩子的生活机会有多大程度取决于他父母的受教育程度和收入水平。贫困或受教育程度低的父母所生的孩子获得良好教育并跻身中产阶级的可能性，是否与拥有大学学位的中产阶级父母所生的孩子一样？即使在一个更加平等的社会中，这个答案也是否定的。但是，美国人的未来前途对其父母的收入和受教育程度的依赖程度，几乎高于任何其他有数据可查的发达国家。

对此我们应该如何解释呢？有一部分原因是长期挥之不去的各种歧视问题。拉丁裔和非洲裔美国人的收入仍旧比白人低，女人的收入仍旧比男人低，即使近年来女性获得的高等学位数量已经超过了男性。职场上的男女不平等状况比之前有所改善，但玻璃天花板依然存在：女性获任公司高层职位的比例严重偏小，在首席执行官当中的比例更小。

歧视对机会公平有一定的影响。但更重要的问题出在教育上：教育的质量和数量。在二战结束之后，欧洲在教育系统民主化上做出了许多努力。美国也通过了《退伍军人权利法案》，将高等教育扩大到美国经济的各个阶层。

但后来美国在几个方面发生了变化。尽管种族隔离有所减少，但经济隔离增加了。在 1980 年以后，穷人变得更穷，中产陷入停滞，而顶级富人却过得越来越好。生活在贫民区的人与住在富裕郊区的人（或有足够的钱将子女送入私立学校的人）之间的差距扩大了。结果就是两处的教育成绩也不断拉开差距——斯坦福大学的社会学家肖恩·里尔登发现，2001 年出生的富人和穷人孩子之间的成绩差距比 25 年前出生的孩子增大了 30%～40%。

当然，还有一些力量在起作用，其中一些甚至在出生前就已经注定了。富裕家庭的儿童能更多地接触阅读，并更少地受到环境的危害；他们的家庭有足够的钱让他们获得丰富的经历，比如音乐课和夏令营；他们能获得更丰富的营养和更充足的医疗保健，从而直接和间接地促进他们的学习。

除非目前的教育趋势得到逆转，否则情况很可能会进一步恶化。在某些情况下，仿佛政策的制定在本质上就是为了造成机会的减少：很多州立学校得到的政府资助在过去的几十年里一直在逐步减少——尤其是最近几年特别明显。与此同时，学生往往被即使破产也无法免除的助学贷款债务压得喘不过气来。而在如今的这个时代，大学教育对于找到一份好工作，比以往任何时候都要重要。

　　来自一般家庭的年轻人要面临类似《第二十二条军规》中的困境：如果没有接受大学教育，他们的一生注定要前途渺茫；但如果上了大学，他们也注定会生活拮据。而且越来越明显的是，对于一些机会，甚至连大学学位都已经不够格了，人们要么拥有研究生学历，要么需要一连串的实习经历（通常是无薪的）。那些处于社会顶端的人有足够的人脉和社会资本来获得这些机会，而那些处于中下层的人们只能有心无力。但问题是现在没人能单靠自己取得成功，社会顶层的人从家庭得到的帮助比社会底层的人要多得多。政府就应该助力打造公平的竞争环境。

　　美国人开始意识到，他们所珍视的"美国的社会阶层和经济地位充满流动性"的说法是一个神话。整个国家已经饱受了几十年的自我欺骗，这样程度严重的欺骗很难再长期维持下去了。

　　如果不去实质性地改变政策，美国人的自我印象以及美国在世界上的形象将会崩塌，并且美国的经济地位和稳定性也会降低。正如普林斯顿大学经济学家、白宫经济顾问委员会主席艾伦·克鲁格所强调的，结果的不平等和机会的不平等将会彼此加强，并带来经济疲软。所以，挽救美国梦不仅在道德上有意义，还关乎经济利益。

　　促进机会公平的政策必须要针对最年轻的美国人。首先，我们要确保母亲不再暴露在危险的环境下，并接受全面的孕期保健。然后，我们要扭转对学前教育破坏性的资金削减，奥巴马在之前强调了这个问题。我们必须保证每一名儿童都能够得到足够的营养和保健——我们不仅必须提供资源，而且要在必要时给家长以足够的激励，指导、培训甚至奖励，以便他们能成为子女的良好看护人。右翼人士认为不能用钱来解决问题，他们一直推行诸如特许学校和私立学校学券计划等改革方案，但其中绝大部分的努力成果充其量不过是毁誉参半的。向困难的学校提供更多资金是有用的，能丰富低收入家庭学生技能的暑期和课外活动也有同样的效果。

最后，像美国这样一个富裕的国家让中下层的人难以获得高等教育，这是不合情理的。从澳大利亚与收入挂钩的贷款项目到欧洲近乎免费的大学教育体系，能提供普及高等教育的方式有很多。受教育程度更好的人口会带来更强大的创新、更稳固的经济和更高的收入水平——也意味着更高的税基。当然，这些好处就是美国长期以来一直保障 12 年免费公立教育的原因。12 年级的教育程度在一个世纪之前可能已经足够好了，但在今天却远远不够。然而，美国还没能让国内的教育制度跟上时代。

我所勾勒的这几个步骤不仅是代价不高的，而且是刻不容缓的。然而，更重要的是，我们无法承担让国家远离绝大多数美国人共同理想的后果。我们永远无法完全实现奥巴马先生在演讲中陈述的愿景，即让一个贫穷女孩拥有与富裕女孩完全平等的机会。但我们可以付出更多，做得更好，而且不达目的决不罢休。

## 注　释

1. 刊登于 2013 年 2 月 16 日的《纽约时报》。

# 学生债务和美国梦碎[1]

———

在美国（以及其他几个发达的工业化国家），有这样的一出闹剧已经让人司空见惯：银行家鼓动人们寅吃卯粮地去借贷，专门坑害那些不怎么熟悉金融的人。他们还利用自己的政治影响力，来获取这样或者那样的优待。有人债台高筑，在记者的报道中，还有人因此而丧生。那么让人感到不解的是，我们怎么能允许这种事情一次又一次发生呢？官员们信誓旦旦要弥补过错。最恶劣的滥用行为遭到了一些反制。人们渡过了难关并认为危机已经消退，但他们猜测下一次危机很快会再次上演。

即将要爆发的危机会涉及学生债务和高等教育融资。就像之前的房地产危机一样，这场危机也与美国日益加剧的不平等密切相关，当处于社会底层的美国人努力往上攀爬时，很多人不可避免地会遇到困难——甚至有些人会跌落到比他们的起点还低的位置。

在上一场危机还未得到彻底解决之前，这场新危机就已经出现了，这两场危机相互影响，形成一团乱麻。在二战后的几十年里，拥有房产和大学学历成为在美国成功的标志。

在房地产泡沫破裂之前的 2007 年，银行说服中低收入的住宅业主把自己的房产和公寓当作存钱罐，引诱他们拿房屋净值申请贷款——最终，数百万人失去了他们的房子。还有一些情形，银行、抵押贷款经纪人和房地产经纪商鼓动潜在购房者超出自身还款能力去借钱。那些金融奇才一边鼓吹自己在风险管理方面的才能，一边出售早晚要暴雷的有毒抵押贷款资产。他们将可疑的贷款资产打包成复杂的金融工具，卖给那些毫无戒心的投资人。

所有人都意识到教育是上升的唯一出路，但在一个 21 世纪的经济体中，随着大学学位对个人的成功越发重要，教育对那些不是生来富有的人也越发难以负担。身背贷款的大四学生在毕业时要欠下超过 2.6 万美元的学生债务，这相当于在短短的 7 年之内增加大约 40%（不考虑通货膨胀）。但像这样的"平均值"实际上抹平了巨大的差异。

根据纽约联邦储备银行的数据，在所有年龄段的学生贷款借款人中，有差不多 13% 的人欠款超过 5 万美元，有近 4% 的人欠款超过 10 万美元。这些债务超出了毕业生的偿还能力（尤其是在当下这种几乎没有新增就业的复苏时期）；现实数据也表明，逾期率和违约率正在飙升。截至 2012 年底，约 17% 的学生贷款借款人逾期 90 天或更长时间。如果只计算还在还款的人（不计算那些暂停还款或贷款延期的人），那么就有超过 30% 逾期 90 天或更长时间。在 2009

财年发放的联邦贷款中，刚满三年贷款的违约率超过 13%。

美国的大学费用让学生及其父母背上的负担，在所有的发达工业化国家中算是独树一帜的。美国大学学历（包括公立大学）的高昂学费在同类国家中也是出类拔萃的。四年制本科的平均学费和食宿费现在已经上涨到每年近 2.2 万美元的水平，而 1980～1981 年的平均学费和食宿费还不到 9000 美元（经通货膨胀调整）。

相比这上涨了一倍多的学费，家庭收入的中位数却停滞不前，从 1980 年的 4.6 万美元（经通货膨胀调整）微微上涨到现在的 5 万美元左右。

与其他许多问题一样，学生债务的问题在"大衰退"期间也发生了恶化：公立大学的学费在过去的五年里上涨了 27%（部分原因是政府削减了资助），但人们收入的中位数却下降了。在加利福尼亚州，扣除通货膨胀因素后，两年制社区公立大学的学费（对于较穷的美国人来说，这往往是向上流动的关键）从 2007～2008 年度到 2012～2013 年度上涨了一倍多，而四年制公立学校的学费在同期也增加了 70% 以上。

由于费用猛增、收入停滞以及政府资助的缺失，学生债务的总金额在去年毫无悬念地超过信用卡债务总额，达到了 1 万亿美元左右。有责任心的美国人已经学会了如何控制他们的信用卡债务（许多人已经放弃使用信用卡，改用借记卡，或者对发卡人收取的高利贷利率、费用和罚金做到了然于胸），但控制学生债务的难度更大，也更让人感到不安。

　　然而，控制学生债务就等于限制他们在社会上和经济上的机会。大学毕业生比起没有大学学位的人，每年要多挣 1.2 万美元；这比 1980 年时多增了几乎两倍。美国的经济越来越依靠知识密集型产业。无论货币战争和贸易平衡的最终走向如何，美国都不会回归到以纺织品为代表的制造业。而且，大学毕业生的失业率比仅有高中文凭的人要低得多。

　　作为"赠地大学"<sup>⊖</sup>、促进教育机会公平的《退伍军人权利法案》，以及从加利福尼亚州到密歇根州再到得克萨斯州等一系列世界一流公立大学的发源地，美国已经跌出了全球大学教育的榜首位置。因为如鲠在喉的学生债务问题，美国的排名很可能会进一步下滑。经济学家所说的"人力资本"就是投资于人，这才是长期增长的关键。一个国家要想在 21 世纪具备竞争力，就必须拥有受过高等教育的劳动力，即拥有大学和高等学位的人。相反，美国正在丧失国家的未来。

　　学生债务更是拖累了自 2009 年开始的缓慢复苏。它对消费的抑制阻碍了经济的增长。它还阻碍了房地产行业的复苏，而"大衰退"正是始于这个行业。

　　房价好像还在上涨，这是事实，但房屋建设远未达到 2007 年泡沫破裂前的水平。

---

　　⊖　1862年美国国会通过了《莫雷尔法案》（亦称《赠地法案》），规定各州凡有国会议员1名，拨联邦土地3万英亩，用这些土地的收益维持、资助至少一所学院，而这些学院主要开设有关农业和机械技艺方面的专业，培养工农业急需人才。1890年又颁布第二次《赠地法案》，继续向各州赠地学院提供资助，到19世纪末，赠地学院发展到69所。这些学院后来多半发展为各个州的州立大学。——译者注

那些身背巨额债务的人往往在承担额外的家庭负担之前而心怀谨慎。但即使他们想这样做，获得更多的抵押贷款也是非常困难的；哪怕能得到贷款，恐怕数额也会小很多；受此影响，房地产行业的复苏会更加疲软。（一项针对美国罗格斯大学毕业生的研究显示，40% 的人推迟了重大的购房计划；四分之一的人因高负债影响了家庭的组建或接受更高的教育。另一项研究也表明，在 30 岁左右且曾经有过学生贷款的群体中，房产的拥有率在经历了"大衰退"以及其余波后下降了 10%。）

这就形成了一个恶性循环：住房需求的减少导致就业机会的减少，进而影响到了家庭的组建，最终反过来又导致住房需求进一步下降。

屋漏逢雨。随着预算压力的增大，加之需要削减"可自由支配的国内项目"（即 K12 教育补贴、为贫困孩子上大学提供资助的佩尔奖学金、科研经费等），学生和家长不得不自力更生。大学费用的增加还要继续快于收入增加。正如我们反复见证的，自"大衰退"以来的所有经济收益都流向了那最富有的 1% 的人。

另外还有一个臭名昭著的特点：学生贷款在破产程序中几乎无法被免除。

幸好我们还远没有到狄更斯笔下"债务人监狱"的程度。我们不会把欠债的人发配到流放地，或让他们卖身抵债。尽管个人破产法律已经有所收紧，但其既定的原则并没有发生变化，即允许破产的个人从头开始，让他们有机会摆脱掉过度的债务。这有助于债务市场更好的运行，也能让放贷人有动力去仔细评估借款人的信用可靠度。

然而，学生贷款几乎不可能在破产法庭上获得免除——即使所谓营利性的学校没能兑现之前的许诺，没能为借款人提供合格的教育，令其获得一份薪资足以偿还贷款的工作。

对于这些无法让学生毕业的营利性学校，即学生找不到工作，进而导致贷款违约，联邦政府就应该终止对它们的资助。

值得赞扬的是，奥巴马政府尽量更强硬地对付这些用虚假承诺引诱学生的掠夺性学校。根据最新的规则，学校必须满足三项标准之一，否则它们将失去获得联邦学生助学金的资格：至少35%的毕业生还在偿还贷款；大部分的毕业生估计每年偿还贷款的金额不高于其年收入的12%；年还款额不超过其可自由支配收入的30%。但在2012年，一名联邦法官因政府专断权的问题而废止了这些规定；这些规定重新成了法律的模糊地带。

掠夺性的营利性学校联合掠夺性的贷款机构，简直成了美国穷人身上的吸血鬼。这一类学校甚至将黑手伸向了曾在伊拉克和阿富汗服役的年轻退伍军人。由于学生贷款往往需要父母共同签署，在一些令人心碎的故事中，即使学生本人遭遇意外身亡或死于癌症或其他疾病，他的父母也无法轻易免除这些债务。

联邦"斯坦福贷学金"的利率在7月将要提高一倍，达到6.8%。周五传来了一个好消息：由于共和党人回心转意，近期会暂缓利率的提升。但这只是暂时的缓解，而并不能解决根本的问题：如果美联储愿意按照 0.75% 的年利率借钱给引起危机的银行，难道就不能按照同样恰当的低利率贷款给学生吗？他们才是美国长期复苏的关键。政府最不应该做的就是从最穷的人身上获利，同时补贴给最富的人。马萨诸塞州民主党参议员伊丽莎白·沃伦关于降低学生贷款利率的提案就是朝着正确方向迈出的一步。

除了对营利性学校以及与之沆瀣一气的银行加强监管，制定出更人性化的破产法之外，我们必须给辛辛苦苦将子女送入大学的中产阶级家庭予以更多的支持，确保他们的生活水平至少不会差于他们的父辈。

但是真正的长效解决方案需要重新考虑资助高等教育的方式。澳大利亚就设计了一套公开提供并与收入挂钩的贷款体系，让所有学生都申请。还款金额根据毕业后的个人收入而有所调整。这就让施教者和受教者的利益保持一致，双方都有动力确保学生的前途。这代表一旦有不幸发生，比如疾病或事故，还款的义务将自动减少，也意味着债务的负担总是与个人的偿还能力相匹配的。还款利用的是国家税务系统，也能最大限度地降低管理成本。

有人会好奇，机会公平的美式理想是如何遭到严重侵蚀的。我们支付高等教育的融资方式能够解释其中的部分原因。学生债务已经成为美国不平等现状中不可分割的组成部分。健全的高等教育体系，在良好的公共资源支持下，曾经是一个国家尽其所能为发奋图强的莘莘学子保证机会平等的关键所在。我们现有的游戏规则却是，有钱才能参与，并且赢家通吃，最富有的人才绝对会获得一席之地，而其他人被迫举债才能放手一搏，而且不一定有多大的胜算。

　　并不是因同情心而感情用事，即使我们只关注现在的复苏和未来的增长与创新，我们也必须针对学生债务做出改变。很多人担心美国日益扩大的鸿沟正在损害我们的理想和道德品质，而他们更应该将学生债务问题放在任何改革议程的首位。

## 注　释

1. 刊登于 2013 年 5 月 12 日的《纽约时报》。

# 部分人的公正[1]

—

美国抵押贷款的危机引起了人们对"法治"的深深怀疑，而法治是一个先进文明社会的共同特征。法治应该保护弱者不受强者的侵害，确保每个人都受到公平的对待。美国在次贷危机之后，二者皆没能做到。

法治包括对财产权的保护——比如，如果有人拿自己的房子去借钱，银行不可能在没有遵循法定程序的情况下就将房子直接收走。但在最近的几个月里，美国人看见了好多起个人被剥夺房产的案例，即使那个人没欠下债务。

对于一些银行来说，这只不过是附带的损失——除了在2008年和2009年估计的400万人之外，还有数以百万的美国人被从家中赶了出去。确实，如果没有政府的干预，止赎的进程必定会加速。在房地产的泡沫期，银行产生了数百万笔不良贷款。然而伴随其中的程序简化、记录不完整和肆意欺诈，使这本就一团乱麻的事后清理过程变得更加复杂。

对于很多银行家来说，这些只不过是可以忽略的旁枝末节。大多数被赶出家园的人没能按期偿付抵押贷款，而且在大多数情况下，银行拥有合法的权利把他们赶出去。但美国人就不应该相信存在"平等"的公正，我们也不能想当然地认为绝大多数被判终身监禁的人就一定罪有应得。美国司法体系在这方面的要求更高，而且我们为达到这些要求还在程序上施加了多重保护措施。

但银行就是想绕过这些程序上的保护措施。我们不应该放任它们如此肆意妄为。

在美国，贪赃枉法的程度相当严重。但被收买的并不是某几位特定的法官，而是法律本身。通过竞选捐款和游说活动，形成了所谓的"美国式腐败"。

众所周知，银行和抵押贷款公司从事掠夺性贷款的业务，凭借放贷从教育程度最低、对金融最无知的群体身上榨取尽可能多的费用，并给借款人增加了巨大的风险。（平心而论，就像高盛创造出的那些注定会出问题的证券，银行也同样会从那些更熟悉金融产品的人身上占尽便宜。）银行会动用自己全部的政治力量来阻止国家颁布任何限制掠夺性贷款的法律。

当发现人们明显没办法偿还所欠债务时，游戏规则又变了。为了能添加"准卖身契"的机制，甚至连破产法都被修改了。比如说，一个人所欠债务相当于其收入的 100%，他就有可能被迫在余生中每年向银行交出他税前总收入的 25%，因为银行的利滚利每年都可能会让他的欠债增加 30%。最终，他直到死都还不完欠银行的钱，哪怕在他的一生中实际有四分之一的时间在为银行打工。

当这部新的破产法通过时，竟然没人站出来抱怨它不符合契约的神圣性：因为在债务产生之际，当时的破产法对借款人更人道（而且从经济上也是合理的），万一债务的偿还变得难以承受，至少也留下了一个重新开始的机会。

这样的认识本应该促使放贷人只向有偿还能力的人发放贷款。但贷款人或许早就知道，有了共和党控制的政府，他们可以在放出不良贷款之后再修改法律，以确保他们可以榨干穷人。

在美国，有四分之一的抵押贷款处于水下（房产资不抵债），越来越多的人一致认为，应付这一团乱麻的唯一办法是减免（欠款的）本金。美国对公司破产有一个特殊的程序，被称为"第十一章"，它允许通过减免债务并进行部分的债转股，来实现快速重组。

为了维持就业和经济增长，保护企业的持续运营非常重要。但保护家庭和社区的稳定也很重要，所以美国需要一个"住宅业主破产的'第十一章'"。

贷款人抱怨这样一部法律会侵犯他们的财产权。但几乎所有法律法规的更改，都会有人欢喜有人愁。在 2005 年的破产法通过时，借款人就是受益者；他们在那时候可丝毫不担心会影响到债务人的权利。

日益加剧的不平等，加之不健全的竞选资助制度，这有可能让美国的司法体系由公正转向歪曲。有人可能仍称其为"法治"，但这样的法治不但不能保护弱者免受强者的侵害，反而在协助强者变本加厉地剥削弱者。

在今天的美国，"人人享有公正"之类的自豪宣言正在被更加现实的"让付得起钱的人享有公正"所取代，而且，能够付得起钱的人正在加速变少。

## 注　释

1. 刊登于 2010 年 11 月 4 日的《报业辛迪加》。

# 拯救美国房地产的最后一招：大规模抵押贷款的再融资[1]

—

自从6年前美国房地产泡沫破裂以来，已经有400多万美国人失去了自己的住所，另有350万的住宅业主正在开始止赎程序，或者因逾期太久而即将进入止赎，1350万住宅业主的房产已经资不抵债（他们所欠贷款的金额已经超过了房产当前的市值），有很大可能，失去住所的人还会再增加数百万。

房地产仍然是阻碍美国经济复苏的最大因素，然而华盛顿政坛似乎正陷入僵局。尽管奥巴马政府的房地产政策并不尽如人意，但罗姆尼也提不出任何有价值的新建议，来帮助陷入困境或资不抵债的住宅业主。

　　在上个月底，房利美和房地美的最高监管机构——联邦住房金融局否决了奥巴马政府支持的一项计划，该计划允许这两家公司豁免陷入困境的住宅业主的一部分抵押贷款债务。尽管这能让 50 万户住宅业主获得本金的减免，但该监管机构的爱德华·德马科反对称（我们认为他的说法并不正确），救助一部分的住宅业主会引发其他还在正常偿贷的人终止还款，以期能同样获得抵押贷款的本金减免。

　　如果本金减免不再是一个政策选项，那么政府需要寻找一个新办法来推动抵押贷款的大规模再贷款。由于利率处在历史低位，再贷款可以大幅减少住宅业主每个月的支出，让他们有更多钱用在其他方面。大规模再贷款的计划相当于进行了一次强力的减税。

　　再贷款还可以大大降低资不抵债的住宅业主违约的可能性。由于过去贷款给资产负债表带来的损失减少，贷款机构可以发放更多的新增贷款，并且有可能让遭受大规模止赎困扰的社区在绝望处看到希望。

　　就其所承担的利率而言，全美有超过一半的抵押贷款业主似乎都能成为再贷款的绝佳对象。其中很多人有稳定的工作、良好的信用分数，甚至相当程度的房产净值，他们早就进行了再贷款，得到年利率 3.5% 的 30 年期贷款，差不多是 1950 年以来的最低水平。但还有其他许多人无法获得再贷款，因为房价的大幅缩水已经让他们的房屋净值归零，甚至成为负数。

　　俄勒冈州的民主党参议员杰夫·默克利提出过一个补救方案。根据他名为《重塑美国住房所有权》的方案，还在按期还款并且满足其他要求的资不抵债住宅业主可以从两种再贷款的方式中二选一，要么减少月供，要么偿还部分贷款让房产净值转正。

政府可以出资建立信托基金，用于购买住宅业主通过再贷款形成的抵押贷款，贷款利率比国债利率高2%，当前美国的国债利率，即政府的借款成本，基本上也达到了历史最低。这多出的2%利率可以产生足够的利息收入，覆盖任何的违约成本、信托的管理费用以及其他开销。美国家庭将有三年的时间完成再贷款；超过这个时间，该信托将停止购买贷款，并随着住宅业主清偿贷款而逐步退出。

住宅业主将会减少抵押贷款的月供，并更快地恢复房产净值。纳税人也会连本带息地拿回自己的钱，而且随着经济走强带来的税收提升，还能进一步获益。银行和其他抵押贷款投资人也能消除账目上的潜在问题贷款。一些银行不愿意失去从现存抵押贷款中获得的大量利息收入，但假设再贷款市场运转正常，这些贷款在很早之前就被转贷了。

如果默克利的方案能够发挥最大的效力，预计最多将有200万笔存量贷款转入"重塑美国住房所有权信托基金"。假设单笔抵押贷款的平均金额为15万美元，则最多将需要3000亿美元。

联邦政府既可以直接由联邦住房管理局为该方案提供资金，也可以间接通过联邦住房贷款银行提供政府支持的信贷。或许美联储也能为该方案提供资金；美联储主席伯南克近来谈到，美联储正在效仿英国央行新推出的"融资换贷款计划"，推行类似的措施来鼓励银行增加对家庭和非金融企业的贷款。

反对额外借款或美联储贷款的人会说，像这样的方案有着无法接受的风险，但什么都不做而放任房地产市场继续拖累经济的风险更大。

默克利先生的方案与奥巴马政府的"家庭可负担再融资计划"（简称 HARP）有相似之处，后者旨在帮助资不抵债的住宅业主对其由房地美或房利美发放的抵押贷款进行再贷款。据估计，通过这种方式完成了 140 万笔的再贷款，远远低于在 2009 年定下的 300 万～400 万的目标。政府已经对 HARP 做出了一些改进，并提供了其他的方式。但默克利的方案有潜力做得更好，能为 2000 万户非房地美或房利美发放的抵押贷款进行担保。

对于默克利的方案，在 1933 年成立的"美国房主贷款公司"就是一个成功的典范。它在当时帮助 100 万美国人走出了止赎的困境，让他们获得了长期稳定的贷款，这成为 20 世纪五六十年代中产阶级的一项标志。如今，是时候该重振这一理念了。

差不多从 5 年前开始的"大衰退"以来，房地产一直是美国经济困境的核心问题。如果我们什么都不做，问题早晚也会自行解决，但要经历巨大的痛苦和漫长的等待。默克利先生提出的方案将会加快创伤的愈合。

# 注　释

1. 刊登于 2012 年 8 月 12 日的《纽约时报》。

# 不平等与美国儿童 [1]

## 一

长久以来，儿童都被认为是一个特殊的群体。他们没办法选择自己的父母，更别提选择他们出生所在的大环境。他们也不能像成年人一样有办法保护或照料自己。这就是国际联盟在1924年批准了《日内瓦儿童权利宣言》的原因，也是国际社会在1989年通过《儿童权利公约》的原因。

不幸的是，美国在这方面并没有尽到责任。事实上，美国甚至连《儿童权利公约》都没签署。像美国这样一个爱惜自己"机会之地"形象的国家，本应该成为一个公正、文明地对待儿童的励志典范。相反，它的失败有目共睹——在国际舞台上导致全球对儿童权利的保护进展缓慢。

尽管普通美国人的童年可能不是世界上最差的，但这个国家儿童的生活状况远远配不上这个国家的富裕程度。整个美国的贫困人口占比是 14.5%，但全部儿童中有 19.9%（大约 1500 万人）生活在贫困之中。在所有的发达国家中，仅有罗马尼亚的贫困儿童比率高于美国。美国的儿童贫困率要比英国高出三分之二，是北欧国家的四倍。对于某些群体来说，情况要更加糟糕：超过 38% 的黑人儿童和超过 30% 的西班牙裔儿童身陷贫困。

这一切并不是因为美国人不在乎自己的孩子，而是因为美国近几十年来奉行的政策议程，导致国内经济变得严重不平等，让社会中最弱势的群体掉队了。日益集中的财富，加上对其税负的大幅减少，意味着对教育和儿童保护等公众利益支出的减少。

结果，美国儿童的境遇变得更糟。儿童的命运是痛苦的，正如经济学家和像国际货币基金组织这样的国际机构最终承认的那样，不平等不仅破坏了经济的增长和稳定，而且违背了我们珍视的公平社会的理念。

收入的不平等与健康、获得教育的机会以及对危险环境的接触等方面的不平等密切相关，而这一切又让儿童比其他人受害更深。实际上，每 5 个贫困的美国儿童中会有一人被查出患有哮喘，这个比例比在非贫困儿童中高出 60%。在每年收入不高于 3.5 万美元的家庭中，儿童出现学习障碍的比例是年收入高于 10 万美元家庭的两倍。就这样，美国议会中还有些人想要削减食品券的规模——这可是大约 2300 万美国家庭的盼头，能让最穷困的孩子免于受冻挨饿。

这些结果的不平等与机会的不平等密切相关。在有些国家，儿童营养不足、无法获得充分的医疗保健和教育、更多地暴露在危险的环境中，穷人家孩子的生活前景无可避免地与富人家的孩子形成了天壤之别。而且，部分原因是美国孩子的前途比其他发达国家更多地依靠他父母的收入和受教育水平，当今美国的机会公平性是所有发达国家中最差的。比如，在美国最顶尖的大学里，只有差不多9%的学生来自收入中位数以下的家庭，74%的学生来自收入在前25%的家庭。

大多数社会都能意识到，帮助年轻人做到"天生我材必有用"是一项道德责任。有些国家甚至将教育机会的平等性规定为宪法义务。

但在美国，教育资金更多地投入到了富学生身上，而不是穷学生。结果是美国正在浪费其最宝贵的一部分资产，让很多（缺少一技之长）年轻人游手好闲。在美国的一些州，比如加利福尼亚州，每年在监狱上的花费与在高等教育上的差不多——有时甚至前者花得更多。

如果再缺乏其他的补救措施（包括提供最好在幼小的阶段就开始的学前教育），不平等的机会终会导致不平等的终身结果。这为政策行动的迫切性敲响了警钟。

事实上，虽然不平等的危害甚广，并且使美国的经济和社会付出了巨大的代价，但它们在很大程度上是可以避免的。在一些国家观察到的极端不平等现象，并不是经济力量和规律无法改变的结果。正确的政策（比如更强大的社会保障体系、累进税制和更好的监管，尤其是对金融业的监管），可以逆转这些毁灭性的趋势。

　　为了能形成这般改革所需的政治意愿，我们必须改变决策者的惰性心理和不作为，来面对不平等的严峻事实及其对后世子孙的毁灭性影响。我们能够减少儿童贫困，促进机会的平等，从而为一个更加平等和繁荣的未来奠定基础——这种未来能更好地反映美国自身公开宣扬的价值观。既然如此，我们为何不这样行动呢？

　　在不平等对美国经济、政治和社会的所有破坏中，对儿童的伤害需要特别提起重视。成年人在生活中要为自己多舛的命运承担各种责任，可能工作不够努力、积蓄不够多，或者没能做出正确的决定，但儿童的处境是强加给他们的，他们没有选择。儿童或许比其他任何人都需要得到其应有的保障权利——在这一点上，美国应该为世界做出一个光辉的榜样。

# 注　释

1. 刊登于 2014 年 12 月的《报业辛迪加》。

# 埃博拉与不平等[1]

—

埃博拉危机再次提醒我们全球化的不利影响。全球化不仅能让好事物（比如社会公正和性别平等的准则）比以往任何时候都更容易跨越国界；环境问题和疾病等不良事物也同样如此。

这场危机也提醒了我们政府的重要性。我们无法依靠私营企业来控制像埃博拉这样疾病的传播，相反我们需要求助于美国的疾病控制和预防中心（CDC）、世界卫生组织（WHO）以及无国界医生组织等机构，其中无国界医生组织由一群杰出的医生和护士所组成，他们冒着生命危险到世界各地的贫穷国家拯救他人的生命。

即使那些想要解散政府机构的右翼狂热分子，在面对这类由埃博拉病毒引发的危机时，也会求助于上述组织。政府在应对这类危机时的表现可能并不完美，但它们做得不如我们期望的原因之一就是，我们对国家层面与全球层面的相关机构资助不足。

埃博拉的反复爆发带来了更深刻的启示。这种疾病在利比亚和塞拉利昂迅速传播的一个原因是，这两个国家都饱受战争的蹂躏，各自都有很大一部分人口患上了营养不良，并且其国内的医疗保健体系也被摧毁了。

另外，在私营企业有实力发挥重要作用的领域（疫苗研发），它们却几乎从不考虑将资源投入到预防只会困扰穷人或贫穷国家的疾病上。只有当发达国家也受到这类威胁时，它们才有足够的动力去投资疫苗，以对抗像埃博拉这样的疾病。

其实这也算不上对私营企业的批评，毕竟，制药公司做生意并不能出于行善积德，从预防或治愈穷人的疾病上也赚不到钱。相反，埃博拉危机引发的质疑是，我们能依赖私营公司去做政府擅长的事情吗？事实上，如果有更多的公共资金，埃博拉疫苗可能早在很多年前就研发出来了。

美国在这方面的失败引起了特别的关注，以至于一些非洲国家对来自美国的访客采取了特别的措施。但这也反复凸显了一个更根本的问题——美国以私营为主的医疗保健系统正在失灵。

诚然，在高端领域，美国拥有一些世界一流的医院、研究型大学和先进的医疗中心。但是，尽管美国在医疗保健上的人均支出和占 GDP 的比重高于其他任何国家，但其国内的医疗卫生健康状况确实令人失望。

在 17 个高收入国家之中，美国男性在出生时的预期寿命是最差的，差不多比瑞士、澳大利亚和日本短了 4 年；女性的预期寿命排名倒数第二，比日本少了 5 年多。

其他的健康指标也同样令人失望，数据表明美国人一生的健康状况都较差。而且，至少在最近的 30 年里，情况越来越糟。

很多因素导致了美国医疗保健的短板，这对其他国家也具有借鉴意义。首先，能获取医疗就很重要。由于美国是极少数几个不承认"获得医疗服务是一项基本人权"的发达国家之一，而且比其他国家更依赖私营企业，因此许多美国人无法获得所需药品也就不足为奇了。尽管《患者保护和平价医疗法案》（奥巴马医改）的颁布让状况得到了改善，但医疗保险的覆盖面仍然非常有限，美国的 50 个州中有近一半拒绝扩大"医疗补助计划"的范围，这是一项帮扶美国穷人的医疗补助项目。

此外，美国是发达国家中儿童贫困率最高的国家之一（在紧缩政策导致几个欧洲国家大幅提高了贫困率之前尤其如此），而且儿童时期的营养缺乏和缺少医疗保健会对人的一生产生影响。同时，美国的枪支法律使美国暴力犯罪的死亡率居于发达国家的首位，美国对汽车的依赖也让其高速公路死亡率遥遥领先。

美国严重的不平等，尤其结合了上述因素之后，也是导致其健康问题的一个关键因素。因为整个国家的贫困程度更严重，更多的儿童贫困，更多的人无法获得医疗保健、体面的住房和教育，更多的人面临食品不安全（经常食用导致肥胖的廉价食品），美国的总体健康状况不佳也就不足为奇了。

　　然而，美国的健康结果在那些高收入、保险覆盖率较高的国家中也是比较差的。也许，这也与美国的不平等程度高于其他发达国家有关。我们知道，健康的好坏与压力有一定的关系。那些努力要出人头地的人清楚失败的后果，而在美国，社会阶梯上的阶层落差远比其他国家要大，从上到下的距离也更远。这意味着更多的焦虑，从而导致人们更差的健康状况。

　　有个好身体是福气。但各个国家如何构建它们的医疗保健系统以及它们的社会，会使其国民的健康状况产生巨大的差异。美国和全世界都因过度依赖市场力量和对包括平等和社会公正在内的更广泛价值观关注不足，而付出了高昂的代价。

## 注　释

1. 发表于 2014 年 11 月 10 日的《报业辛迪加》。

# 第四部分

# 美国不平等日益加剧的原因

—

在过去，不平等一直存在；在将来，不平等也不会消失。这些文章提出的问题是，为什么在近 35 年以来，不平等加剧的范围变得如此之大，几乎在所有方面都是如此。当然，"大衰退"对不平等产生了巨大的影响（尽管，如我们在下一个章节中所评论的那样，"大衰退"在一定程度上也是不平等的后果）。然而，早在"大衰退"发生之前，不平等的日益加剧已经明显形成了趋势。

不平等的每一个层面（最顶层人群收入和财富的占比提升、贫困人口的增加、中产阶级的衰落）都有各自的成因。顶层更大的资本占比以及资本性收益的高水平在这其中极其关键——富人不成比例地占有了资本，并且从中获取了巨额的资本收益。但这又引出了另外一个问题：为什么会这样？在本书前面的部分，我们解释过"寻租"的概念——获得财富有两种方式，一是做大整个国家的蛋糕，二是让自己获得一块比别人更大的蛋糕（并且在争抢更大一块蛋糕的过程中，国家蛋糕甚至可能会整体变小）。顶层群体财富的增加绝大部分与寻租行为的增多有关。企业高管能拿走更大的一份企业蛋糕，并不是因为他们让公司突然提高了生产率。金融化（金融业在整个经济中的重要性增加）已经成为支配力量，这不仅让经济变得越来越不稳定（"大衰退"就是明证），而且也让不平等日益加剧。随着拥有全球市场影响力的公司（如苹果、谷歌和微软）的扩张，在某些情况下，甚至是更多拥有本地市场影响力的公司（如沃尔玛和亚马逊）的扩张，垄断力也越来越强。

在前一部分中，我们提到了美国不平等的几个方面，其中包括获得医疗保健和教育的不平等以及儿童中的贫困现象。这几项不平等的最终后果就是不平等从一代人传到了下一代人的身上：强势群体的子女一出生就大幅赢在了起跑线上。机会的不平等既是收入不平等的原因，也是其结果。不平等随着时间的推移愈演愈烈，这也就不足为奇了。随着美国在经济上正变得更加割裂——富人家孩子会进入师资雄厚的学校，而穷人家孩子进入的学校往往只能维持着不关门。

美国的税前收入和转移收入的不平等程度虽然很严重，但也并不比其他发达国家高很多。美国日益加剧的不平等与其他国家的不同之处在于，美国对此采取的措施太少了，而其他国家为了减少不平等付出了更大的努力。

在本书的前几部分中，我们强调了不平等是一项选择：经济规律在不同的国家都是一样的，但它们所发挥的效用却显著不同。每一条法律法规、每一项政府开支以及每一部政策，都能对不平等产生影响。在接下来的这部分中，我们将借用美国发生过的几次激烈辩论来阐明这一点。前一部分中的文章也提供了一些例证：我们所选择的资助高等教育的方式明显有别于其他国家，这使穷人（甚至中产阶级）更难获得高等教育。在《不平等的代价》一书中，我也讨论过其他的例子：美国的破产法（该法律详细指明一家公司或者一个人在无法偿付所欠债务时会发生什么）更有利于金融业，还歧视那些想要通过借贷完成学业以改变命运的穷人。

本部分中的几篇文章仅仅是管中窥豹。它们没有讨论获得教育的不平等及教育成就的不平等都与美国不断扩大的收入和财富不平等互为因果；它们没有讨论穷人的营养不足和缺少医疗保健（甚至越来越多的美国中产阶级都是如此）会让不平等永久化；或者它们没有讨论让贫困儿童更多地暴露在环境危害中会产生同样的后果；更没有讨论获得公正的不平等也会造成同样的后果。

相反，这些文章只关注两个问题——公司福利和美国的税收制度。第一篇文章是在美国救助银行后不久写的，其文章标题为《美国的富人社会》。人们还能找到其他什么词来形容给美国银行的巨额救助呢？我们为什么就不能依照资本主义的规则行事呢？为什么不让银行家以及银行的股东和债券持有人为他们的错误付出代价呢？批评我观点的人认为，我们必须救助银行。这显然是对的。但是我们大可不必也救助银行家以及银行的股东和债券持有人。

这篇文章不但揭露了美国税收制度的不公平，还显示了它是如何扭曲经济的——不仅导致税后收入的不平等，还导致税前收入的不平等。如果投机者的税率低于那些为生计而工作的人，这就是在鼓励投机行为。在2014年4月，我在参议院就美国日益加剧的不平等作证。一位参议员问我，他如何向他的选民解释，为什么一名水管工需要比那些从（长期）投资而获得同等收入的人支付更高的税率。当然，这应该是个反问句（因为在听证会的委员中，不管他是共和党人，还是民主党人，或是独立候选人），就这个问题没有人能给出答案。

更普遍地讲，我在前面解释过顶层群体的不平等是如何与剥削和寻租相关联的；在这里，我将解释美国的税收制度是如何鼓励这些活动、削弱经济，并加剧不平等的。

每年的4月15日是美国人提交退税申报的最后期限，这时总会涌现出海量的文章谈到美国的税收制度。《不利于99%之人的税收制度》一文表明美国的税收制度不只是有一点点不公平——它实际上对99%的人都不利。由于顶层的人没有缴纳他们理应承担的税款，其他人的负担就加重了；这意味着富人得以保留他们的利润（并进行再投资），他们在这个过程中越来越富有。沃伦·巴菲特曾公开指出：他的税率比他的秘书还要低，这是不公平的。他没有讲清楚的是，他所提到的"税率"大概指的是他的纳税金额与当年"已实现收入"的比率。每一年，他都会领到一份微薄的薪水（只是相对于他的总收入而言）、收到股息分红和利息，并实现一部分的资本收益。但通常，他还有大量"未实现"的资本收益。他拥有的财产会增值，只要他不出售持有的股票或其他的所有权，就不会形成需要纳税的应税收入。所以，如果巨富的人只是持有他们的资产，这些资产年复一年地的增值都无须交税。他们可以将财产传给子女，他们的子女还可以继续传给自己的子女。只要这些资产没有被出售，就永远不需要缴纳所得税。哪怕资产被出售，这一代的后人也只需要为继承后增值的部分交税；前几代人累加的资本利得都可以免税（这其中可能会有遗产税，但精明的遗产税规划可以实现避税，或者做到尽可能地少缴税）。

这些文章是在全球范围内的避税丑闻曝光之前写的。当时，通用电气（GE）因为竭力避免应该缴纳的税款而成为丑陋的商界典型。但接下来，苹果公司和谷歌的丑闻也被爆了出来——这些硅谷公司长久以来因技术创新而名扬全球，但它们在避税方面同样有一定的天分。它们充分利用了全球化——将资金转移到了全世界。苹果公司声称，它的利润确实可以归功于在爱尔兰工作的几个人！诚实（更不用说公平竞争的意识）似乎成了比创造力更稀有的商品。这些公司只想着索取，但不愿意付出：毕竟，它们赖以成功的互联网正是由政府支出所创造的。如果我们不能继续补充创意储备，使企业从中汲取基础研究的成果，创新的潮流就无法维系下去。但基础研究需要资金，需要税收的支持。发生在谷歌和苹果公司的事情表明，同样的短视和自私行为不仅充斥于金融业，也显现在了硅谷。

在当时的共和党总统候选人米特·罗姆尼的一段演讲视频（他本打算对这些言论保密）引发的一片愤怒之中，我写下了《罗姆尼逻辑的谬误》这篇文章。他在演讲中声称有 47% 的美国人没有缴纳所得税,他嘲讽这些人是"吃白食"的。当然,极具讽刺的是,罗姆尼本人也曾设法避免自己应缴之税,利用税法上的漏洞允许私募股权行业的人缴纳较低的税款——远低于同等收入的水管工。(还有一个问题我在该文中没顾得上。罗姆尼承认他将大部分财富存在了开曼群岛。美国本来就是全世界最好的金融市场——至少在为富人的利益服务方面如此。所以,他把钱放在开曼群岛,并不是因为开曼群岛能提供华尔街无法提供的独特服务——除了不透明的资金划转。对此,他从来不曾给过美国人民任何的解释。)这篇文章更狭义地解释了罗姆尼逻辑中的缺陷——为什么他对"47% 的人"的斥责是完全错误的。

# 美国的富人社会[1]

—

在所有关于经济复苏的"点点绿意"的讨论中，美国银行正在全力阻挠对它们进行监管。不要只听政客大谈特谈他们对监管改革的承诺以防止危机的重演，实际上"细微之处才是关键"，并且银行也将积聚它们所剩下的力量，以保证它们还有足够的空间能继续像过去一样为所欲为。

既然旧的体制能让银行家活得很滋润（假设还不足以让股东也很滋润），那他们又何必要拥护变革呢？事实上，在拯救他们的努力中，政府几乎没有考虑过我们需要一种什么样的后危机时代的金融制度，以至于最终得到了一个更缺乏竞争的银行业，其中那些大而不倒的银行甚至变得更大了。

人们很早之前就意识到，那些大而不倒的美国银行也大到了无法被管理的程度。这也是一些银行的业绩如此惨淡的原因之一。由于政府提供了存款保险，所以政府能够在银行业的重组中发挥（有别于其他行业）重要作用。一般来说，如果一家银行倒闭，政府就会精心安排财务重组；如果需要政府投入真金白银，它自然也要在未来分享收益。官员很清楚，如果他们长时间地犹豫不决，僵尸银行或近乎僵尸的银行（净资产几乎归零，但仍被视为能正常经营的机构）很可能"通过豪赌重生"。如果这些银行孤注一掷，并且赌对了，自然会赚得盆满钵满；如果它们赌输了，就让政府来收拾残局。

这并不是书本上的理论知识，而是美国在20世纪80年代的储贷危机中花了巨大的代价得到的教训。当自动提款机提示"余额不足"时，政府宁可认为是个人账户没钱了，也不希望这意味着银行的资金耗尽，所以它必须要在提款机被取空之前加以干预。在财务重组的过程中，股东通常会被踢出局，而债券的所有人会成为新的股东（通过债转股）。在有些情况下，政府必须提供额外的资金，有时政府也可能会寻找新的投资人来接管倒闭的银行。

然而，奥巴马政府引出了一个新的概念：大而无法进行财务重组。这届政府认为，如果尝试用常规方式处理这些大银行，一切将会失控。市场也会变得恐慌。所以，我们不仅不能触及债券持有人的利益，甚至都不能影响股东——即使股票现有的大部分价值不过反映了对政府救助成功的预期。

我认为奥巴马政府的判断是错误的，它已经屈服于政治压力和大银行的危言耸听。结果，政府将救助银行家及银行股东与救助银行混为一谈。

重组可以给予银行一个重新开始的机会：新的潜在投资人（无论是股权方式还是债务工具）将会更有信心，其他银行将更愿意借钱给被重组的银行，而被重组的银行也更愿意再借钱给其他银行。债券持有人将从有序的重组中获益，如果资产价值真的能大于市场（以及外部分析师）的预计，他们最终将能兑现收益。

但是，显然奥巴马策略的当前代价和未来代价是非常高的，并且直到现在也没有实现重启信贷的最基本目标。纳税人已经掏出了数十亿美元，并且额外提供数十亿美元的担保——这些担保很可能在未来也变成需要偿付的债务。

比巨大的财务损失更有害的是改写了市场经济的规则，新的规则有利于给整个全球经济带来巨大苦难的那些人。大多数美国人将这视为极端的不平等，特别是在他们目睹银行将原本用于恢复放贷的数十亿美元用于支付巨额奖金和股息之后。撕毁社会契约是一件不应该如此轻易去做的事情。

但是这种新形式的伪资本主义（损失社会化，利润私有化）注定要失败。这扭曲了激励机制，市场纪律也荡然无存。这些"大而无法重组"的银行知道自己可以不受惩罚地去赌博——而且凭借美联储近乎零的资金利率，它们有着充足的资金去豪赌。

美国几乎没有给数百万失去家园的美国人提供帮助。失业的工人只能领取有限的 39 周失业救济，之后就只能靠自己了。而且，当他们失去工作时，大多数人也会同时失去医疗保险。

美国以前所未有的方式为大企业增加了安全保障，先是从商业银行到投资银行，然后又是保险公司，如今还惠及了汽车制造公司，目前还看不到尽头。事实上，这是长期存在的企业福利的延伸。有钱有势的人一有机会就求助于政府，但需要帮助的个体却几乎得不到社会保障。

我们需要拆分"大而不倒"的银行；没有证据能表明，这些庞然大物提供的社会效益可以与它们强加给他人的代价相匹配。而且，如果我们不能拆分它们，那么我们就必须要严格限制它们的作为。不能允许它们像过去一样，以牺牲他人的利益为代价进行赌博。

这就引发了美国"大而不倒""大而无法重组"银行的另外一个问题：它们在政治上太过强大了。它们的游说甚是成功，先是实现了放松管制，然后让纳税人花钱收拾残局。它们希望能再次游说成功以便可以继续为所欲为，罔顾这样做对纳税人和整个经济的风险。这样的结局必将是我们无法承受之重。

## 注　释

1. 刊登于 2009 年 6 月 8 日的《报业辛迪加》。

# 不利于99%的人的税收制度[1]

———

连锁酒店高管利昂娜·赫尔姆斯利在1989年因偷逃联邦税被判入狱，据称最让她臭名昭著的是她说过"只有小人物才纳税"。

据推测，很可能就是这句话，让这位于2007年逝世的赫尔姆斯利夫人赢得了"吝啬女王"的称号。但作为对美国税收政策公平性的预言，赫尔姆斯利夫人的言论实际上颇具先见之明。

今天正是个人所得税申报的截止日，美国人最好能停下来反思美国的税收制度及整个税收制度所创造的社会。没有人喜欢交税，但除了极端自由主义者，所有人都同意奥利弗·温德尔·霍姆斯所言"税收是我们为文明所付出的代价"。然而在最近的几十年里，那需要付出的代价却在以越来越不平等的方式进行分配。

每10个美国人中大约就有6人认为美国的税收制度是不平等

的——并且他们是正确的：简而言之就是非常富有的人没有缴纳他们该缴的份额。美国最富有的 400 位纳税个人，平均收入超过了 2 亿美元，但其缴纳的所得税税率不到 20%——远低于收入在 100 万美元上下的人，后者缴纳的税率约为其收入的 25%，这个税率与收入仅为 20 万至 50 万美元的人相当。并且在 2009 年，收入最高的 400 位富人之中，有 116 人（接近三分之一）的个人所得税税率不及 15%。

保守派热衷于指出，最富有的美国人所缴纳的税款金额占全国财政总收入的很大一部分。这是事实，在任何采用累进税制的体系中就应该如此——累进税制对富人所征税率高于对中等收入群体的所征税率。而且另外一个事实是，随着近年来最富有的美国人的收入飙升，他们的纳税总额也一直在增长。即使我们对所有人实行单一的所得税税率，情况也会如此。

让我们感到震惊和愤怒的是，随着最富有的 1% 的人变得极其富有，他们缴纳的实际税率却显著降低了。与 20 世纪的大部分时间相比，美国税收制度的累进性减弱了很多。在二战期间，最高边际所得税的税率曾达到过 94% 的峰值，在 20 世纪 60 年代到 70 年代一直保持在 70%，而在当下是 39.6%。自 20 世纪 80 年代"里根革命"<sup>⊖</sup>至今的 30 年里，税收的平等性变得越来越差。

根据一家提倡采用更激进的累进税制的组织"税收正义联盟"

---

⊖ 指里根政府实行美国历史上最大规模的减税计划，通过对美联储的施压，使美联储的货币政策目标变成了持续的经济增长，货币政策的地位上升。里根还紧缩社会福利规模并逐步扩大私人和地方经营的规模，减少联邦政府的干预，减轻联邦政府的财政负担。——译者注

估计，如果把联邦、州和地方的税收都考虑在内，最富有的 1% 的人在 2010 年所缴纳的税款只占美国全部税收的 20% 多一点——与他们拿回家的收入占比大致相同，这一结果根本没有体现任何税制上的累进性。

依照经济学家托马斯·皮凯蒂和伊曼纽尔·赛斯的说法，正是由于如此低的有效税率（更严重的是，资本利得税率低到只有20%），毫不意外，自 1979 年以来，流向最富有的 1% 的人的收入占比翻了一番，流向最富有的 1‰ 的人的收入占比几乎提高了两倍。一想到最富有的 1% 的美国人拥有全国大约 40% 的财富，这种状况就更加令人不安了。

如果这些数字还没让你觉得不公平，那么就把它们与其他富裕国家进行对比。

美国因其最高边际所得税税率之低而在"经济合作与发展组织"（全球富裕国家的俱乐部）国家当中独树一帜。这些低税率对经济增长并不是必要的——以德国为例，尽管其最高所得税税率远远超过了美国，但该国仍旧保持了其作为先进制造业中心的地位。总体而言，美国最高的所得税税率对应的收入门槛也更高。比如，丹麦的最高税率超过了 60%，但这适用于所有年收入超过 5.49 万美元的群体。而美国 39.6% 的最高税率起征门槛是年收入达到 40 万美元的个人（或45 万美元的夫妻）。只有三个经合组织成员（韩国、加拿大和西班牙）具有更高的起征门槛。

大多数西方国家在近几十年里经历过不平等的加剧，但都没有美国那么严重。大部分经济学家普遍认为，极度不平等的国家并不能良好地运转；很多国家利用本国的税法来帮助"纠正"市场对财富和收入的分配。美国并没有这样做，或者至少这样做的程度不够。事实上，富人的低税率加剧了不平等，并让不平等变得永久化，以至于在发达工业国家中，美国现如今的收入不平等最严重，机会的公平性最差。这极大地违背了美国传统的精英治国理念——无论美国政治上哪一派的领导人，都宣称自身还在奉行着这个理念。

多少年来，一些富人在获得特殊优待方面取得了巨大的成功，他们将自己应该负担的国家支出（国防、教育、社会项目）越来越多地转嫁到其他人的肩上。具有讽刺意味的是，美国的一些跨国公司尤其擅长，它们要求联邦政府与其他国家协商优惠的贸易条款，以便让其能够轻松地进入外国市场，并让政府在全世界捍卫它们的商业利益，但随后它们却利用这些位于海外的基地来逃避缴税。

通用电气已经成为把总部设在美国，但几乎又不向美国缴税的跨国公司代表（2002～2012年，通用电气实际的企业所得税税率平均不到2%），就像去年的共和党总统候选人米特·罗姆尼成为不公平缴税的富人代表一样。罗姆尼在2011年所缴纳的所得税只有他收入的14%，即便这样，他还恬不知耻地抱怨47%的美国人在"吃白食"。据我所知，无论是通用电气还是罗姆尼先生，都没有违反任何的税法，但他们缴纳的少量税款违背了大多数美国人心中公平感的底线。

在关注这些统计数字的同时，人们也应该注意到一点：这些税率通常对应的是公开收入的百分比。并且，税法并没有要求报告所有类型的收入。对于富人来说，隐瞒这样或那样的财产已然成了一项精英阶层的竞赛。许多人利用开曼群岛或其他离岸避税地区来逃避缴税（你可以放心地假设，这不是由于那些地区日光充足）。这些收入直到它们被带回（或"寄回"）美国本土才需要报告。同样，资本利得也只有被实现之后才必须作为收入进行报告。

而且，如果一个人在死后将财产传给他的子女或孙辈，也不用交任何的税，在这里会利用到一个被称为"计税成本在死亡时递增"的特殊漏洞。对的，富人的税收特权在美国还能延续到死亡之后。

当普通美国人看到税法中的一部分特殊条款（关于度假屋、赛马场、啤酒酿造厂、炼油厂、对冲基金和电影工作室，以及许多其他享受优待的资产或行业）时，很难让他们不对一个充斥着各式特殊照顾的税收制度产生失望之感！当然，这些税则上的漏洞和赠予大多数不是天上掉的馅饼——它们的出现通常是为了索要（或至少是为了回馈）有影响力捐赠者的竞选捐款。据估计，这类特殊税务条款的成本每年约为1230亿美元，而离岸税收漏洞的代价也与之不相上下。对于担心公共债务规模的财政保守人士来说，仅是取消这些优惠条款，就会大大有助于实现他们提出的赤字削减目标。

另外一项不公平的来源是对所谓"附带权益"收入的税收待遇。一些华尔街金融家从管理私募股权基金或对冲基金中获得的收入，能够享有更低的资本利得税税率。但为什么管理金融资产与管理人或做出发明创造，要有区别对待呢？当然，金融业人士会认为自己是必不可缺的。但医生、律师、教师以及其他所有为我们复杂社会的正常运转做出贡献的人，同样也是不可或缺的。金融业的人会说，自己对创造就业是必不可少的。但事实上，众多精于利用附带权益漏洞的私募股权投资公司正是就业岗位的毁灭者——它们擅长重组公司以"节约"劳动成本，而通常的做法是将工作岗位转移到海外。

经济学家经常会回避"公平"这个词——与"美丽"这个形容词一样，公平与否，取决于观察者的主观看法。但是美国税收制度的"不公平"如此严重，以至于不管换哪个词来形容，都像掩耳盗铃。

在传统意义上，经济学家并不太关注平等的问题，他们更重视增长和效率等更现实的问题。但我在这方面还是持有同样的观点，美国的税收制度实在是太不尽如人意了。从 1980 年到现在，在实行更高的最高边际税率的时期，美国的经济增长反而更快。经济学家（甚至在诸如国际货币基金组织这样传统的、保守的国际机构中任职的那些人）已经认识到过度的不平等对增长和稳定有害。税收制度对调节不平等能够发挥重要的作用。然而，美国的税收制度显然在这一点上无能为力。

美国经济表现很差的一个根源就是由税收制度引起的经济严重扭曲。经济学家普遍认为，激励非常重要——比如说，如果对投机行为减税，那么就会鼓励更多的投机。我们已经引诱最有才华的年轻人去玩弄金融骗术，而没有去创造实体的企业、做出有意义的发现或为他人提供真正的服务。更多的心思被用在了"寻租"上（人们宁可付出更多的努力从国家经济蛋糕中分得更大的一块，而不愿意去做大整个蛋糕）。

近些年来的研究发现了税率、疲软的经济增长和不断加剧的不平等之间的联系。记住，为富人减税本意是要刺激储蓄和鼓励努力工作，从而促进经济增长，但其结果并非如此。事实上，小布什总统在 2001 年和 2003 年对股息和资本利得实行了两轮减税之后，美国的家庭储蓄率降低到接近零的历史低点。对富人实行低税率的实际效果是增加了寻租的收益。寻租的泛滥意味着增长放缓和不平等加剧。这是如今在不同的国家都能观察到的同一种模式。与那些想要保住特权的人发出的警告相反，那些扩大最高边际税率征收群体的国家的经济并没有放缓增长。另一项证据在美国国内就能观察到：如果富人努力使整个经济引擎表现得更好，我们就会看到所有人都能受益；如果他们都从事寻租，随着他们自身收入的增加，预计其他人的收入肯定会减少。而后者正是美国国内正在发生的状况。中产阶级的收入，甚至是底层群体的收入，早就出现了明显的停滞不前或者下降。

抛开这些证据不谈，我们必须要强烈地意识到，现有的税率结构以牺牲财富创造为代价去鼓励寻租。开创新的事业、拓展我们知识的边界以及帮助他人都能让我们产生内在的满足感；相比之下，整日算计从穷人身上榨取钱财的欺诈行为（正如在 2007～2008 年金融危机前金融业的常见做法）并不能带来快乐。我相信，如果在其他条件相同的情况下，绝大多数的美国人会选择前者，而唾弃后者。但是，美国的税收制度导致了天平的倾斜。它提高了参与这些令人内心厌恶的活动的净回报，它推动美国成为一个寻租的社会。

事情的走向本不必如此。美国本来可以拥有一个没有任何扭曲的更简单的税收制度——在这个社会中，收入相同的人就支付同等的税款，无论他是靠搜罗优惠券度日，还是在工厂中辛辛苦苦地劳作；无论他的收入是来自拯救公司的存亡，还是作为一名救死扶伤的医生；无论他是靠金融创新获利，还是研究出能够改变我们经济和社会的真正创新。美国本来可以建立一个鼓励努力工作和勤俭节约等美好事物并打击寻租、赌博、金融投机和污染等不良行为的税收制度。这样一个税收制度能够比现行的财税机制征集到更多资金，让这个国家免于反复经历"自动减支""财政悬崖"以及我们熟知的、时不时出现的"威胁终止医疗保险和社会保障"等各种纷争。至少在接下来的 25 年里，这样的税收制度能让美国维持一个良好的财政状况。

美国不堪的税收制度产生了经济上的后果。它还严重依赖公民的自觉遵守。如果大多数公民认为这个税收制度是不平等的，那么这种自觉遵守将无法维持下去。更广义地看，政府不仅要在社会保障方面发挥重要作用，还要在基础设施、科技、教育和卫生的投资上发挥重要作用。如果没有这些投资，美国的经济将更加疲软，经济增长也会更加缓慢。

如果缺乏一定程度的国家团结感和凝聚力，这个社会就无法正常运转。但这些有着共同目标的团结感和凝聚力也要基于一个公平的税收制度。如果美国人认为他们的政府是不公平的（这是一个仅供那 1% 的人"民有、民治和民享"的政府），那么对美国民主制度的信心必定会荡然无存。

## 注　释

1. 刊登于 2013 年 4 月 14 日的《纽约时报》。

# 全球化不仅带来利润，还影响税收[1]

—

在全世界的注视中，苹果公司的总裁蒂姆·库克谈到他的公司已经缴清了全部"欠交"的税款——说得就好像该公司已经缴清了全部"该交"的税款一样。"欠交"和"该交"，这二者之间有着本质上的区别。毫无疑问，像苹果公司这样拥有资源和创造力的公司，会在法律允许的范畴内尽其所能地少交税。尽管美国最高法庭在"联合公民案"的判决中似乎说过，公司就是人，与人一样拥有所有权利，但这种法律上的假定并没有赋予公司道德责任感，并且它们拥有超级英雄"塑胶人"一样的能力，能同时做到无孔不入且又毫无存在感——在销售产品时无孔不入，等到上报销售利润时又毫无存在感。

苹果公司跟谷歌一样，都从美国和其他西方国家政府的供养中获得了巨大的好处：由政府直接或间接（通过慷慨的慈善捐助抵税）资助的大学培训出了高学历的工人；它们的产品所依赖的基础研究

（互联网）是由纳税人花钱开发出来的，没有互联网它们的产品就不可能存在；它们的繁荣在一定程度上还依赖于美国的法律体系——包括对知识产权的有力保护；它们要求（并得到了）美国政府强迫世界各国采用美国的标准，在某些情况下，这有可能会牺牲新兴市场和发展中国家人民的生命和未来。当然，它们为我们带来了创造力和组织技能，因此理所当然地获得赞誉。但是，即便是牛顿都非常谦逊地指出"自己只不过是站在了巨人的肩膀上"，而这些产业巨头对搭便车的行为并没有感到任何的内疚，它们毫无保留地从美国的体制中获取好处，但不愿意付出相应的回馈。没有公众的支持，未来创新和增长的源泉将会枯竭，更不用说对我们日益割裂的社会带来的影响。

更高的企业税率一定会让公司大幅减少投资，这种观点甚至与事实相差甚远。正如苹果公司所展示的做法，它做任何事情都可以通过债务的形式融资，包括支付股息，而用借来的钱支付股息又是一条可以逃避公平纳税的妙计。但由于利息支出可以在税前抵扣——这意味着在某种程度上，在投资资金中的融资占比越高，占用的资本就越少，收益率自然就越高，反之亦然，所以融资的多少对投资并无任何负面的影响。并且，由于资本利得税税率更低，更高的净资产收益率能获取更多的优待。另外，还有更多的好处来自税法上的其他细节条款，比如对加速折旧和研发支出的税务处理。

现在是时候唤醒国家社会面对这样一个现实：我们现有的全球税收系统是难以管理的、不公平的、扭曲的。这个税收系统是造成大多数发达国家凸显的日益严重不平等现象的关键——美国在这方面遥遥领先，而英国紧随其后。这挤占了公共部门的资源，是让美国不再为一个充满机会乐土的关键所在——因为美国儿童的前途比其他任何发达国家的儿童都更依赖于其父母的收入和受教育程度。

全球化让各个国家彼此依赖的程度日益加深。这些跨国公司是全球化的最大受益者，而不是那些普通的美国工人和生活在其他国家的普通人——由于他们发现自己的收入完全受到通货膨胀的调节，他们在一定程度上承受着全球化的副作用。全球化带来的年复一年的价格下降，最终造成美国男性全职工人的收入比40年前还低。我们的这些跨国公司已经学会无所不用其极地利用全球化，包括利用税收漏洞来逃避它们的全球社会责任。

如果继续允许跨国公司使用"转移定价"（企业对内部不同公司之间买卖的商品或服务采用"人为"的定价方式，从而允许利润被登记在某一个或某几个国家），美国就无法拥有一个正常的国内企业所得税制度。美国已经发展出了一套公式化的税收体系，将来自全球的利润基于在不同国家的雇员人数、销售金额和资本货物价值进行分配。但是，我们有足够的空间进一步微调这一体系，以防真正"附加价值"的主要来源是知识产权而导致更轻易地转移利润。

有人觉得虽然商品的产地（让价值增加的所在国）很难明确，但确认商品销售的目的地就容易多了（尽管存在回运的问题，但实际情况可能没有那么清晰），所以他们建议使用一套基于目的地的系统。但这样的税收系统并不一定公平——这会让承担生产成本的国家得不到任何的收益。但无论如何，基于目的地的税收系统明显还是优于当前在用的这一套。

这样做的好处是，即使美国没办法从其对全球公共科研的贡献以及由此生成的知识产权中获利，至少这个国家也应因其放纵的消费主义而受到奖励，因为这样的消费主义为创新提供了动力。如果能有全球一致的企业利润税收体系，那会锦上添花。缺少这样的一致性，任何想要公平征收企业所得税的国家都将受到惩罚——生产（以及相应的就业岗位）将被转移到其他国家。有些国家能够拒绝这些跨国公司的讹诈，但更多的国家会认为反抗的风险太高了。然而，消费是无法被轻易转移到其他国家的。

美国自身在推进改革上还有很多事情可以做，任何在美国销售商品的公司都有义务为其全球利润上缴一定比例的税款，比如基于合并财务报表按30%的税率，但对在其他主权地区已交的企业税可以减免（但有一定的上限）。换句话说，美国让自己成为执行全球最低税率制度的国家。有些公司可能会因此而主动放弃在美国国内的销售，但我怀疑有很多企业有能力承受这样的损失。

跨国公司的避税问题更复杂，并且需要更深刻的改革，包括对付那些避税天堂，以免其继续协助逃税者隐匿资金和为洗钱提供便利。谷歌和苹果聘请了最有能力的律师，它们知道如何在不违反法律的情况下逃避税款。但在现行的体系中，理论上任何国家都不该纵容避税。德国的纳税人为什么要帮助一个商业模式建立在避税和逐底竞争之上的国家的公民呢？任何一个国家的公民为什么要允许自家国内的公司假道于那些不劳而获的国家呢？

如果说苹果或谷歌只是利用了当前的制度，那简直太便宜它们了：这个制度并不是自然形成的。从一开始，大型跨国公司的游说者就在施加影响。像通用电气这样的公司游说政府让它们免于缴纳更多的税款，并且它们成功了。它们还游说政府给予它们赦免条款，用投资美国本土为承诺，以非常低的税率将资金带回美国，它们也成功了；然后它们还想方设法地钻营法律的漏洞，既遵守法律的文字，又回避相应的立法精神和意图。如果苹果和谷歌代表了全球化带来的机遇，那么它们对避税的态度已经表明了全球化体系可能出现、并正在出现的问题。

## 注　释

1. 刊登于 2013 年 5 月 27 日的《卫报》。

# 罗姆尼逻辑的谬误[1]

—

米特·罗姆尼对47%的美国人发动的刻薄攻击自然引发了一场风暴。他宣称这些人不缴纳任何的所得税，依靠政府生活。他暗讽大批的美国人（奥巴马的支持者）是吃白食的人。

这其中的可笑之处在于，正是罗姆尼这样的人才在吃白食：他口中自己已缴纳的税款（占其公开申报收入的比重）远低于那些收入比他少得多的人。事实与他们中一些人的一厢情愿的说法恰恰相反，没有人仅靠自身就能取得如此多的财富。即使他们的财富不是继承而来的，商业上的成功也需要法治、受过良好教育的劳动力以及公共基础设施，所有这一切都是政府提供的。

即使像谷歌这样的"创新领导者"，所做出的一切也要基于其他人的成果。在谷歌创造出互联网最受欢迎的搜索引擎之前，还必须有人创建"互联网"，而互联网正是由美国政府打造的。

## 破除迷思

然而，罗姆尼逻辑的谬误是更复杂的。

第一，即使那些没有缴纳所得税的人也要缴纳一系列的其他税款，包括工资税、销售税、消费税和财产税等。许多人还要缴纳社保和医保来换取一些"福利"。他们不应该算是吃白食的，因为由政府提供这些福利显然要好过私营机构。让我们回想这些计划在当年为什么会问世：私营机构让大多数老年人缺乏保障，养老金市场几乎不存在，并且老年人也无法获得医疗保险。

即使在今天，私营机构也无法提供如"社保"一般的保障，包括对抗市场波动和通货膨胀。而且美国社会保障管理局的交易成本也明显低于私营机构——这不足为奇，私营机构的目的就是让交易成本最大化。交易成本就是它们的利润来源。

第二，很多能享受福利的人是我们的年轻人——即使他们或者他们的父母不交税，为他们提供教育和医疗保健也是对美国未来的投资。有数据显示，美国在所有的发达国家中是最缺乏机会公平的。尽管美国梦可能已经成为一个神话，但美国还是可以做出改变的。儿童不一定非要依靠其父母的财力，才能获得对发挥他们最大潜能极为重要的教育和医疗保健。

第三，一套有效的社会保障体系是现代社会的重要组成部分，是允许个人勇于冒险的必要条件。同样，市场没法提供足够的保险，比如失业保险或残疾保险。在这些方面就需要政府挺身而出。那些得到这方面福利的人也会直接或者间接地为此承担成本，通过自身或者其雇主为他们向这些保险基金缴纳费用。针对这些风险提供的社会保障，同样能造就一个更有生产力的社会。如果个人知道有社会保障能在事情进展不顺的时候保护自己，他们就敢于投入回报更高、风险也更大的事业。这是让很多具备更好社会保障的经济体能够比美国有更快增长的原因之一，即使在最近的一次衰退中也是如此。

## 政府的失败

第四，很多底层之人（变得如此依赖政府）之所以在那里，部分原因是政府在一个或者多个方面的失败。政府未能为这些人提供让他们变得高效的技能，他们也就没法得到富足的生活。政府未能保护他们不受银行掠夺性贷款和信用卡滥用的压榨。政府未能阻止营利性学校利用他们想要通过教育提升自己地位的抱负。

最后，我们所有人或多或少都是某个团体中的一分子，而所有的团体都应该帮助团体内不幸的人。如果我们的经济体制导致这么多人失业并且不得不依靠政府的食物救济，那么政府就必须挺身而出。美国的经济体系并没有按照它应有的方式运行。它没有为所有愿意工作的人提供就业机会，而且许多岗位的工资也不足以维持生计。

　　我们确实生活在一个割裂的社会中。但它的割裂并不如罗姆尼所说的那样，存在于那些吃白食的人和其他人之间，即使有些人没有公平缴纳他们该交的税款，并且占了那些公平缴税的人的便宜。

　　相反，它的割裂存在于两拨人之间，其中一拨人将整个美国视为一个团体，他们认识到维系繁荣的唯一途径是拥有共同的繁荣，但另一拨人则从来不这么想。

## 注　释

1. 刊登于 2012 年 9 月 2 日的《今日美国》。

# 第五部分

# 不平等的后果

—

我在《不平等的代价》一书中的主旨就是不平等削弱了美国的经济、破坏了美国的民主、割裂了美国的社会，而"大鸿沟"系列文章则从不同方面对此加以详述。在本书中转载的文章仅仅涵盖了其中的几个主题。在本书"前奏"部分的一些文章（以及该部分的引言）中，我讨论了不平等是如何削弱经济表现、减少需求和增加不稳定性的。在本书最后一部分的一篇文章（《不平等正在拖累经济复苏》）中，我解释了美国日益加剧的不平等是2008年危机后经济复苏异常缓慢的部分原因，而这场危机也正是由不平等造成的。

我曾经讲述过美国机会不平等的严重程度。很大一部分美国人（没有足够幸运地出生在富裕家庭）几乎没有机会能过上好日子。这一点对于这些人来说当然是灾难，但这种状况同样也不利于经济：说明我们没有充分利用美国最重要的资源——美国的人力。

随着让1%的人获得"民有、民治和民享"的政府正致力于通过公司福利和税收优惠让这1%的人进一步致富，用于投资基础设施、教育和科技等的资源更加不足，而这些投资才是维持经济强健和增长所必需的。

然而不平等的真正代价是打击了美国的民主和美国的社会。正如我在前面的一些文章（《机会公平：美国的国家神话》和《部分人的公正》）中解释的那样，美国这个国家所主张的基本价值观（机会公平、平等地获得司法公正、对制度的公平感）已经被侵蚀了。在富人得到减税而与此同时美国那支"自愿加入"的武装部队不成比例地由穷苦的人所组成的时候，能在战争时期让一个国家维持团结的共患难之情就遭到了破坏。那些当兵的穷人不但从事其他工作的前景渺茫，而且美国不仅没有像对待在二战期间服役的士兵那样报以《退伍军人权利法案》，还强迫他们一次又一次地重返战场，直到接近半数的回国人员在身体上留下一处或多处的残疾。更糟糕的是，美国（或者更准确地说，是小布什政府）后来还减少了对退伍军人医院的资金支持。[1]

当竞争的公平感降低之际，美国社会在诸多方面开始瓦解。正如我在《不利于 99% 之人的税收制度》一文中指出的那样，像美国这样的税收制度在很大程度上要靠人们的自觉遵守，只有人们都相信该制度公平才能运转，然而如今人人都能清楚地看到，美国的税收制度不是公平的，顶层的人得到的待遇远比中层的人好很多。

我在这部分转载的两篇文章中所讨论的不平等有两种后果，这在以前都从未引起过足够的重视。第一篇文章主要讲述了美国内陆城市的状况，美国有如此多的穷人居住在这些城市里。底特律的破产就是一个典型事件。就像许多美国家庭一样，该城市因听从了敲骨榨髓的金融公司的建议，购买了高风险的金融衍生品（沃伦·巴菲特将其称为"大规模金融杀伤性武器"）而遭到了伤害。对于底特律来说，这些武器确实引爆了。与其他许多情况一样，一出现问题金融业就要求底特律市优先还款，而将普通公民（包括签下承诺退休福利合同的工人们）的福祉排在了后面。

该部分中的另一篇文章《我们不信任任何人》讨论了美国日益加剧的不

平等的另一个牺牲品——信任的丧失。缺少了信任，任何社会都无法正常运转。尽管经济学家通常不会使用"信任"这样的字眼，但事实上，我们的经济缺少了信任也无法运行。我会解释这其中的原因，不平等是如何侵蚀这一最宝贵的事物，以及为什么信任一旦被侵蚀可能很难恢复。

# 注　释

1. 参见琳达·比尔米斯和斯蒂格利茨合著的《三万亿美元的战争：伊拉克战争的真实成本》（纽约：诺顿出版社，2008 年）、琳达·比尔米斯和斯蒂格利茨合著的《战争成本估计：方法以及在伊拉克和阿富汗的应用》（纽约：牛津大学出版社，2012 年）275 ～ 317 页，以及 2010 年 9 月 30 日向"众议院退伍军人事务委员会"提供的证人证词。

# 从底特律破产中获得的教训[1]

一

当我在印第安纳州加里市长大的时候，接近四分之一的美国工人还在制造业工作。那时候有大量高收入的工作岗位，可以做到一人养家，用一份工作就能实现一家四口的美国梦。一个男人靠自己的辛勤劳动就可以生活得很好，并且能够供子女上大学，甚至看着他们成长为专业人士。

像底特律和加里这样的城市依靠制造业繁荣了起来，这不仅因为制造业创造财富，还因为它有与其伴生的团结社区、优质税基和良好的基础设施。受进步主义教育改革家约翰·杜威思想的影响，加里市拥有非常优秀的公立学校。凭借在那里打下的牢固基础，我先就读于阿默斯特学院，毕业后又去了麻省理工学院的研究生院。

如今，从事制造业的美国工人占比还不到8%，并且很多"铁锈地带"⊖的城市都仅剩骨架了。底特律的窘境如今听起来几乎是老生常谈了：在今年春季的时候有40%的路灯坏了，数以万计的建筑物遭废弃，很多学校都关闭了，当地人口仅在过去十年里就减少了25%。去年的暴力犯罪率在所有的大城市中是最高的。当底特律的人口在1950年达到185万时，全市有29.6万个制造业的工作岗位；而到了2011年，全市人口刚刚超过70万，制造业的工作岗位剩下还不到2.7万个。

作为美国历史上最大的市政破产案，底特律破产这一戏剧性事件包含了太多的信息，这值得我们停下来思考它对美国不断变化中的经济和社会意味着什么，以及对美国的未来又预示着什么。

现如今，世人皆知国家政策和地方政策的失败之处：基础设施和公共服务的投资不足，导致铁锈地带的穷人和非洲裔美国人社区都被边缘化的地理隔离，妨碍机会公平的贫困代际传递，以及将金钱利益（比如公司高管和金融服务企业）置于工人利益之上的种种特权。

在某种程度上，人们可能对此不屑一顾：因为每天都有公司倒闭，也有新公司的诞生，这就是资本主义机制的一部分。所以，城市也是一样的。也许底特律和像它这样的城市，其所处的地域并不适合

---

⊖　铁锈地带是一个由美国东北部和中西部地区组成的老工业区。该地区曾经是美国工业的中心地带，被称为美国制造业的中心，但在经历了重工业化时期的繁荣后走向衰落，大量工厂倒闭，到处是闲置的厂房和被遗弃的锈迹斑斑的设备。其中包括：纽约州西部、宾夕法尼亚州、西弗吉尼亚州、俄亥俄州、印第安纳州、密歇根州、伊利诺伊州北部、艾奥瓦州东部、威斯康星州东南部等地区。——译者注

为 21 世纪的美国提供所需要的商品和服务。

但这样的一份诊断结论是错误的，最为重要的是，要认识到底特律的消亡不单纯是市场的必然结果。

首先，这种地域观上的解释是不全面的：底特律最严重的问题仅限于市区内。在大底特律都市圈的其他地区，经济活动十分活跃。在像密歇根州的布卢姆菲尔德希尔斯这样的郊区，家庭收入的中位数超过了 12.5 万美元。密歇根大学的所在地安娜堡距离底特律只有 45 分钟的车程，那里是世界上最著名的研究和知识生产中心之一。

美国独具特色的经济和社会割裂也是造成底特律困境的一部分原因。正如社会学家肖恩·里尔登和肯德拉·比肖夫所指出的那样，这个国家在经济上日益加剧的隔离可能比种族上的隔离更加致命。底特律是富裕精英阶层（主要是白人）聚集居住在城郊富人区的一个典型城市。如此的泾渭分明，其背后存在的道理是：富人因此可以确保自己不必为不太富裕的邻居支付本地公共产品和服务的任何份额，而且他们的孩子也不必与那些社会经济地位较低的人打交道。

这种自我强化的不平等趋势在教育上尤为明显，而接受教育向上流动的阶梯正在不断地缩窄。较为贫困地区的学校越来越差，有钱的父母要搬到更富裕的地区，因此富人和穷人之间的鸿沟（不仅在这一代人之中，而且在下一代人之中）变得越来越大。

经济差距导致的居住隔离也加剧了成年人之间的不平等。穷人不得不离开自己的邻近社区，想尽办法才能在遥远的工作地点找到一份工资很低的临时工作，而且这样的机会变得越来越稀缺。城市

如此的无序扩张结合不完善的公共交通系统，不难想象欣欣向荣的
工薪阶层社区迟早会变成人口不断减少的贫民区。

　　除了如此缺乏规划的城市群不可避免地产生这样那样的问题，
还有一个糟糕的事实就是大底特律都市圈被划分为不同的政治管辖
区域。因此，穷人不仅在地域上被隔离，在政治上也被隔离。最终，
由于能提供核心税基的工业工厂被关闭，在独立的、更穷困的市区里，
原本就资源稀缺的状况更是雪上加霜。

　　申请市政破产保护的决定是由凯文·奥尔做出的，他是由共和
党州长里克·斯奈德任命的紧急财政管理人，负责底特律市的财政
事务。现任市长戴夫·宾是民主党人，他已经决定不再寻求连任，
这一决定并不出人意料，因为他和其他的本地官员早就被边缘化了，
他们城市的未来（以及该市拖欠债权人的巨额债务）正在法庭上商
讨裁定。

　　正如托马斯·萨格鲁等历史学家所论证的，底特律的衰败早于
围绕社会福利计划和种族关系的一系列冲突事件（包括 1967 年的骚
乱 <sup>⊖</sup>），甚至要回溯到二战后的几十年——去工业化、种族歧视和地
理隔离都是在那个时期种下的祸根。正所谓，种瓜得瓜，种豆得豆。

　　由于缺少整个区域的政治团结，在贫穷的市区和富裕的郊区之
间，并没能形成一个改善基础设施和公共服务的整体规划。所以穷

---

　　⊖　1967年7月23日，美国密歇根州底特律市爆发了一场规模庞大的种族暴乱，
　　　　被称为底特律骚乱或第十二街骚乱。骚乱始于警方对一家无牌照酒吧的扫
　　　　荡行动，随后双方发生冲突，迅速演变为美国历史上死伤最惨重的骚乱
　　　　之一。——译者注

人只能自力更生，但他们能做到的远远不够。汽车总会出故障、公共汽车也会晚点，这就让工人在雇主的眼中显得似乎更加"不可靠"。但真正"不可靠"的是这座城市的不平等规划。底特律正是整个美国的缩影，这就难怪美国正在变成机会最不平等的发达工业国家！

在地方层面上优先事项的倾斜摧毁了底特律，而在国家政策层面上的同样问题也与之形成了共振。每一个国家、每一个社会，都有正在崛起的地区和产业，也有正在衰落的地区和产业。一段时期以来，硅谷一直是美国的当家明星——这就像在一百年前的中西部地区。但随着技术变革和全球化，中西部作为全球制造业中心的比较优势已经减弱了，这其中的原因众所周知，就不一一列举了。然而，市场的自我恢复能力往往并不足够好。

美国政府并没有利用有效的政策来鼓励其他行业的发展，或有意识地应对这种不断变化的经济局面，而是纵容金融业的胡作非为，花了几十年的时间用泡沫创造出"增长"来粉饰日益严重的缺陷。我们不仅任由市场自行解决问题，反而还欣然屈从于短期利益和大规模的低效率。

降低美国制造业对美国经济的重要性的结构性转变可能多少是无可避免的，但城市中随之而来的浪费、痛苦和人类的绝望却是可以改变的。有一些可行的替代政策能够通过保全财富和促进平等，来缓和这样的过渡进程。距离底特律仅 4 小时车程的匹兹堡也同样遭遇过"白人大迁徙"的问题，但该城市迅速将其经济从过度依赖钢铁和煤炭，转变为侧重教育、医疗保健、法律和金融服务。一个多世纪以来，曼彻斯特一直是英国的纺织工业中心，如今已经转变为一个教育、文化和音乐的中心。美国确实有过一个城市重生的方案，但它更注重修复建筑和复原中产阶级化的城市风格，而非维持和恢复社区，即使对于前一个目标，结果也越来越不尽如人意。基于"赢家能够补偿输家损失"的许诺，美国的工人被灌输了"自由"的贸易政策。然而，输家直到现在还在苦苦等待着补偿。

当然，就像许多其他事情一样，"大衰退"和导致"大衰退"的政策更是火上浇油。抵押贷款的银行家横行在美国一些城市的大部分地区，在这些城市里他们为自己找到掠夺性和歧视性借贷的好猎物。等泡沫破裂之后，这些城市就被除了债务催收人和止赎执行官之外的所有人抛弃了。美国的政客不仅没有拯救我们的社区，反而还更注重救助银行家、银行的股东和债券持有人。

形势可能已经很严峻了，但对于底特律和其他面临类似问题的城市而言，它们还没有彻底失去一切。底特律现在面临的问题是如何应对破产。

但在这一点上，我们必须同样要警惕富人利益集团的"智慧"所施加的影响。多年以来，我们那些身在私营银行的金融"奇才"（他们的技能本应是管理风险）一直在向底特律出售一些花哨的金融产品（衍生品），让其本就困难的财政多损失了数亿美元。

在常规的破产案之中，衍生品的偿付优先权要高于在岗和退休的市政员工。幸运的是，美国破产法第9章的指导原则更偏重公共利益。当一家公共机构破产时，它的资产和负债多少会有一些界定不清之处，其中的负债隐含了一份未成文的"社会契约"，即为居民提供的社会服务。另外，底特律的城市增收能力也是有限度的：提高税收无疑是饮鸩止渴，因为那会迫使更多的企业和住宅业主离去。

毫无疑问，银行并不喜欢这样的优先顺序。由于有近3亿美元的未偿还衍生品将要出现问题，它们可能会默认自己是第一个能收到还款的。而破产法第9章的程序提供了一个机会，让银行重归它们该处的位置——队列的末尾。这些不透明的金融工具被用来迷惑和欺骗投资者本就已经够糟糕了，再对银行的行为加以奖励无异于在伤口上撒盐。破产程序的首要任务必须是让底特律这个城市重新焕发活力，而不仅仅是让它摆脱债务。美国破产法第11章（重点针对公司）的基本原则是，破产应该提供一个重新开始的机会：这样做对保护就业和美国的经济至关重要。但当一座城市破产时，保护美国的社区甚至更加重要了。

银行和债券持有人会声称，支付城市工作人员的养老金是一种不必要的负担，应该被限制或取消，以减少银行的损失。但在市政破产案中，通常将高优先权赋予工人是完全合情合理的。毕竟，他们基于自己将会收到的报酬而提供自己的服务，而养老金只不过是一份"递延报酬"。工人不像投资人一样精通评估风险的复杂业务。与投资人不同，他们也无法真正分散投资组合来管理自己所面对的风险。所以，对员工说"对不起，我们没法为你已经完成的工作支付我们承诺过的报酬"，这绝对是不合理的。尤其是他们养老金的总金额，远远不如那些公司的领导者一般丰厚——大多数的退休市政雇员每个月只能收到1600美元的支票。

这意味着破产的大部分代价将由那些借钱给底特律的人，以及那些为借贷担保的人来承担。事情也本该如此。他们这些人能获得的收益本就体现了他们对所面对风险的主观评估。当然，他们更愿意获得高收益，而不承担相应的风险。但这不是，也不应该是市场运作的方式。

确保破产以对底特律有利的方式进行需要谨慎行事，而且这也仅仅是修复的第一步。从更长远看，我们需要改变管理大都市地区的方式。我们需要提供更好的公共交通、能促进机会公平少量提升的教育体系以及适合大都市地区的"治理"系统，不只是服务那1%的人，也不是最富裕的20%人口，而是要服务全体公民。

在国家的层面上，我们也需要更多的政策（对教育、培训和基础设施的投资）以便让美国能平稳地跨过对制造业就业的依赖。如果我们做不到这一点，那么市政破产潮将会在"大衰退"之后纷纷出现——就像亚拉巴马州的杰斐逊县、加利福尼亚州的瓦列霍、罗得岛州的森特勒尔福尔斯以及如今的底特律。

底特律的破产提醒了我们，美国的社会已经变得多么割裂，以及我们需要付出多少努力来治愈创伤。这也给如今生活在新兴城市的人们敲响了警钟：这种状况也可能有朝一日落在自己的头上。

## 注　释

1. 刊登于 2013 年 8 月 11 日的《纽约时报》。

# 我们不信任任何人[1]

———

**在**如今的美国，我们有时会觉得信任为先的行为是幼稚的。我们的流行歌曲建议我们不要去信任，我们的电视节目所讲述的故事表明信任是徒劳的，不胜其烦的金融丑闻报道也在时刻提醒我们，如果我们将信任交给银行家，那自己就是傻瓜。

最后一点可能是对的，但这并不意味着我们不应该对美国的社会和美国的经济多一点点信任。信任让一切合同、计划和日常交易成为可能；它促成了从选举到制定法律的民主进程，是社会稳定的必要条件。它对我们的生活是必不可少的。让这个世界得以运转更多是因为信任，而不是金钱。

我们在国民收入核算中并不计入信任的价值，但信任投资的重要性并不亚于对人力资本或机器的投资。

　　然而不幸的是，这个国家令人惊愕的不平等正在让信任成为又一项损失：随着美国人彼此之间的差距扩大，团结社会的纽带变弱了。同样，随着越来越多的人对这个似乎无情地打压着自己的制度失去了信心，并且那 1% 的人的生活比以往更加高不可攀，在我们的制度和我们的生活方式之中这一至关重要的要素正在遭受侵蚀。

　　对信任的低估源于美国最普遍的经济学传统。亚当·斯密强烈地认为，我们宁可相信追求个人利益的人，而不是相信那些追求社会普遍利益的人的良好意愿。如果每个人都只关心自己，我们终将会达成一种既让人感到舒适又有效率的平衡状态，而在这种状态下的经济最具效率。对于那些难以被道德感化的人，这是一个非常具有吸引力的理念：自私才是无私的终极形态。（在亚当·斯密的其他著作特别是《道德情操论》中，他采用了更为温和的观点，然而其大多数的近代追随者对此视而不见。）

　　但在过去 30 年里的各类事件以及经济研究表明，自身利益对我们不仅不可靠，而且任何一个经济体，哪怕是像美国这样以市场为主导的现代经济体，都不能在缺乏少许信任的情况下良好运转——而且彻底的自私不可避免地会导致信任的消失。

　　以银行为例，这个行业引发了这场让我们付出沉重代价的危机。

　　这个行业的经营，长久以来尤其要建立在信任的基础上。人们愿意把钱存进银行，前提就是相信在未来当他们想把钱取出来的时候，钱还在那里。这并不是说，银行家从不打算欺骗彼此或者自己的客户。但是他们的绝大多数业务需要在彼此负责、充分透明和具备责任意识的假定前提下进行。在最好的情况下，银行应该是忠诚的社区服务机构，为有前途的小企业和潜在的房主提供理性的贷款。

然而，在这场危机爆发前的那段时期，美国的传统银行家发生了巨大的转变，激进地涉足其他的业务，包括那些历史上与投资银行相关的业务。信任被抛到九霄云外了。商业贷款机构使用虚假的保证，向本就无力偿还贷款的家庭大力推销抵押贷款。它们可以用这样的想法来安慰自己：无论它们从自己的客户身上剥削了多少钱，无论客户承担多大的风险，新的"保险"产品（衍生品和其他花里胡哨的东西）都能使自家银行免受后果的影响。如果它们中有任何一个人考虑自己的行为（无论是掠夺性贷款、滥用信用卡还是操纵市场）是否会对社会造成影响，它们可能会宽慰自己，因为依照亚当·斯密的训导，它们那不断膨胀的银行账户就表明自己肯定在通过某种不知名的方式提高着社会的福祉。

当然，我们现在知道这一切只不过是一场镜花水月，其结果对美国的经济和美国的社会没有产生任何益处。随着数百万的家庭在金融危机期间及危机过后失去了自己的房子，家庭财富的中位数在3年内下降了近40%。如果没有小布什和奥巴马的天价救助，整个银行业早就遭到灭顶之灾了。

对信任的一连串破坏引发了残酷的后果。2007年的泡沫破裂导致了如此巨大的危机，其中的一个原因就是没有一家银行能够信任另一家银行。每一家银行都清楚自己曾参与的骗术（将负债转移到表外，还有掠夺性贷款和不计后果的放贷），并且也知道自己不能相信其他任何银行。银行间的同业拆借跌到了冰点，金融体系濒临崩溃，这时候只有民众的果断行动才能拯救它们，而民众的信任正是先前遭受它们最严重的践踏。

早先在金融业发生过的一些事情就显示了信任是多么脆弱。最值得注意的就是 1929 年的股市大崩盘，它促成了新法的颁布，以制止从欺诈到市场操纵等最卑劣的践踏行为。我们相信监管机构会执行法律，我们相信银行会遵守法律：政府并不是无所不能的，但银行至少也要因为担心不良行为的后果而不敢跨过红线。

然而几十年过去了，银行家利用自己的政治影响力让监管制度空有其名，还安插了不相信监管的监管者。官员和学者向国会议员和民众保证，银行可以做到自律。

但结果却显示这就是一场骗局。我们创造了一个鼓励短视行为和过度冒险的奖励系统。事实上，我们已经进入了一个道德价值观被忽视、信任本身被贬低的年代。

银行业只是广泛议程中的一个例证，这些议程皆服务于一些政客和右翼理论家所推动的"在美国经济中弱化信任的作用"。这一运动所推行的政策都基于这样一种观点，即在任何情况下，任何一种行为都不应该依靠信任为其动因。在这样的体系下，激励是最重要的。

由此看来，为了让首席执行官能努力工作，就必须给予他们股票期权。其实这一点让我感到困惑：如果一个企业支付给某人 1000 万美元去管理一家公司，这人本就该全力以赴地确保公司能够成功；他不应该只在被许诺能从公司股票的增值中分到很大一部分之后才这样做，即使这样的增值不过是美联储低利率造成的泡沫的结果。

　　相同的道理，为引导教师竭尽所能，就一定要给他们激励性的奖金吗？教师全心全意地为了改善学生的生活而努力工作，但他们的工资却真的很低。难道有人会认为再多给他们50美元，甚至500美元的奖金，就能促使他们的干劲更高吗？我们该做的是普遍提高教师的工资，因为我们认同其贡献的价值，并信任他们的敬业精神。然而，在激励为本文化的倡导者眼中，这样做无异于不劳而获。

　　在实践中，右翼人士对激励的狭隘关注已被证实有损长期思维，并且给贪婪留下了如此多的机会，必定会激发社会内部和企业内部的不信任。银行的经理和企业的高管搜肠刮肚找到新颖的会计手段，以便他们的企业能在短期内看起来表现良好，哪怕让企业的长期前景受到损害也在所不惜。

　　当然，激励是人类行为的重要组成部分。但崇尚激励的运动则已经将激励变成了一种宗教，它让我们忽视了（社会关系、道德冲动和同情心）其他影响我们行为的因素。

　　没有信任的社会不仅让人性变得冷血，而且是无法想象的。绝不可能在每次需要信任的时候用钱来解决问题。缺少信任，生活成本将会昂贵得离谱，人们几乎无法获取任何有效的信息，各式欺诈也会比以往更加猖獗，而且交易和诉讼的费用也会飙升。如果我们的社会再如同2007年危机爆发时的银行那样，让多年的不诚信发展到了极致，那么整个社会的活动也会像那时的银行一样跌到冰点。

　　如果美国想要恢复信任的风气，那么它还要面对另一个巨大的障碍：美国失控的不平等。银行家的行为和受到右翼影响的政府政策不仅直接破坏了信任，这二者还在很大程度上造就了当前的不平等。

当1%的人口拿走了超过美国总收入的22%（以及在危机后复苏中95%的收入增长）时，一些相当基本的东西就岌岌可危了。理性的人，即使不了解这一现实是由不平等的政策迷宫所导致的，也可以认识到这种分配方式的荒谬之处，并相当确定这场游戏是被操纵的。

但为了让美国的经济和社会正常运转，参与者必须相信这个体系是相当公平的。个人之间的信任通常是相互的。但如果我认为有人正在欺骗我，我很有可能会加以报复，想办法欺骗回去。（这些概念已经很好地发展成经济学的一个分支，被称为"重复博弈理论"。）当普通美国人目睹税收制度对最富有的人征收的税率仅仅相当于自己所付税率的一小部分时，他们就会认为自己被当成了顺从的傻瓜。更恶劣的是，这些富人还能将利润转移到海外。尤其是这样做还不违反法律，更是向普通美国人显示，美国的金融和法律制度都是由富人所设计且为富人服务的。

伴随着信任的持续缺失，一些更深层次的溃烂逐渐发生：观念和风气开始发生变化。当没有人值得信任时，那么只有傻瓜才会相信别人，这就连平等的概念本身都被侵蚀了。美国国家科学院在去年发布的一项研究表明，上层人士更有可能参与传统上被认为不道德的行为。也许，这是唯一的方式能让一些人的世界观匹配其经济上的离奇成功，很多人的成功通常是由某种道德上的不光彩行为获得的。

很难搞清楚我们距离信任的彻底崩塌还有多远，但现实并不能让人乐观。

经济上的不平等、政治上的不平等以及加剧不平等的法律制度都在彼此强化。美国的法律制度为有钱有势的人提供特权。偶尔会有某个人因其恶行而接受惩罚（让人不禁想到了伯纳德·麦道夫）；但没有一家美国银行巨头的领导遭受问责。

一如既往，还是穷人和缺少社会关系的人在其中受害最重，也是最频繁受到反复欺骗的。这一点在止赎危机中表现得最为明显。兜售次级抵押贷款的贩子自诩为金融专家，让不符合条件的借款人相信还款不成问题。之后，数百万的家庭失去了他们的居所。银行想方设法搞到了数千份签署好的法庭宣誓书（这在后来被称为"机器人签名"），证明自己已经检查过很多人的记录文件，确定其中某些人确实有欠款——仅凭这一面之词，这些人就要被扫地出门。这些银行正在大规模地撒谎，但它们知道只要没被抓住现行，就能带着巨额利润脱身，它们高管的腰包里奖金塞得满满的。如果它们真的被逮到，那也是它们的股东为此买单。普通的住宅业主根本没有资源跟它们抗争。这只是金融危机过后银行似乎能免于法治约束的诸多例证之一。

我曾经写过美国社会中不平等的很多方面——财富的不平等、收入的不平等、教育和医疗保健的不平等、机会的不平等。但美国人对法律面前人人平等的珍视，甚至远超于机会公平。如今，不平等已经玷污了美式理想的核心。

我猜测只有一个办法能真正找回信任。美国需要发布强力的法规，来体现良好的行为规范，并任命不惧强权的监管者加以执行。美国在"咆哮的 20 年代"[⊖]崩溃后就曾这样做过；自 2007 年以来，我们也一直在断断续续、不完整地付出努力。企业不应该只想着钻监管的空子，它们需要做得更好。对于什么是可接受的行为，美国也需要拥有更高的标准，就像《联合国商业与人权指导原则》体现的那样。但我们也需要用于执行这些标准的监管法规——信任的一个新版本，但这还有待证实。任何规则都不足以防止所有的滥用行为，但好的、强有力的监管可以制止其中最恶劣的那些。

强烈的价值观使我们能够与他人和谐相处。缺少信任就不可能存在和谐，也不会有强大的经济。美国的不平等正在削弱我们的信任。为了我们自己，也为了我们的子孙后代，是时候开始重构信任了。这么简单的事情都需要指明，这更说明了我们距离恢复信任还有很长的路要走。

## 注　释

1. 刊登于 2013 年 12 月 21 日的《纽约时报》。

---

⊖　是指北美地区（含美国和加拿大）20 世纪 20 年代的这一时期。在第一次世界大战结束后的这十年里，激动人心的事件数不胜数，因之有人称这是"历史上最为多彩的年代"。——译者注

第六部分

# 政　策

——

　　本书的一个核心信息就是政府实施的每一条政策几乎都会对不平等产生作用。经济学家都惯于谈论某条政策对效率的影响，或激励措施如何被扭曲。但特别是在美国这样的割裂社会中，能够加深鸿沟的政策应当被仔细地审视。我写这些文章是为了回应在这个国家中时不时出现的一些特别辩论，在这些辩论中，对政策在分配方面的后果往往被一带而过。

　　《政策如何促成经济上的大鸿沟》一文概述了政策（特别是决定产出和就业的美国宏观政策）如何加深了这条大鸿沟。

　　我写过好多篇强调货币政策和不平等之间关系的文章，而《为什么该由耶伦而不是萨默斯来领导美联储》就是其中之一。（我还专门在《不平等的代价》一书中阐述了这个话题。）这篇文章是非常尖锐的。在 2013 年夏季，美国政界对于在伯南克任期结束之后由谁来领导美联储出现了分歧。人们对伯南克的成就毁誉参半——一方面金融危机前的美联储政策对危机的形成至关重要，而伯南克从 2006 年开始就是美联储的主席，并且在更早的 2002 年至

2005 年期间还是美联储委员会中活跃的一员；另一方面，美联储在金融危机过程中所采取的史无前例的行动被赞为"将美国经济从又一次的'大萧条'中拯救出来"。但很明显，美联储更乐于拯救华尔街的大银行，而不是帮助为中小型企业提供贷款的本地银行和区域性银行；更乐于拯救银行家及银行的股东和债券持有人，而不是帮助普通的住宅业主保住自己的房子。美联储也明显不在乎民主的透明度，比如它向美国国际集团注入资金，但这些钱最终流到了高盛和其他的大型银行。出于显而易见的原因，美联储不想让美国公民知道这些钱的具体去向。

这场争斗比以往的主席挑选更复杂，牵涉也更广。两位主要的候选人分别是拉里·萨默斯和珍妮特·耶伦。我跟他们二人都很熟悉。我在白宫工作时曾与前者有过密切的合作，而珍妮特是我在耶鲁大学最早的博士生之一。两个人都很聪明，也都很有经验。大多数曾与二人都有过密切合作的人都强烈地认为，耶伦更适合承担这一艰巨的任务，管理这家或许是世界上最重要的金融机构。我之前也写过一篇文章，[1] 其中解释了这项工作需要什么，并暗示耶伦是合适的人选。有一大群参议员也是这样想的，他们在给奥巴马总统的一封信中敦促他选择耶伦。没有人愿意让私人感情掺杂到这场竞争之中。但不知何故，奥巴马并不想接受这些暗示。他似乎更喜欢用"老男孩俱乐部"的那一套——指派一位自己很熟识的人，而且恰好就是曾掌管过美国国家经济委员会的某人。这场原本平静的较量一下子变得风起云涌，而我的文章可能有助于扭转形势。[2] 直到参议院银行委员会（该提名必须经由参议院银行委员会批准）中的大部分参议员明确表示，他们不会支持对萨默斯的提名，这场争斗才因此画上了句号。

玻璃天花板是导致这样斗争的一部分原因——这也是美国不平等的又一个方面，反映性别之间在收入和机会上的差异。耶伦是一位出类拔萃的人物，这不仅表现在她执掌旧金山联邦储备银行和担任美联储副主席的工作上，还表现在她比其他人做出了更精准的预测。（萨默斯主导了那一届政府的预测，其结果与最终的事实相去甚远是妇孺皆知的。他还不断地预见复苏的萌芽，而直到很多年后才出现真正的经济复苏。而我们在先前也提到过，低估经济衰退的严重程度才是奥巴马政府政治和经济的重大错误。）耶伦的一视同仁和敏锐思维在华尔街赢得了极大的尊重。

但更深层次的斗争是经济哲学观和价值观。萨默斯已成为放松金融管制的同义词。他吹嘘自己在确保衍生品不受监管的立法进程中扮演了重要的角色，而衍生品在金融危机的形成方面起到了关键的作用，并且他也是花费1800亿美元救助美国国际集团的主要推动者。奥巴马政府拯救经济的策略主要集中在拯救银行，但对住宅业主几乎毫无帮助。刺激计划的规模太小了，计划得太差了，而且持续时间也太短了。

我认为，耶伦会给中央银行系统带来一些真正的变革，不仅在美国国内，而且对其他国家也是如此。长期以来，各国的央行行长在货币政策以外的问题上一向态度慷慨。当格林斯潘把金融业搞得一团糟之后，他又在财政政策上随意地给出建议。（他支持为富人减税的理由让人极度不可思议：如果不减税，美国就有可能还清全部的国债，而这将让货币政策变得难于施展！）欧洲央行的行长同样没有管好欧元区的金融体系，同样随意地给出关于劳动力市场的政策，认为有必要提升薪资弹性——直白地说就是应该削减工资，这加剧了欧洲内部的经济分化。

中央银行通常一心关注通货膨胀。即使在美国，中央银行也应该重视失业和经济增长（如今亡羊补牢地关注金融稳定），但它事实上关注的只有通货膨胀。耶伦帮助改变了这一点。在最近的几年，美联储已经宣布直到劳动力市场发生好转之前不会加息。

更激动人心的是，耶伦在2014年10月17日波士顿联邦储备银行的一次会议上发表了关于不平等和机会不平等的演讲。在《纽约时报》上的一篇讨论文章中，[3]有人认为这番言论超出了美联储的职权范围——尽管当其他国家的央行行长对经济政策的其他方面发表意见时，并没有出现过这一类的批评声音。正是因为美联储的巨大影响力，我坚信耶伦谈论不平等的做法是正确的。如果过度收紧货币政策，即将利率提升得过高或过于严格地限制信贷供应，那么失业率将会高于过往，并通过由此产生的工资下行压力，直接或间接地伤害到工人。如果（通货膨胀一露苗头）过早地收紧货币政策，工资的占比很可能就会下降，因为在经济低迷的时期，工人往往因生活拮据，只得被允许想办法补贴家用。

尽管过去美联储政策的主要动因一直是让经济恢复至充分就业（这对工薪阶层有着巨大的好处），但其中的一些做法有可能也加剧了不平等。量化宽松的一项主要影响是，购买长期债券以降低长期利率的政策一直在刺激股票市场——该政策带来的好处极度不成比例地流向了富人。同时，美联储应该而且也有能力让金融市场更好地为普通美国人服务——保护竞争，限制信用卡和借记卡过度向商户收取费用（最终由消费者买单），打造服务于美国人民（而不是银行的利益）的抵押贷款市场，但它在这一点上的失败不仅充实了银行的金库，也伤害了中产阶级和底层人民。

耶伦指出的货币政策局限性（正如我在本书中做的那样）也是正确的。单靠自身，美国经济很难恢复至充分就业的状态。事实上，这可能导致了我们正在经历的"失业式复苏"（尽管当前适龄人口的就业比例在金融危机之后略有反弹，但仍低于自1984年以来的任何时候）。低利率鼓励企业在投资时大力发展资本密集型的科技产业——在当下这个还有大量低技能的劳动力在努力寻找工作岗位的时代，像这样用机器大量地取代非技术工人是毫无道理的。

政策在某些领域对穷人的影响几乎再明显不过了。《美国粮食政策的错乱》就讨论了这样的一个领域——美国的食品券计划，有近七分之一的美国人要依靠该计划。当时，美国国会正在讨论大幅削减这项计划。但是主张该项削减的众议院共和党人又同时支持继续对富裕农民提供大规模的农业补贴。人们很少能如此鲜明地看到这由"1%的人的民享、民有和民治"的政府的自相矛盾之处。关于自由市场的花言巧语被拆穿了：那仅仅是一套花言巧语。共和党控制的众议院通过继续给农业综合企业提供慷慨的公司福利而维护着富人的利益，即使它同时又在削减对穷人的保障。

工人常常将自己的财富缩水归咎于全球化。在之前的几本书中，我曾解释过，管理不当的全球化为什么会加剧发达国家和发展中国家之间的不平等。[4]贸易协定的推行一向都打着"创造就业"的旗号——如果这是事实，工人应该是这类协定最热烈的支持者之一。但现实往往与之相反，这个国家的政治领导人（不仅是共和党人，还有克林顿和奥巴马）都想用这样的说辞歪曲这些贸易协定，这破坏了人们对它们的信心。这样的事实再一次提醒全体公民，美国政府在多大程度上倾向于上层人士的利益。

贸易协定能创造就业，这在"逻辑"上至少有三处重大缺陷。所有政治派别的政府都能正确地指出，增加出口一定会创造就业，但贸易平衡又要求进口与出口大致相等，而没有任何贸易伙伴会签下一份不平衡的协定，即只增加美国的出口，而不会对等地增加自身对美国的出口（即美国的进口）。但如果出口创造就业，那么进口则会减少就业。那么，我们就需要仔细且复杂的计算：这些协定到底会增加就业，还是会减少就业？由于美国的进口产品往往来自劳动密集型产业（需要大量工人才能形成一定产出价值的行业），而美国的出口产品（如飞机等）则来自劳动人员相对较少的高科技产业（但要求劳动者需要掌握更高的技能），综合来看，一项实现进出口平衡的贸易协定貌似更有可能减少美国的就业。

我刚才给出的分析是假设市场运行正常。但近些年来，美国经济运行的并不好：公开失业和隐性失业的水平很高。破坏就业比创造新的工作机会更容易。来自进口商品的竞争可以在一夜之间消灭很多工作岗位。拓展出口则需要扩大现有的企业以及创建新企业。然而，当金融市场无法正常运作的时候（并且美国的金融市场一直就不正常），想要扩张的公司往往获取不到资本，想要创业的企业家也无法得到所需的资金。

也许最重要的一点是，保持经济稳定的责任不在于贸易，而在于美联储和美国政府这样的货币和财政部门。不可否认，这两者做得并不好，而单靠贸易显然不太可能弥补它们的失败。事实上，如果美联储能把自己的工作做好、经济处于充分就业状态，并且政府签下的贸易协定能带来就业岗位的净增长，那么美联储就该加息了，加息会完全抵消贸易协定在所谓创造就业机会上的好处。

欺骗从来都不是最好的政策，在推销贸易协定上的欺骗是公共政策方面的一个污点。

正当奥巴马总统推动跨太平洋和大西洋的新贸易协定之时，我写下了《全球化的不利一面》和《自由贸易的把戏》两篇文章。尽管贸易协定可能不会创造就业（甚至可能会消灭工作岗位），但它们的真正影响会体现在其他方面。其中一个影响就是加剧了美国本就严重的不平等。这个观点可能早就为人所知，但政治家从来都不愿提及这一点，具有讽刺意味的是，在自由贸易最坚定的拥护者中，有些人恰恰最不愿意支持那些或能减轻这些不利影响的政策。

为何贸易协定会加剧不平等的原因很简单。这种影响在一个拥有完美市场的世界中最为明显——而这样的世界被许多全球化的支持者视为理想。在这样一个理想化的世界里，商品、资本甚至连劳动力都可以自由地跨境流动。因此，显然低技能劳动力（或者就此而言，任何的生产要素）的价格在世界任何地方都将会是相同的。这意味着美国的非技术工人将与其他国家的非技术工人得到相同的工资。而这一工资水平几乎肯定会更接近其他国家的劳动力价格，而不是美国的。现代经济学的一大发现就是，商品和服务的贸易有效地替代了劳动力和资本的自由流动。

尽管经济学家长久以来一直在争论这种作用的相对重要性（与其他加剧收入不平等的因素相比），但越来越多的人都认为，如今贸易对工资和不平等的影响可能是巨大的。有些原先在美国国内生产的商品现在要从其他国家进口，而这些商品的过往产地都出现了就业率和工资的下滑。

更不幸的事，美国的贸易协定是不平衡的，这体现在它们让不平等产生的影响更严重。这些协定的拥护者尽力促成的不只是商品和服务的自由流动，也包括资本的自由流动。但这从根本上改变了工人的谈判地位。如果工人要求体面的工资，雇主可以很轻易地威胁要将工厂搬到海外——因为将自己的企业搬走并将产品运回来，这样做并不存在什么障碍。这样的自由流动无疑也会削弱工资水平。

讽刺的是，许多全球化的拥护者不仅提议不要对那些受到全球化伤害的人施加任何的援助，而且还宣称工人就应该接受对工作保护和公共服务的削减，并称之为在全球化之下保持竞争力的需求。实际上，他们是在承认，工人必须接受全球化的冲击。然而，如果全球化确实让整个国家受益，而工人的整体情况却更糟了，这又说明了什么呢？这意味着全球化带来的全部好处（以及比这更多的好处）都流向了富人，流向了公司和企业主。

但这两篇文章认为，拟定中的新贸易协定甚至更为不堪。想必，这就是其协商过程如此保密的原因之一吧！因为关税已经很低了，但新的协定本质上就是为了加强对知识产权的保护（协议中试图让仿制药处于更大竞争劣势的内容推高了药品的价格），并破坏那些保护环境、工人、消费者，甚至经济的法规。

最令人感到不安的是那些表面上用于保护财产权，并被委婉地冠以"投资规定"的条款。谁又能反对这一类的内容呢？但当美国向欧洲提议在跨大西洋的协定中加入本质上的类似条款时，很多人都感到大吃一惊。很明显，这里面还暗藏玄机。因为欧洲拥有良好的财产权保护制度——丝毫不亚于美国，并且如果欧洲的财产权制度出了问题，为什么有人只想为外国公司而不是欧洲本土的公司纠正呢？欧洲也有着同样良好的监督和司法体系。为什么有人想要谋求用私下进行的仲裁程序来取代完备建立且考虑充分（对争端的双方都有很好的保护，具备基于强有力司法先例的透明程序）的争端（这里指国家与公司之间）评判制度呢？更何况，在很多情况下，仲裁人员往往在其他案件中的立场本就存在利益冲突，并且还缺乏充分的上诉和司法审查的条款。如果这些协定中所要求的特定形式的司法程序真的更优越，那各个国家又为什么不更广泛地采用它们呢？如果它们真的很优越，难道不应该在司法部部长和国会司法委员会（而不是美国贸易代表和贸易相关的国会委员会）的主导下，在美国国会进行一场国家层面的大辩论吗？

这些文章认为，新贸易协定只不过是为公司的利益服务，它们通过一项贸易协定所获得的那种监管制度，是永远不可能通过公开的民主辩论得到的。那些协定企图打破已经施行了50多年的安全措施，甚至还要取消近年来才落地的、旨在限制金融部门过度行为的保障措施。因为这些协定甚至似乎有限制美国及其贸易伙伴监管金融业的能力。

那些贸易协定中另一系列的恶劣条款是关于知识产权的。知识产权很重要，但正如我于克林顿政府时期在首次参与对"乌拉圭回合贸易谈判"的讨论时所清楚看到的那样，美国贸易协定中所包含的条款并不是旨在推动科学的进步。它们单纯为了充实公司的金库，尤其是制药业和娱乐业。事实上真正令人担忧的是，现行的条款反而会阻碍科学的进步。

新贸易协定中的知识产权条款尤其对仿制药不利。奥巴马政府曾为打造一个更高效的医疗保健行业（这将降低医疗保健的成本）而付出了如此之多的努力，但他又用一份势必会推高药品价格的贸易协定毁掉了自己的成果，这才是最辛辣的讽刺。

在《知识产权保护是如何加剧不平等的》一文中，我接着讨论知识产权对加剧美国大鸿沟所发挥的作用，其中重点讲述了一个离奇的案例：一家私营公司获得了一组与乳腺癌密切相关的基因专利权，并在接下来强迫任何一个想要知道自己是否有这种风险的人，为使用它家的基因检测产品（结果并不比其他公司提供的产品好）而支付离谱的费用。或许最严重的不平等就是对生命的剥夺——这就是美国知识产权制度造成的恶果。幸运的是，在这起事件中，美国最高法院判定该专利无效。奇怪的是，即使在判决生效之后，那些试图对这些基因提供更便宜检测的公司还是遭到了起诉。

知识产权法不是"上帝"赐予的，而是由人制定的。它应当是一种旨在鼓励创新和知识传播的社会建构。但在法律意义上它存在很多细节，如果人们不能正确对待这些细节，保护知识产权反而会抑制创新。比如说，人们应该只为新想法获取专利，这就是为什么专利法会对创新有一套认定标准。专利就应该足够新颖。同样的出发点，专利的有效期也只是有限的 20 年。制药公司总是企图通过对其药物的细微改进来延长它们的垄断权力。这就是所谓的药品"专利常青化"。印度采取了强硬的立场——拒绝对一种药物授予专利，因为该药物为了延长专利的有效期而明显只做出细微的改进。《印度对专利的明智判决》中解释了为什么印度这样的做法是正确的。从那以后，美国政府一直在向印度施压，要求其改变政策，并希望在印度总理纳伦德拉·莫迪领导下的商业友好新政府更容易做出让步。

美国的不平等程度（税后并且转移支付之后）在所有发达国家中是最严重的，但一些发展中国家和新兴市场的不平等情况比美国更差。（我会在本书接下来的部分中谈到许多这样的国家。）正如不平等有太多的形式（财富、收入、健康或机会的不平等），其中一些不平等可能比其他不平等产生更令人反感的社会影响。我与在哥伦比亚大学研究政治学的同事、联合国前助理秘书长迈克尔·多伊尔共同撰写了《消除极端不平等》，其中的观点就是一些减少极端不平等的措施，应该被纳入当时联合国正在讨论的可持续发展目标之中。在世纪之交，联合国曾制定了一整套千年发展目标，将全世界的关注点聚焦在未来 15 年之内可实现的目标上，其中包括到 2015 年将全球的贫困人口减少一半。这些目标所取得的成功甚至超过了对该项目最热心倡导者的期望，不仅让注意力聚焦到减少贫困（以及贫困的所有表现）的重要性上，甚至最后还达成了这些目标。

毫不意外，随着 2015 年的临近，人们一致认为应该再制定一套新的目标，但对清单中应包含目标也存在广泛的争论。基于我认为不平等（尤其是在许多国家观察到的极端不平等）对经济和社会都不利，我自然要提倡在我们的全球发展目标中对此有所作为。我之所以与多伊尔教授合作，是因为我不但想强调不平等的经济后果，还要强调其政治后果及更广泛的社会后果。我们想要引发关注的不平等的一个方面是种族间的不平等。在发展中国家，这一类的不平等与国内冲突有着系统性的关联。当然，美国在这方面也有严重的不平等——非洲裔美国人、西班牙裔美国人以及其他族群之间的差异极大。令人不安的是，尽管这类差异在最顶层人群当中有所改进，但在普通人之间的种族差异几乎没有任何改善。事实上，"大衰退"进一步加重了贫富差距。

这部分的倒数第二篇文章《危机后的危机》源于我的一个担忧，由于太多的注意力都放在"大衰退"及其后果之上，我们几近搁置了对一些长期恶化问题的解决。如果不开始应对它们，我们将不可避免地会再次面对一系列的其他危机，比如气候变化。在一些方面，这场危机让我们错过了一次良机——我们可以而且也应该利用这场危机进行投资，以帮助我们应对气候变化的挑战。如果我们这样做了，美国的衰退就会更轻微，增长和就业也会更好，美国在应对全球变暖的危机中就会处于更加有利的地位。在另一些方面，这次危机让许多情况变得雪上加霜——不平等就在其列。在过去的 30 多年里，尤其是在进入新世纪之后，不平等的程度显著加剧。由于美联储和美国政府专注于帮助银行并谋求股市的繁荣（但对住房问题却袖手旁观），结果让财富上的不平等继续扩大。[5]

这部分的最后一篇《不平等并非无可避免》是《纽约时报》"大鸿沟"系列文章的收尾之作；它呼应了我早先的文章《不平等是一项选择》，其意图是总结我策划这一系列文章的核心信息和见解。其中最重要的是，美国的高度不平等不仅仅全部（或大部分）非由基本的经济力量所造成，相反，它是我们如何塑造这些经济力量的结果，通过美国的政策，通过美国的法律法规，通过美国的货币、税收和财政支出的措施。事实上，也有一些其他国家的税前和转移支付之前的不平等程度与美国相当（或相差不大），但那些允许市场力量造成这种局面的国家，会通过税收、转移支付和提供公共服务来缩小不平等。然而，还有许多其他国家做到了让市场化收入的不平等程度低得多——正如我在其他地方提到过的那样，这些国家的整体经济表现并不弱于美国。因此，不平等不仅不是不可避免的，而且有一些政策可以让我们获得更多的共享繁荣。确实，通过分享，我们就能更加繁荣。

# 注　释

1. 该文章名为《货币守护者的更换》，刊登于 2013 年 8 月 5 日的《报业辛迪加》。
2. 对这场争斗的更多讨论参见尼古拉斯·莱曼于 2014 年 7 月 21 日刊登在《纽约客》杂志上的文章《杠杆上的手》。
3. 我在 2014 年 8 月 28 日期的"辩论空间"上提出了一个问题："中央银行的政策该不该尝试抵消经济结果的不平等，还是这个任务应该完全由政治程序来决定？"
4. 参见斯蒂格利茨所著的《全球化逆潮》（纽约：诺顿出版社，2002 年）、斯蒂格利茨所著的《世界的另一种可能》（纽约：诺顿出版社，2006 年）以及安德鲁·查尔顿与斯蒂格利茨合著的《国际间的权衡交易》（纽约：牛津大学出版社，2005 年）。
5. 参见美联储 2014 年 10 月的《消费者财务状况调查》，其中总结了经济衰退以来财富不平等扩大的情况。自金融危机开始以来，财富的中位数下降了 40%，从 2007 年的 13.54 万美元降至 2013 年的 8.12 万美元（经通货膨胀调整后）。

# 政策如何促成经济上的大鸿沟[1]

—

美国正处在不平等与经济衰退的恶性循环之中：不平等延长了经济衰退，而经济衰退又加重了不平等。更不幸的是，保守派主张的紧缩目标将会让这二者变得更糟。

美联储在本月公布的数据展现了美国日益加剧的不平等问题的严重性，其中显示这场经济衰退对底层和中产人士的财富和收入造成了灾难性的影响。财富的中位数在短短三年之内下降了近40%，让大多数美国人20年来的财富积累毁于一旦。如果普通美国人在过去20年里真能享受到这个国家表面上的繁荣，那么他的财富就不该在原地踏步，而是增长了四分之三。

从某些方面，数据证实了一些已知的事实，但这些数字仍然令人触目惊心。我们从中了解到房价出现了急剧下跌，而房产是大多数美国人的主要积蓄所在；我们也了解到数万亿美元的房屋净值化为乌有。但是，如果我们没弄懂不平等与经济表现之间的联系，我们还是可能继续推出让二者都恶化的政策的。

至少从21世纪初开始，美国就在不平等方面"出类拔萃"。美国的不平等比其他任何发达国家都严重。这些数据提醒我们，货币、财政和监管政策的组合是如何造成这样结果的。这其中市场力量发挥了作用，但市场力量也在其他所有国家发挥着同样的作用，只不过政治上的差异在很大程度上造成了结果上的差异。

"大衰退"加剧了这样的不平等，从而很可能会延长经济衰退的时间。顶层人士的花销占他们收入的比重远小于中低收入的群体——后者在如今更是花光所有钱才能勉强度日。正在美国发生的这一类从底层向顶层的再分配降低了总体需求。美国经济的疲软正源自总需求的不足。小布什总统分别在2001年和2003年通过的减税措施（尤其偏向富人的减税）就是填补需求缺口的一个特别低效的方式；他们把实现充分就业的重任推给了美联储，而美联储通过放松监管和宽松货币制造的泡沫来填补需求的缺口。然后，这样的泡沫诱使底层美国人中有八成超出自身能力进行消费。政策确实发挥了作用，但这只不过是短暂的、无法持久的权宜之计。

美联储一贯无法理解不平等和宏观经济表现之间的联系。在这场危机之前，美联储几乎丝毫不重视不平等，对通货膨胀的关注超过了就业。宏观经济学中许多流行的模型也都认为收入分配并不重要。美联储官员对自由市场的信仰限制了他们去干预银行的滥用行为。就连美联储前理事爱德华·葛兰里奇也在2007年出版的一本言之凿凿的书中指出，他们本该有所作为，但实际上却什么都没有做。美联储拒绝使用美国国会在 1994 年授予它的权力来监管抵押贷款市场。在这场危机过后，美联储降低了利率（这注定是刺激投资的一种徒劳尝试），但它罔顾了低利率将会毁灭性地打击到那些行事本分并投资于短期政府债券的美国人，以及这些人减少消费所导致的宏观经济效应。美联储的官员希望，低利率将会让股价上涨，从而引发富有的股票持有人增加消费。如今，长期的低利率鼓励企业大量投资资本密集型技术，比如用机器取代技术含量低的收银员。当美国经济最终实现复苏之后，美联储可能仍在通过这种方式为失业式复苏做出贡献。

事态可能会进一步恶化。一些共和党人提倡的紧缩政策将会产生更多的失业，导致工人为争夺岗位而降低工资。增长放缓将意味着各州和地方的税收减少，从而不得不削减对大多数美国人很重要的公共服务（包括减少教师、警察和消防员的岗位）。这将迫使学费进一步上涨——本月公布的数据显示，从 2008 年至 2010 年，四年制公立大学的平均学费上涨了 15%，而同期大多数美国人的收入和财富都在下降。这又将导致更多的学生债务，给银行家带来更多的利润，但对于中低层群体则意味着更大的痛苦。一些人目睹了父母一代负债的后果，他们不愿意为完成大学教育承担必需的债务，结果一辈子只能过低收入的日子。即使是中等家庭，收入状况也很糟糕；对于男性工人，经通货膨胀调整后的收入中位数在今天比在 1968 年还要低。美国已经是全世界发达国家中机会最不平等的国家，美国儿童的前途甚至比僵化的老欧洲国家还要依赖于父母的收入和受教育程度，而且这个国家的机会还将进一步地减少。

如果美国想要经济复苏，除了依靠财政政策别无他法。幸运的是，精心设计的支出措施可以同时产生更多的就业、更快的增长和更好的平等性；进一步增加从学前教育到"佩尔奖学金"的教育投入，特别是针对穷人和中产阶层，将刺激经济，增加机会，提振增长；从联邦政府拨给银行的资金中拿出一小部分去帮助那些资不抵债的住宅业主，或为那些寻找工作长期未果的人延长失业救济金，也会在给饱受经济衰退之苦的人们减轻负担的同时，有助于加速终结这场经济衰退。这种更快的经济增长反过来也会产生更多的税收收入，从而改善美国的财政状况。许多这样的投资都将是物超所值的。

相比之下，如果我们走上紧缩之路，我们很可能陷入二次衰退的风险，尤其是在欧洲危机发生恶化的情况下。至少，美国的经济衰退可能会比不实施紧缩政策持续得更久。美国在未来的增长也将会更疲软。但也许最重要的是，美国将变得愈加割裂，美国人将为越来越严重的不平等和越来越少的机会付出高昂的经济代价；而对美国的民主制度、美国作为一个充满机会并公平竞争的土地的国家认同感以及美国的社会，甚至更是贻害无穷。

## 注　释

1. 刊登于 2012 年 6 月 22 日的《华盛顿邮报》。

# 为什么该由耶伦而不是萨默斯来领导美联储[1]

—

关于下一任美联储主席人选的争论变得异常激烈。这个国家如今有幸有一位极为合格的候选者：美联储的现任副主席珍妮特·耶伦。有人担心总统可能倾向于另外一位候选人劳伦斯·萨默斯。由于我在政府的内外，曾与这两个人都有超过30年的紧密合作，我对这个问题也许有一个独特的视角。

但是，有人可能会问，作为一个通常专注理解美国及全球日益增长的割裂问题的专栏，聊这个话题适合吗？原因很简单：因为美联储的所作所为对加剧不平等产生的影响几乎不亚于其他任何因素。好消息是，这两位主要的候选人在讲话时都表现出对不平等的关心；而坏消息是，如今中产阶级和底层人民面临的困境，与其中一位候选人萨默斯曾经推行的政策脱不了干系。

美联储兼具监管和宏观经济管理的职责，而监管失败是美国危机的核心原因。作为克林顿政府时期的财政部官员，萨默斯先生支持放松对银行业的管制，包括废除《格拉斯－斯蒂格尔法案》，而这正是造成美国金融危机的关键。他在 1999 年至 2001 年间作为美国财政部长的重大"成果"是通过了一项确保衍生品不受监管的法律——这一决定摧毁了美国的金融市场。（沃伦·巴菲特正确地将这些衍生品称为"大规模金融杀伤性武器"。在对这些重大政策失误负有责任的人当中，有些人已经承认自己的分析确实存在根本性的"缺陷"。但据我所知，萨默斯还没有。）

监管失灵同样也是之前几次危机的核心原因。萨默斯先生于 20 世纪 90 年代在财政部任职期间违背白宫经济顾问委员会（我在 1995 年至 1997 年间领导该机构）的建议，鼓励各个国家迅速放开资本市场，允许资本不受限制地从本国流进流出（事实上，也是他坚持让它们这样做的）。这比其他任何事情都更直接地造成了亚洲金融危机。对于那场亚洲危机和 2008 年发生的全球金融危机，萨默斯所提倡的放松管制政策比其他几乎所有的政策或行动都该负有更大的责任。

萨默斯先生的支持者认为他特别有能力管理危机，并且尽管我们希望在未来四年之内不会发生危机，但出于未雨绸缪的考虑，也需要一个擅长应对这类关键时刻的人。平心而论，萨默斯先生确实被卷入过几次危机。然而，在危机期间仅"身居要职"是不够的，重要的是在应对之中展现出良好的判断力，甚至更重要的是果断采取行动以降低另一场危机发生的可能性——与几乎注定让另一场危机不可避免的措施截然不同。

萨默斯在历次危机中的行为和判断，与他在这方面投入不足一样是有缺陷的。在我看来，无论是在亚洲还是在美国，他都似乎低估了经济衰退的严重程度，而且由于他的预测如此离谱，推出那些不合时宜的政策也就毫不意外了。财政部负责应对亚洲金融危机的那些人的表现也是令人失望的——把低迷恶化成衰退，进而又从衰退落入萧条。所以同样，尽管银行体系得到了挽救，并且让美国又一次避免萧条，但那些负责管理 2008 年危机的人也没能创造出强劲的全面复苏。对抵押贷款再融资的拙劣努力，在恢复中小企业的信贷流动性上的失败，以及对紧急援助的错误应对，全部都被如实地记录下来——同样留下记录的还有未能预见经济崩溃的严重性。

这些问题对于任何关心不平等的人来说都很重要，原因有四个。其一，危机及他们对危机的处理方式是贫困和不平等的真正来源。看看这场危机造成了多大的破坏：财富的中位数下降了 40%，中产阶级的收入仍然没有恢复到危机前的水平，而最上层的 1% 的人独享经济复苏的全部成果（并且他们分得的比全部增长的部分还要多）。普通工人受害最深：他们要面对高失业率，目睹自己工资的减少，首当其冲地承受着预算紧缩导致的公共服务削减。他们之中有数以百万的家庭失去了自己的住宅。奥巴马政府本可以更多地去帮助住宅业主，去帮地方维护公共服务（比如，通过我在危机开始时呼吁的那种联邦政府与各州和地方政府的税收分享机制）。

其二，放松管制带来了经济的金融化，扭曲了美国的经济。这为那些为了自身利益而操纵游戏规则的人提供了更大的空间。正如詹姆斯·加尔布雷斯的谠言嘉论，尾大不掉且缺乏监管的金融业与更严重的不平等密切相关。那些效仿美国放松管制的国家，比如英国，也见证了不平等程度的加剧。

其三，这种由放松管制产生的不平等有一个最令人反感的方面，那就是它涉嫌鼓励金融业的滥用行为——通过掠夺性贷款、市场操纵、滥用信用卡行为或利用其在支付系统中的垄断力，以牺牲普通美国人为代价让金融业欣欣向荣。美联储拥有巨大的权力可以防止这些滥用行为，甚至在 2010 年《多德－弗兰克法案》通过之后，这个权力变得更大了。然而，这家央行在这方面屡屡失败，从上到下只重视加强银行的资产负债表，而牺牲了普通美国人的利益。

其四，美国的金融业不仅是干了不该干的事，并且该干的事情也没有干。即使在今天，中小规模的企业也极度缺乏贷款。良好的监管会让银行远离投机和市场操纵，重新回归其核心业务：发放贷款。

无论由谁来接替本·伯南克成为美联储的领导者，他都必须执掌美国货币政策的杠杆，需要频频对何时加息或降息做出决策。

做这些决策需将两方面的要素纳入考虑。第一个要素是预测，错误的预测会导致错误的政策；没能把握好经济的方向，就无法采取正确的政策。耶伦在预测经济走向方面有着出色的记录——据《华尔街日报》的说法，她在美联储的所有官员中是最好的。而正如我之前提到过的，萨默斯的预测并不尽如人意。

耶伦的极佳表现并不让人感到意外。我在耶鲁大学教过珍妮特·耶伦，她是我在哥伦比亚大学、普林斯顿大学、斯坦福大学、耶鲁大学、麻省理工学院和牛津大学执教 47 年以来，教过的最优秀的学生之一。她是一位极具智慧的经济学家，具有很强的促成共识的能力，她先后担任过总统经济顾问委员会主席（接替了我的职位）、旧金山联邦储备银行 2004 年至 2010 年的行长，以及目前美联储的二号人物，这些经历都说明她能经得起考验。

耶伦女士能改变的不仅是人们对金融市场和货币政策的理解，还包括对劳动力市场的认识——当失业和工资停滞成为主要问题的时候，后者更是至关重要的。

美联储政策制定的第二个要素是风险评估：如果踩刹车太狠，就有失业率过高的风险；如果过于温和，又可能发生通货膨胀。耶伦女士已经证明，她不仅善于预测，也很善于平衡。自然有人提出这样的问题：既然萨默斯与华尔街关系密切，他是否将会践行金融家对通货膨胀问题的一味关注？他会不会更担心通货膨胀对债券价格的影响，而非对普通美国人的影响呢？在过去，中央银行一直过度关注通货膨胀问题。事实上，这种对金融稳定毫不在乎的一味关注不仅引发了这场危机，而且正如我在《自由市场的坠落》一书中的观点，这还导致了普通工人收入在总收入中比重的下降。

尽管具备采取行动防范危机的意愿以及能在危机之中做出准确判断，无疑是选择下一任美联储主席的关键因素，但还有其他重要的考量因素。美联储是一家大型组织，需要有条不紊地管理——而耶伦女士在旧金山联邦储备银行的任职就展现了她的管理技能。有人更担心通货膨胀，有人更担心失业，而她就必须使各怀主见的人群达成共识。我们的美联储主席需要懂得如何建立共识，而不是善于霸凌，需要懂得倾听和尊重他人的观点。在我担任经济合作与发展组织经济政策委员会的主席时，我目睹了耶伦女士是如何有效地代表美国的利益，以及她获得了怎样的尊重。在那之后的几年里，她声誉日隆。到如今，她得到了世界各国央行行长的高度敬重。她的判断力、智慧和庄重，正是人们期望中的美联储领导者应该具备的。

最后，美联储是一家极为重要的机构，但令人遗憾的是，美联储在耶伦女士到华盛顿任职之前的行为削弱了人们对它的信心，包括应对泡沫的失败以及紧跟危机爆发之后的某些做法（比如缺乏透明度）。重要的是，奥巴马总统对美联储主席的提名人选不应（甚至不应被视为）依从金融市场的吩咐行事。拟任的美联储主席甚至不能沾染丝毫利益冲突的嫌疑（在金融业监管往往会牵扯到“政商旋转门”的情况下，很少有人能独善其身）也不该遭受华尔街“认知俘获”的洗脑。同时，这个人还必须对金融市场有信心，以及对这些市场有深刻的理解。耶伦女士做到了以上的全部——这本身就是一项了不起的成就。

有人可能会说，能有这样两位候选人是美国之幸，像国际货币基金组织前首席经济学家、哈佛大学经济学教授肯尼斯·罗格夫就曾写道，这二人都是“具有丰富政府部门经验的杰出学者”。但工作表现并不仅仅取决于他们的学术才华，价值观、判断力和个性也同样重要。

很少有这样的艰难抉择，因为其中的关系实在是太重要了，难怪美联储领导者的选择会激起人们如此高的热情！耶伦女士在她历任的每一个岗位上都留下了令人印象深刻的记录。这个国家如今面

对的这两位候选人，一位是导致我们至今还在努力克服经济困难的
关键推手，而另一位有着崇高的声望、丰富的经验和良好的判断力。

## 注  释

1. 刊登于 2013 年 9 月 6 日的《纽约时报》。

# 美国粮食政策的错乱[1]

—

美国的粮食政策长期充斥着令人费解的逻辑缺陷。政府每年在农业补贴上花费几十亿美元，其中很多都用于资助富裕的商业运营者，去种植超出我们所需的农作物。由此产生的供过于求压低了全世界的农产品价格，伤害了发展中国家的农民。与此同时，数百万的美国人挣扎在饥饿的边缘，依靠食品券计划（对于大多数该计划的受益者来说，每天只有4美元多一点）勉强维持温饱。

因此，有人竟不认为众议院共和党人所要求的农业法案会让这些问题雪上加霜，这实在太不可思议了。趁着国会试图延期一项搁置已久的农业法案之际，共和党在众议院的核心团体打着平衡国家收支的大旗，在与参议院的谈判中正推进一些措施。而这些措施将会削减对这个国家中最弱势群体的微薄援助，并将省下来的钱去继续养肥一小撮有钱的美国农民。

众议院已经提议在未来的 10 年将食品券福利削减 400 亿美元——这是在本月初已经生效的 50 亿美元削减计划之外的，同时在 2009 年的刺激法案中食品券计划的上调部分也到期了。就在此刻，众议院的共和党人似乎对放任农业补贴（去年总计大约为 149 亿美元）的持续高增长感到满意。共和党的提议将会让政府援助从直接支付（不管市场如何波动，每年都会按固定比例支付给农民，以鼓励他们继续种植某些特定的农作物）变成农作物保险费的补贴。但这样做也未必能给政府省钱。更糟糕的是，不同于直接支付，保险费的补贴对能以这种方式接受慷慨馈赠的农民并没有收入限制。

该提案正是一个完美的例子，演示了经济学家口中的"寻租"如何助长了日益严重的不平等。随着极少数的美国人变得十分富有，他们的政治权力也随之膨胀到不成比例的程度。少部分强势人的利益（比如这里富有的商业农民）推动形成了扭曲市场的公共政策，而这些政策只为他们自己谋取国家经济蛋糕中更大的份额。他们分到了更大的一块蛋糕就意味着其他所有人的那一块变小了（整个蛋糕不会变大了），但寻租者通常精于从每个美国人身上拿走足够少的钱，以至于大部分人几乎意识不到损失。尽管寻租者从每一个美国人口袋里掏出的钱很少，但对于寻租者来说，这个总额是巨大的。这反过来又进一步加剧了不平等。

在这个不平等螺旋上升的过程之中，众议院共和党人在农业法案中提出的无理安排是其中一个尤为恶劣的形式。它将最贫穷美国人勉强维生的真金白银拿给了一小撮德不配位的富人，以换取他们的竞选捐款和政治支持。从经济的角度看，这完全不合理：这个法案实际上扭曲了美国的经济，因为它促成产量增加的那些产品是人们不需要的，并且缩减了收入最低群体的消费支出；这在道德上也站不住脚，因为它实际上加深了数百万美国人日常生活的痛苦和不稳定。

农业补贴在 80 年前刚开始实施的时候要比现在合理得多。当时是 1933 年，超过 40% 的美国人生活在农村地区。农业收入在进入"大萧条"后的前三年锐减了一半。在那种状况下，农业补贴是一项反贫困计划。

但现如今，农产品补贴的目的完全不同了。根据美国环境工作组的数据，从 1995 年到 2012 年，有 1% 的农场单独获得了大约 150 万美元的补贴，总计占全部补贴金额的四分之一以上。全部补贴中约四分之三分给了 10% 的农场。这些农场平均每年收到超过 3 万美元的补助——这大约是去年美国联邦补充营养援助计划（简称 SNAP，俗称"食品券"）中单个受益人平均领取金额的 20 倍。

如今，食品券是美国反贫困行动的主要支柱之一。根据去年美国农业部最新的全面数据，在 2011 年领取过食品券的大约 4500 万美国人当中，超过 80% 的家庭总收入低于贫困线（在那之后，参与者的总人数已经增加到 4800 万）。即使拿到这些援助，他们中的许多人还是存在食物缺乏保障的问题，也就是说，他们在一年中的某些时候家中会没有食物。

在历史上，食品券计划和农业补贴一直是捆绑在一起的。这二者看上去似乎是一对奇怪的组合，但这么做是合理的：因为有必要同时解决食物经济学的两端——生产和消费。一个国家即使拥有丰富的食物供应，也不能确保这个国家的公民可以吃得很好。给富人的农产品补贴与给穷人的营养援助之间的彻底不平衡（关于农业法案的最近提案将直接造成这种不平衡）就是对这一美国经济中既成事实的痛苦明证。

获得诺贝尔奖的经济学家阿马蒂亚·森一直提醒我们，哪怕饥荒也未必是由供应不足造成的，而是因为未能将已有的食物提供给需要的人。1943年的孟加拉大饥荒 <sup>⊖</sup> 和一个多世纪前的爱尔兰大饥荒 <sup>⊖</sup> 都是如此。受到英国摆布的爱尔兰，即使有国民死于饥饿，也没有停止出口粮食。

类似的情况也正在美国上演。美国农民被誉为世界上种植效率最高的农民之一。单看玉米和大豆这两种作物，这个国家都是全球最大的生产国和出口国。即使这样，仍有数百万的美国人在忍受着饥饿，而且如果没有政府为防止饥饿和营养不良而提供的救济计划，还会多上几百万挨饿的人——而共和党人却正在谋求削减这些计划项目。

美国的粮食政策还表现出另外一层讽刺意味——尽管政府鼓励生产过剩，但它们极少重视美国农场所生产食品的质量和多样性。

---

⊖　孟加拉大饥荒发生在1943年，估计有300万人死于饥饿、营养不良和饥荒期间有关的疾病。——译者注

⊖　爱尔兰大饥荒，俗称马铃薯饥荒，是一场发生于1845年至1850年的饥荒。在这5年的时间内，英国统治下的爱尔兰人口锐减了将近四分之一。这个数目除了饿死、病死者，也包括了约100万因饥荒而移居海外的爱尔兰人。——译者注

比如，对玉米的高额补贴导致很多不健康的食品相对价格便宜。所以许多手头拮据的人在采买杂货时倾向于选择缺乏营养的食物。这部分地造成了越穷的美国人吃得越多的悖论，还有全球排名靠前的肥胖率和 Ⅱ 型糖尿病的高发。美国穷人尤其容易肥胖。

在几年前，我曾经去过印度。那是一个拥有 12 亿人口的国家，每天都有数千万的人要面对饥饿。当时有报纸在头版大肆报道，七分之一的美国人因为买不起基本的生活必需品而面临着食物无保障。我在那段时间认识的印度朋友们，都对这条新闻感到困惑：在这个世界上最富有的国家里，怎么可能还会有人在挨饿？

他们的困惑是可以理解的：发生在那片富饶土地上的饥饿是不必要的。但让我的印度朋友们不理解的是有 15% 的美国人（以及 22% 的美国儿童）生活在贫困中。一个拿着最低 7.25 美元时薪的人，工作足足一年（按一年 2080 小时计算）能到手的工资也只有 1.5 万美元，远远低于四口之家的贫困标准（在 2012 年为 23492 美元），甚至比三口之家的贫困线还低。

这幅惨淡的局面是来自华盛顿的政治决策造成的，在这些决策促成的经济体系中，受教育程度低的人必须异常努力地工作仅仅是为了维持他们的贫困生活。

这不是美国该有的运行方式。在那篇著名的"四大自由"演讲中，富兰克林·罗斯福早在 1941 年就阐明了所有美国人都应享有某些基本经济权利的原则，包括"免于贫困的自由"。这些观念后来被国际社会纳入了《世界人权宣言》，该宣言中还郑重地明确了获得充足食物的权利。但是，尽管美国在国际舞台上倡导这些基本的经济人权（并让它们得到采纳），但美国国内的表现却令人失望。

毫不意外，数百万美国人由于极度贫困，不得不求助政府来满足基本的生活需求。并且，这个人数随着"大衰退"发生也在急剧飙升。美国领取食品券的人数从 2007 年到 2013 年增加了 80% 以上。

将这些美国人的生活状态定义为贫穷，只是刚刚开始触及他们需求的糟糕状态。例如，在 2012 年，有五分之二的食品券领取者的总收入不到贫困线的一半。他们从该计划中拿到的钱非常少——每人每天仅有 4.39 美元。单单靠这点儿钱几乎无法维持生计，但对于那些能拿到这些钱的人来说，这让他们的生活发生了质的变化：根据美国预算与政策优先中心的估计，食品券计划在 2010 年让 400 万美国人脱离了贫困。

由于现行的计划不足以对抗饥饿和营养不良，以及在"大衰退"之后贫困的严重程度，有人可能认为美国政治领导人的自然反应该是扩大计划的支出以加强食物的保障。但是共和党在众议院的核心团体却持有不同的看法。他们似乎想要将此归咎于受害者——得不到足够公共教育并因此缺少匹配市场需要的技能的穷人，以及由于经济体系停滞的缘故而求职无门的那些人（几乎每七名想要找全职工作的美国人之中就有一人无法获得这样的岗位）。共和党人的提案不但不能减轻这些问题的影响，还会加重贫困和不平等。

并且，共和党人提案的灾难性影响甚至超出了美国本土。

从更大的角度来看，农业补贴结合削减对食品券的支出，增加了全球的贫困和饥饿。这是因为消费减少和生产增加导致的过剩，不可避免地会增加美国粮食的出口。更多的出口压低了全球的粮食价格，伤害了全世界的贫困农民。全球贫困人口中有 70% 生活在农村地区，他们之中绝大多数居住在发展中国家，而农业正是这些人主要的生计来源。

众议院共和党的方案如果被采纳，将在几个方面影响美国的经济。一个最直接的方面是生活来源减少的贫困家庭将会抑制经济的增长。而更加有害的是，共和党的农业法案会加剧不平等——不仅是向富裕农民提供直接的补贴，还相应地削减了对穷人的保障。营养不良的儿童（无论是因为饥饿还是由于饮食不善导致的生病）学习成绩比不上那些吃得更好的儿童。

通过削减食品券计划，美国正在确保不平等的永久延续，其中机会不平等是最恶劣的形式之一。正如我在本系列之前的文章中一再写到的那样，谈到机会，美国的所作所为差得让人担忧。美国人正在危及自己的未来，因为将有一大批位于底层的人对这个国家的整体繁荣无法施展出自己的才华，他们无法做出他们本该有的贡献。

所有这一切都暴露了共和党人支持这些粮食政策的理由（对美国未来的担忧，尤其是美国债务对后代人的影响），只不过是一种不诚实和极度愤世嫉俗的借口。不仅是因为债务洁癖的理论根基已经被推翻了（哈佛经济学家卡门·莱因哈特和肯尼斯·罗格夫曾认为经济增长的放缓与政府债务占 GDP 的比率超过 90% 有关，但这一研究成果后来遭到了驳斥），而且共和党的农业法案也明显在通过各种手段伤害美国和全世界的儿童。

假如这些提案成为法律，那么对于美国来说，这将是道德上和经济上的双重失败。

## 注 释

1. 刊登于 2013 年 11 月 16 日的《纽约时报》。

# 全球化的不利一面[1]

—

贸易协定是一个容易令人昏昏欲睡的话题，但我们所有人都应该对这件事打起十二分的精神。此时此刻，正在酝酿之中的贸易议案可能会让大多数美国人感受到全球化的不利一面。

尽管我们无法从奥巴马总统的言辞中发现任何端倪，但关于这些协定的相互冲突的观点实际上正在破坏民主党的内部团结。比如，在他的国情咨文讲演中，总统先生只是平淡地提到了"新的贸易伙伴关系"将会"创造更多的就业机会"。而最直接的争论就集中在《跨太平洋伙伴关系协定》（TPP）上，这一协定会将环太平洋地区的12个国家组成世界上最大的自由贸易区。

关于《跨太平洋伙伴关系协定》的谈判始于2010年，根据美国贸易代表的说法，其目的是通过降低缔约国之间的关税和其他贸易壁垒来增加贸易和投资。但《跨太平洋伙伴关系协定》的谈判一直是秘密进行的，这逼迫我们只能依靠一些泄露出来的草案来猜测拟议定的条款。与此同时，美国国会今年提出了一项法案，将授予白宫不会受到阻挠的快速审批权。根据该项授权，国会只能批准或拒绝白宫提交给它的任何贸易协定，但无法对其进行修改或补充。

争议爆发了，但出现的质疑也是有理有据的。根据泄露出来的内容（以及过往贸易协定中相关安排的记录），很容易推断出《跨太平洋伙伴关系协定》的全貌，但它看上去似乎并不让人感到乐观。这其中确实存在真正的风险，可能以其他所有人为代价让美国的巨富的人和全球精英从中获利。这样的一份方案竟然被纳入了考虑，实际上也证实了不平等通过美国经济政策施加深刻影响的严重程度。

更严重的是，像《跨太平洋伙伴关系协定》这样的协议只是一个更大问题的一个方面，而这个问题就是美国对全球化的严重管理不善。

让我们先回顾一下历史。总的来说，今天的贸易协定与二战之后几十年里的贸易协定有着明显的区别，当时的谈判重点是降低关税。随着协定中各方的关税下降，贸易扩大了，并且每个国家可以发展其具备优势的产业，结果就是生活水平提高了。有些工作岗位会流失，但很多新的工作岗位被创造出来。

现如今，贸易协定的目的发生了变化。全球各国的关税都已经很低了。关注点被转移到了"非关税贸易"上，而且由于受到企业利益的驱动，放松管制便成为协定谈判的重中之重。跨国企业巨头抱怨说，各国法规的不一致让它们的经营成本高昂。但大多数法规，即使不那么尽善尽美，也各自有其存在的一些合理之处，如保护工人、保护消费者、保护经济或者保护环境。

此外，这些法规的实施往往是一国政府对本国公民民主要求的回应。贸易协定的新鼓吹者委婉地声称，他们只是在追求监管统一，这是一个听上去很纯洁的说法，暗示着这是一个纯粹为了提高效率的清白方案。当然，如果要实现监管统一，不也可以按照全球的最高标准从严加强各国的法规建设吗？但当企业呼吁统一之时，它们的真实意愿是让各国展开一场逐底竞争。

要是由像《跨太平洋伙伴关系协定》这样的协定主宰国际贸易（此时所有国家都已经接受了类似的最低限度的监管），跨国公司就可以重拾《清洁空气法》和《清洁水法》颁布（分别是1970年和1972年）之前或最近一次危机爆发之前的一贯做法。也许能让世界各个国家的企业一致赞同的只有一件事，即去除监管将会有益于公司利润。贸易谈判代表可能会被说服，同意这些贸易协定将有利于贸易和公司利润。但这也会让另外一些人成为牺牲品，具体而言，就是我们这些剩下的人。

正是因为这样的重要关系，才不能允许在私底下进行贸易谈判，否则危害极大。在全世界的所有国家中，负责贸易的政府部门都被公司利益和金融利益所操控。如果谈判是暗地进行的，那就没办法让民主进程发挥其必要的监督和制衡作用，以限制这些贸易协定的负面效应。

秘而不宣足以给《跨太平洋伙伴关系协定》带来重大的争议，但在我们了解到其中的详情之后更让人感到不快。最恶劣的条款之一就是允许企业在国际法庭上寻求赔偿，这可不只针对不当征用，更包括了因法规造成的所谓或有利润的减少。这并不是一个理论上的问题。菲利普莫里斯公司已经对乌拉圭采取了这一策略，声称乌拉圭赢得世界卫生组织赞誉的禁烟规定不公平地损害了其利润，违反了瑞士与乌拉圭之间的双边贸易条约。

已纳入其他贸易协定之中的条款正在被引申到贸易问题之外，用于破坏环境法规和其他法规。发展中国家因签署这些条款付出了惨重的代价，但只有少量存在争议的证据表明，它们能获得更多的投资作为回馈。尽管这些国家明显是最大的受害者，但相应的问题也同样在伤害美国。美国企业可能会在一些太平洋沿岸国家设立子公司，经由这些子公司反过来投资美国，然后再对美国政府提出要求——按照"外国"公司的身份，享受作为美国公司根本无法享有的权利。同样，这不再限于理论上的可行性：已经有一些证据显示，有些企业正在根据自己在法律上对各个国家政府的强势程度，选择如何将资金分配到不同的国家。

还有其他的恶劣条款。美国一直在努力降低医疗成本。但《跨太平洋伙伴关系协定》为仿制药的上市设置了更大的障碍，从而提高了药品的价格。对那些最贫穷的国家，这不仅让有些企业赚得盆满钵满，还可能会导致成千上万人的不必要死亡。当然，那些做出研发的公司必须得到补偿，这就是我们拥有专利制度的原因。但是专利制度应当谨慎地平衡知识产权保护带来的好处与另一个有价值的目标：让知识的获取变得更加容易。我之前曾写过，专利是如何被一些人滥用的，他们从女性易患乳腺癌的基因中谋取专利。美国最高法院最终撤销了这些专利，但在这之前已经有很多女性遭到了不必要的伤害。贸易协定甚至为专利的滥用提供了更多的机会。

还有更多的担忧。对于泄露出来的谈判文件，有一种解读认为《跨太平洋伙伴关系协定》将会让美国的银行更轻易地将高风险的金融衍生品出售到全世界，也许会让我们再次深陷"大衰退"那一类的危机。

尽管存在种种的危害，仍有人狂热地支持《跨太平洋伙伴关系协定》以及类似的协定，其中还有很多人是经济学家。使这种支持成为可能的是臆造出来且已被拆穿的经济理论，但这些理论之所以仍在流传，是因为它们很好地服务于最有钱人的利益。

自由贸易是经济学早期的一个核心原则。是的，理论上在自由贸易之下，有人受益也有人吃亏，但受益的总能补偿受损的，所以自由贸易（乃至自由程度超过现在的贸易）是双赢的。但不幸的是，这个结论所基于的诸多假设，有很多是完全错误的。

比如，旧的理论完全无视风险，并假定工人可以在不同的岗位之间无缝切换。这就是假设经济处于完全就业的状态，所有因全球化下岗的工人将迅速从低产出效能的行业（这些行业的兴盛完全有赖于关税和其他贸易限制阻挡了来自海外的竞争）转入高产出效能的行业。但在失业率高企的时期，特别是失业者当中有很大的比例长期找不到工作（就像现在的情形），就不可能还在沾沾自喜地如此认定。

如今，有 2000 万的美国人想要找到一份全职的工作却无法如愿。几百万人已经完全放弃了寻找。所以，现在存在一个真实的风险：那些从曾受保护行业的低产出岗位上转移出来的个人，最终将成为无产出的广大失业群体中的一员。这甚至会伤害到那些还能保住工作的人，因为高企的失业率会给工资带来下行压力。

我们可以争论为什么美国的经济没有按照它应有的方式运行——无论是因为总需求的不足，还是因为美国的银行没能为中小企业提供充足的资金，它们更有兴趣去投机和操纵市场，而无心专注于借贷。但不管原因是什么，现实就是，这些贸易协定确实有增加失业的风险。

美国之所以陷入这样一个糟糕的境地，一个原因是对全球化的管理失当。美国的经济政策鼓励将工作转移到海外：在外国使用廉价劳动力产出的商品能够低价进入美国。所以美国的工人应该明白，他们正不得不与国外的工人竞争，并且他们的议价能力变弱了。这就是全职男性工人的实际收入中位数低于40年前的根源之一。

如今的美国政治也加重了这些问题。即使在最好的情况下，旧的自由贸易理论也只是说受益者能够补偿受损者，而不是说他们一定会这样做，而且，受益者确实也没有这样做。贸易协定的拥护者常常会说，为了保持美国的竞争力，不但要削减工资，还要减少税收和财政支出，特别是对那些让普通公民受益的项目；他们还说，我们都要忍受这短期的痛苦，因为从长远来看，所有人都会从中获益。但是几乎没有证据能表明，贸易协定会带来更快或者更深层次的增长，或者大多数工人能够从中长期受益。

《跨太平洋伙伴关系协定》的批评者如此之多，因为无论是其进程还是支撑它的理论都已经一文不值了。反对的声音不但在美国受众很广，还出现在让谈判陷入僵局的亚洲。

参议院多数党领袖哈里·里德带头全面否决了《跨太平洋伙伴

关系协定》的快速审批权，他似乎给了我们所有人一点点喘息的空间。一些人将贸易协定等同于为让公司致富而牺牲 99% 的人的利益，他们似乎赢得了这场战争。但还有一场波及更广的战争，确保贸易政策（以及更广义的全球化）被设计用于改善大多数美国人的生活质量。而这场战争的前景仍然不明朗。

在这个系列的文章中，我反复在强调两点。第一，美国如今的高度不平等，及其在过去 30 年里的巨大增长，是一系列政策、项目和法规的累积的结果。由于总统本人都强调解决不平等问题应该是这个国家的首要任务，每一项新政策、新项目或新法规都应该从其如何影响不平等的角度加以审查。与《跨太平洋伙伴关系协定》相似的很多协定严重地加剧了这种不平等。企业可能从中获利，并且以传统方式计量的国内生产总值（GDP）甚至也有可能（尽管极为不确定）会增加。但普通人的幸福生活可能会受到影响。

这就引出了我反复强调的第二点：涓滴经济学就是一个神话。它养肥了企业（就像《跨太平洋伙伴关系协定》所达到的效果），但不一定能帮助中产阶级，更不用说那些更底层的人。

## 注　释

1. 刊登于 2014 年 3 月 15 日的《纽约时报》。

# 自由贸易的把戏[1]

—

尽管世界贸易组织（WTO）关于全球贸易谈判的"多哈回合"自从12年前启动以来就没能取得什么进展，但新的一轮谈判还是在酝酿之中。但这次谈判不是基于全球格局的多边谈判，而是发生在两个巨型贸易协定之间的，一个是跨太平洋的，而另一个是跨大西洋的。即将到来的谈判会取得更大的进展吗？

多哈回合贸易谈判由于美国拒绝取消农业补贴而破裂了——这本该是这次贸易回合谈判取得进展的必要条件，因为发展中国家70%的人口直接或间接依赖农业收入。美国的立场令人颇为震惊——世界贸易组织早就判定美国的棉花补贴是违法的，而且补贴仅提供给不到25000个富裕的农场主。美国的应对之策是买通提出这项投诉的巴西，而非进一步解决这个问题，任凭撒哈拉沙漠以南的非洲和印度数百万的贫苦棉农因美国对国内富有农场主的慷慨而饱受棉花价格低迷之苦。

由于最近这一段历史，现在似乎很清楚，通过谈判去建立一个美国和欧洲之间的自由贸易区以及另一个美国和太平洋大部分地区之间的自由贸易区，并不是为了建立一个真正的自由贸易体系。而与此相反，其真实目的是形成一个可以被操控的贸易体制——之所以要能够被操控，就是为了尽力服务于长期支配西方贸易政策的特殊利益集团。

人们希望，参与会谈的各方能认真地考虑几项基本原则。首先，任何贸易协定都必须是对等的。如果作为《跨太平洋伙伴关系协定》中的组成部分，美国要求日本消除对大米的补贴，那么美国反过来就应该主动解除对本国产品（和农业用水）的补贴，除了大米（大米在美国国内相对不重要），还应该同样适用于其他的农业商品。

其次，贸易协定不能将商业利益置于更广泛的国家利益之上，特别是在金融监管和知识产权等与贸易无关的事项上。比如，美国与智利之间的贸易协定限制智利施加资本管制——尽管国际货币基金组织如今认定，资本管制是宏观审慎政策的一项重要工具。

尽管2008年的金融危机应该教会了我们缺少良性的监管会危及经济繁荣，但其他的贸易协定同样也坚持金融的自由化和去监管。对美国贸易代表（USTR）办公室有着巨大影响力的美国制药行业成功地把不对等的知识产权制度强加给了其他国家，这是为了打击仿制药，将追逐利润置于挽救生命之上。即使美国最高法院现在也表示，美国专利局在对基因授权专利一事上做得太过了。

最后，必须要承诺公开透明。但参与这次贸易谈判的各方也要心中有数：美国一向刻意回避透明。美国贸易代表办公室甚至不愿向美国国会成员透露其谈判立场，根据已经泄露的谈判内容，我们才明白其中的缘由。美国贸易代表办公室正在背弃此前曾由国会添加到与诸如秘鲁等国家的贸易协定中的一些原则，比如对仿制药的获取。

人们对《跨太平洋伙伴关系协定》还有更多的担忧。亚洲已经形成了一套高效的供应链体系，在制成品的生产过程中，货物很容易从一个国家流转到另外一个国家。如果中国不加入《跨太平洋伙伴关系协定》，则可能会影响到这一供应链的运转。

由于正式的关税已经很低了，谈判人员将注意力主要放在了非关税贸易壁垒上，比如法规性障碍。但代表公司利益的美国贸易代表办公室几乎肯定会推行最低的共同标准，只要能降低就绝对不会提高。比如，很多国家会通过税收和法规限制大排量的汽车——这不是因为有人在企图针对美国的商品，而是出于对污染和能源浪费的担忧。

之前还提到过一个更普遍的观点，那就是贸易协定通常会将商业利益置于其他价值观之上——其中就包括健康生活和环境保护这两项人类权利。还有一个例子，法国希望在贸易协定中明确"文化例外"，这样就能允许它继续支持本国电影——整个世界都从法国电影中受益。这些以及其他更广泛的价值观应该是不容讨价还价的。

事实上，此类补贴的社会效益是巨大的，而成本是微不足道的。

有谁会相信，一部小众的法国艺术电影真的会严重威胁到好莱坞暑期大片的票房吗？但是，好莱坞的贪婪是无度的，并且美国的贸易谈判代表对此也不会心慈手软。这正是为什么应该在谈判开始之前就将这些项目排除在外。否则，一旦签订城下之盟，就很有可能出现一份牺牲基本价值观去成全商业利益的协定。

如果谈判各方所打造的是一个真正的自由贸易体制，就应该将公众利益摆在首位，起码要一视同仁地看待普通公民和企业说客的意见。要是这样，我可能会乐观地认为，将要形成的贸易协定可以巩固经济并改善社会福祉。然而现实是，我们拥有的只是一个受到操控的贸易体制——总是把企业利益放在第一位，以及一个既不民主也不透明的谈判过程。

即将到来的谈判所产生的结果会符合普通美国人的利益吗？如果这样的状况连发生在美国人身上的可能性都很低，那么其他国家普通公民的前景更加不容乐观。

## 注　释

1. 刊登于 2013 年 7 月 4 日的《报业辛迪加》。

# 知识产权保护是如何加剧不平等的[1]

一

**在**反对不平等的战争中，我们已经习惯了坏消息，当出现一些积极的改变时，我们甚至会大吃一惊。何况美国最高法院已经明确，富人和企业拥有购买美国选举的宪法权利，谁会指望这时它能带来什么好消息呢？然而，在刚刚结束的一场庭审上，一项判决将一种比金钱更宝贵的财富还给了普通美国人——生存的权利。

乍看上去，"分子病理学协会诉麦利亚德基因公司"一案好似是在探索科学的奥秘：最终法庭一致裁定，人类基因不可以取得专利，但在实验室中人工合成的 DNA 则可以取得专利。但这其中包含的真正利害关系，以及该问题的根本性，远比人们通常能理解的重要很多。这场官司实际上体现了两类人的斗争：一类人主张将健康私有化，使之成为与财富地位相匹配的一种特权；另一类人则将健康视为每个人的基本权利，是公平社会以及正常运转经济的核心组成部分。其中更深刻的，这是关于不平等如何改变美国的政治、法律制度和人口健康状况。

不同于三星和苹果之间的恶斗，尽管裁判员（美国法庭）假装维持不偏不倚的态度，但似乎始终倾向本土公司，这场官司超越了企业巨头层面的对决。这场官司就像是一个缩影，透过这个缩影，我们见识到了不平等带来的恶劣且深远的影响、企业自利行为的胜利以及同样严峻的是在这样的斗争中我们还面临失败的可能。

当然，法院和当事人在他们的辩论和裁决中并没使用这般阐述。犹他州一家名为"麦利亚德基因"的公司分离出的两组人类基因 BRCA1 和 BRCA2 可能包含一些突变，让携有它们的女性容易患上乳腺癌——这一认知对早期发现和预防乳腺癌至关重要。该公司成功地为这些基因申请了专利。"拥有"这些基因让公司有权阻止其他企业对其进行检测。这个案件的核心似乎是一个技术层面的问题：分离出来的天然基因能取得专利吗？

然而，这些专利对现实世界有着毁灭性的影响，因为它们人为地造成诊断价格的居高不下。实际上，基因检测的使用成本很低——一个人只需要花费 1000 美元，就可以对人体全部 2 万个基因进行测序，更不用说针对某种特定疾病的测试会便宜得多了。然而，麦利亚德基因公司仅对两个基因的全面测序就要收取 4000 美元的费用。科学人士认为麦利亚德基因公司的方法本身没有什么特殊或者优越之处——它只不过检测了该公司声称拥有的基因，并且使用到了在专利保护下其他公司无法获得的数据。

即使在最高法院做出有利于原告（由美国公民自由联盟和公共专利基金会代表的一群大学、研究人员和患者维权人士）的裁决之后，不到几个小时的时间就有其他的实验机构宣布，它们也开始推出乳腺癌基因的检测，并强调麦利亚德基因公司的"创新"是识别出现有的基因，而不是因为它们开发出了检测的方法。（不过，麦利亚德基因公司并没有就此罢休，它在本月又提交了两起诉讼，试图阻止安布里基因和基因由基因两家公司进行独立的 BRCA 基因检测，理由是它们侵犯了麦利亚德基因公司持有的其他专利。）

毫无疑问，麦利亚德基因公司已经尽其所能阻止检测业务的收入面临竞争——事实上，在法院裁决后该公司的股价从 30% 的下跌中有所反弹，但仍比事发之前低了近 20%。麦利亚德基因公司拥有这些基因，它并不想让任何人侵犯自己的财产。在取得专利的过程中，麦利亚德基因公司与大多数公司一样，似乎更看重最大化利润，而不是拯救生命——如果它真心在乎后者，它就应该并且也能够以更低的费用提供更好的检测，并鼓励其他企业开发出更好、更准确且更便宜的检测方法。不出所料，它不遗余力地辩解，其专利允许垄断性定价和排他性行为，这样做对激励未来的研究至关重要。但是，当其专利的灾难性影响变得明显之后，它还在固执地坚持行使全部的垄断权利，此时此刻，追求所谓"更伟大利益"的虚情假意就可悲地无法取信于人了。

制药行业一如既往地声称，如果没有专利保护，就不会有研究的动力，这将会让所有人都遭殃。我向法院提交过一份（无偿的）专家声明，其中解释了为什么制药行业的观点是错误的，以及为什么这项以及与之类似的专利实际上是阻碍而非呵护创新的。像"美国退休人员协会"这样的组织和机构也提交了支持原告的非当事人意见陈述，指出麦利亚德基因公司的专利妨碍患者获取第二诊疗意见和确诊验证。近来，麦利亚德基因公司承诺不会阻止此类验证——但当初在对安布里基因和基因由基因两家公司提起诉讼时，它也曾做出过同样的承诺。

据原告所称，麦利亚德基因公司因医疗保险的报销金额过低，便以不接受两名女性医疗补助保险的方式拒绝对她们进行检测。还有其他的女性在接受了麦利亚德基因公司的第一轮检测之后，不得不在信息严重不完整的情况下做出痛苦的选择，到底是做单乳房切除术还是双乳房切除术，还是移除卵巢——因为麦利亚德基因公司对 BRCA 基因其他突变的检测贵得离谱（麦利亚德基因公司要额外收取 700 美元的费用，但这也仅针对国家指南中规定向患者应提供的信息），而且由于专利的原因，患者还无从获取第二诊疗意见。

来自最高法院的好消息是，基因在美国不能取得专利。在某种意义上，法院还给了女性一些她们认为自己天然拥有的东西。这件事具有两个巨大的实践意义：一是意味着现在能有竞争者来开发更好、更准确、更便宜的基因测试，我们也将再次拥有可以推动创新的竞争性市场；二是贫困妇女将有更平等的生存机会——在本案中，指的就是战胜乳腺癌。

尽管这场官司是一次重要的胜利，但它最终只是在很大程度上由企业利益（一般是美国企业）所支配的全球知识产权格局的冰山一角。并且，美国一直在谋求通过世界贸易组织以及其他双边或多边贸易机制，将本国的知识产权体制强加给其他国家。在所谓的《跨太平洋伙伴关系协定》的谈判中，美国就是这样做的。贸易协定本应该是一个重要的外交工具：更紧密的贸易一体化会在其他方面带来更亲密的关系。但美国贸易代表办公室企图说服其他国家，公司的利润实际上比人的生命更重要。这样做不但损害了美国的国际声望，还加重了世人对美国人见利忘义的刻板印象。

然而，经济的力量往往比道德价值观更具影响力；在很多美国公司利益占主导的知识产权案例中，美国的政策加剧了国外的不平等。大多数国家的状况与美国大致相同：献祭穷人的生命来换取企业的利润。但即使政府会以所有人都能负担得起的价格提供像麦利亚德基因公司那样的检测，也是有代价的：当政府为一项医疗检测支付垄断性价格时，同时也挤占了本可用于其他挽救生命的医疗支出。

麦利亚德案例体现了我在《不平等的代价》一书中的三个主要观点。第一，我认为社会不平等不仅是经济规律的结果，也是我们如何打造经济的产物——通过政治，也包括法律体系的方方面面。在这个案子中，正是美国的知识产权制度不必要地助长了最恶劣形式的不平等。生命权绝对不应该取决于支付能力。

第二，在美国经济体系中，不平等产生的某些最不公正的方面是"寻租行为"造成的：通过操纵社会条件或政治条件从经济蛋糕上分得更大的一份，而不是做大这个蛋糕，从而催生了利润和不平等。这种财富侵占的最不公平之处，体现在流向顶层的财富以牺牲底层人民为代价。麦利亚德基因公司的所作所为符合了以上这两点：公司从测试收费中获得的利润完全不能增加经济的规模和活力，同时还危及了那些难以负担的人的健康。

尽管全部参保人士都对麦利亚德基因公司的利润做出了贡献，但没有保险的底层人群所付出的代价最高——有保险的人不得不支付更多的保费以抵消保险公司增加的支出；数百万没有保险的中等收入美国人只要选择检测，就必须得支付麦利亚德基因公司的垄断价格，并由此越陷越深。而穷人由于负担不起这项测试，就要面临着更高的早逝风险。

那些主张严格保护知识产权的人认为，这只不过是我们为获得创新必须付出的代价，而从长远看，保护创新终将会拯救生命。这其实代表了一种取舍思维：用今天相对少数的贫困妇女的生命为代价，挽救未来某一天更多妇女的性命。但这个说法在很多方面都是有误的，在这个特殊的案例中，更是大错特错的。因为作为全球"人类基因组计划"的一部分，这两个基因迟早会被"分离"出来（麦利亚德基因公司将之定义为"发现"），而且从时间上很可能也不会迟很久。而从另外一个角度看，这个说法也不正确。基因学研究人员认为，这项专利实际上阻碍了开发出更好的检测方法，从而影响了科学的进步。一切新知识都是建立在先验知识的基础上，而让人们难以利用先验知识，就妨碍了创新。麦利亚德基因公司的自身发现（就像其他科学发现一样）就是使用了别人之前开发出的技术和想法。如果早先无法获取这些信息，麦利亚德基因公司就不可能做出这样的成果。

这就是我的第三个主要观点。我将我的书命名为《不平等的代价》，就是要强调不平等不仅在道义上令人反感，而且还会造成物质上的损失。用于裁定知识产权的法律制度如果考虑不周，就会助长寻租行为。并且，尽管最高法庭最近对这个案子和其他案子的判决使状况有所改观，但美国的知识产权法规依旧令人失望。实际的结果就是，美国的创新减少了，不平等增加了。

实际上，作为获得诺贝尔奖的经济历史学家，上个月过世的罗伯特·福格尔的一个重要见解就是，自19世纪以来的爆炸式经济增长在很大程度上是健康提升和科技进步这二者的协同作用。因此，由知识产权制度派生出来的垄断租金如果阻碍了人们获得健康，那么这个制度既造成了不平等，也更普遍地阻碍了经济增长。

其实并不是只有唯一的出路。知识产权的拥护者过度强调它们在促进创新上的作用。大多数的关键创新（从计算机背后的基础构思，到晶体管，到激光，再到DNA的发现）都不是由金钱利益驱动的。它们的原动力在于求知。当然，前提是必须拥有足够的资源。但专利制度只是提供资源的一种方式，而且往往不是最好的方式。政府资助的研究、基金会和奖励制度（为做出发现的人提供奖励，然后让知识广泛普及，再利用市场的力量来获取利益）都是可替代的方式，它们不但各有千秋，而且没有现行知识产权制度中加剧不平等的不利因素。

麦利亚德基因公司对人类基因申请专利的举动，是健康不平等的一个最恶劣的表现形式，而健康不平等反过来又是这个国家经济不平等的一个最恶劣的表现形式。法院的判决维护了我们珍视的权利和价值观，这让我们松了一口气。但这仅仅是在争取社会和经济平等的更广泛斗争中的一次胜利。

## 注　释

1. 刊登于 2013 年 7 月 14 日的《纽约时报》。

# 印度对专利的明智判决[1]

—

印度最高法院拒绝支持瑞士制药巨头诺华公司开发的重磅抗癌药格列卫的专利，这一判决对于许多印度的癌症患者来说是个好消息。如果其他发展中国家效仿印度的做法，那么这也将是其他地区的福音：更多的资金可以被用到其他需求上，无论是用于对抗艾滋病、提供教育，还是增加投资以促进增长和减少贫困。

但印度的判决也意味着让大型跨国公司少赚了很多钱。不出意料，这导致了这些公司及其游说集团的过度反应：它们声称，这项裁决破坏了创新的动力，从而将对全球的公共健康造成严重打击。

它们的说法言过其实了。无论从经济还是社会政策的角度来看，印度法院的判决都是正确的。这不过是重新平衡全球知识产权制度的一次局部努力，现行机制严重地向制药公司的利益倾斜，而罔顾了社会福祉。确实，经济学家越来越一致地认为，现有的知识产权制度实际上在扼杀创新。

长期以来，人们一直认为强力保护知识产权对社会福祉的负面作用是不明确的。对垄断权利的保护能够刺激创新（尽管那些最重大的发现，如 DNA，往往诞生在大学和政府资助的研究实验室中，并依赖于其他不同的奖励方式）。但垄断权利常常也会造成巨大的代价：消费者面临更高的药品价格，限制知识的获取对更多的后续创新产生阻碍作用，以及可能有些病人因无力负担本可挽救其生命的创新（某些救命药物）而只能面对死亡。

对每一种代价的重视程度要取决于具体的环境及其紧迫程度，并且因不同国家和不同时期而有所不同。发达工业国家在其发展的早期阶段，通过采用明显弱于它们在今天要求发展中国家接受的知识产权保护力度，获得了更快的经济增长和更好的社会福利。即使在美国，人们也越来越担心，所谓的"专利劫持"和"仿效品专利"（以及密密麻麻的"专利丛林"，即任何一项创新都很可能与其他人对某些知识产权主张纠缠不清）让本就不足的研究资源无法用在最能发挥效力的生产上。

印度只占全球药品市场的 1%～2%。但长期以来，印度一直是制药公司知识产权全球扩张的交战中心，原因是其国内充满活力的仿制药行业，以及它对国内和外国司法管辖区的专利法规的挑战意愿。

印度在 1972 年取消了对药物专利的保护，极大地增强了基础药物的普及，也造就了一个具有全球竞争力的本土行业的成长，因此印度常常被称为"发展中国家的药房"。比如，印度的西普拉等仿制药制造商所生产的抗逆转录病毒药物，使挽救生命的艾滋病治疗费用在撒哈拉以南非洲地区下降至 10 年前的 1%。

印度这种具有全球价值的生产能力是在该国对药品专利的薄弱保护（实际上不存在任何的保护）制度之上建立的。但印度如今受到了世界贸易组织《与贸易有关的知识产权协议》（简称《TRIPS 协议》）的约束，并相应地修改了其专利法，这在发展中国家引起了普遍的焦虑，担心会影响到价格低廉药物的全球供应。

事实上，印度对格列卫的判决只是西方制药行业的一个小小挫败。在过去的 20 年里，这个行业的游说集团一直在努力协调和强化更为严格且全球执行的专利保护制度。因此，对制药公司的重重保护让大多数发展中国家难以反抗，并且使它们的全球义务往往有悖于保护本国公民生命和健康的国内义务。

根据印度最高法院的说法，修订后的专利法仍然比美国和其他国家更看重社会目标：要求专利的授予对非显著性和新颖性的标准更加严格（尤其适用于药品专利），并且也不允许现有专利的"常青化"，即不对后续的微创新进行专利保护。为此，印度最高法院重申，印度的首要承诺是保护公民的生命和健康。

这个决定也凸显了一个重要的事实：尽管《TRIPS 协议》具有严重的局限性，但它还有很多保障条款（尽管很少被用到），在限制专利保护方面给予了发展中国家一定程度的变通。这就是为什么自从该协议面世以来，美国和其他国家的制药行业一直在谋求通过附加协议的形式，推行一套更广泛、更强力的标准。

比如，这一类的附加协议将会限制专利申请的反对，禁止国家监管部门在专利到期前批准仿制药，维护数据的排他性，从而拖延生物仿制药的批准，以及要求新形式的保护，比如防伪的措施。

关于印度的判决损害了财产权的说法，有一个奇怪的前后不一致之处。正常财产权的一大关键制度性基础是必须有独立的司法机构来执行它们。印度最高法院已经表明自身的独立性，它忠实地解释了法律，决不轻易屈服于全球性企业的利益。如今反倒由印度政府采纳《TRIPS 协议》中的保障条款，确保这个国家的知识产权制度能兼顾创新和公共健康。

放眼全球，越来越多的人认识到需要一个更加平衡的知识产权制度。但是，制药行业为了巩固自身的利益，一直在推行更强势、更不平衡的知识产权制度。那些打算与美国和欧洲签署《跨太平洋伙伴关系协定》或其他双边"伙伴关系"协定的国家需要意识到，这是其中暗藏的目标之一。它们所谓的"自由贸易协定"，其中的知识产权条款可能阻碍人们获取价格低廉的药物，从而对经济增长和发展产生潜在的重大影响。

## 注　释

1. 与阿尔琼·佳亚德福合著，刊登于 2013 年 4 月 8 日的《报业辛迪加》。

# 消除极端不平等：2015～2030年的一项可持续发展目标[1]

一

**在**2000年9月的"联合国千年首脑会议"上，联合国成员国迈出了激动人心的一步，将人民而不是国家置于联合国议程的中心。在联合国《千年宣言》[2]中，齐聚一堂的世界各国领导人就格外广泛的一系列目标达成了一致，这些目标涵盖了通过发展实现和平、环境、人权、保护弱势群体、满足非洲的特殊需求以及改革联合国机构等。其中影响特别深的是将宣言中与发展有关的目标写成法典，并在2001年颁行于世，这就是我们如今熟知的、需要在2015年之前实现的八项"千年发展目标"[3]（简称MDGs）。

1. 消灭极端贫穷和饥饿。[4]

- 靠每日不到1美元维生的人口比例减半，挨饿的人口比例减半。

2．实现普及小学教育。

- 确保不论男童女童都能完成全部小学教育的课程。

3．促进两性平等并赋予妇女权力。

- 最好到2005年在小学教育和中学教育中消除两性差距，至迟于2015年在各级教育中消除此种差距。

4．降低儿童死亡率。

- 5岁以下儿童的死亡率降低三分之二。

5．改善产妇保健。

- 产妇死亡率降低四分之三。

6．与艾滋病、疟疾和其他疾病做斗争。

- 遏止并开始扭转艾滋病病毒和艾滋病的蔓延，遏止并开始扭转疟疾和其他主要疾病发病率的增长。

7．确保环境的可持续性。

- 将可持续发展原则纳入国家政策和方案，扭转环境资源的流失。
- 到2015年将无法持续获得安全饮用水和基本卫生设施的人口比例减半。
- 到2020年使至少1亿贫民窟居民的生活有明显改善。

8．促进发展全球伙伴关系。

- 进一步发展开放的、遵循规则的、可预测的、非歧视性的贸易和金融体制，包括在国家和国际上致力于善政、发展和减少贫困。

- 满足最不发达国家的特殊需要，满足内陆国家和小岛屿发展中国家的特殊需要。
- 全面处理发展中国家的债务问题。
- 为青年创造体面的生产性就业机会。
- 与制药公司合作，为发展中国家提供负担得起的基本药物。
- 与私营部门合作，提供新技术（特别是信息和通信技术）所产生的好处。

正如联合国秘书长科菲·安南后来描述的那样，"千年发展目标"是国际协作的一项卓越努力。它们在相互竞争的发展机构之间建立了共同点，激励国际组织和各国政府采取一致行动，并为各国公民提供了一个机会，让他们坚持要求各自的政府关注它们声称所代表的"我们人民"。简而言之，"千年发展目标"改变了世界领导人的政治目标。[5]

14 年过去了，千年发展目标的记录有好有坏。部分目标，比如生活在极端贫困中的人口比例减半，已经在全球层面实现，但也不是每一个国家都完成了。其他目标，如普及小学教育，则不太可能在 2015 年之前达到。[6]

然而，尽管达成这些目标是一项了不起的成就，但即使把它们一并考虑，也不能代表对人类发展的完整或全面的构想。这些目标也受到联合国成员国在 2000 年所达成共识的限制，特别是缺乏公平发展的愿景。[7]随着国际社会正在考虑完成千年发展目标之后的一系列目标，此时此刻是时候通过在原有的八项目标中加入"消除极端不平等"来弥补这一缺陷了。

# 为什么不平等很关键

每个国家都有不同特色的政治经济，并由此决定了不平等的程度和影响，所以各国的具体情况需要具体分析。各个国家在不平等程度和性质方面的显著差异表明，不平等不仅是由经济力量决定的，还受到政治和政策的影响。

完全平等并不是我们的目标。某些经济上的不平等可能会有利于经济增长。其他的不平等问题也许不值得解决，因为会侵犯宝贵的自由。尽管各个国家在不平等变得有害的确切时点上有所不同，但只要不平等变得极端，有害的社会、经济和政治影响就会暴露出来。极端的不平等往往会阻碍经济增长，破坏政治平等和社会稳定。而且由于不平等对经济、社会和政治具有累加的影响，每一个贡献因素既需要将其作为个体单独加以关注，也需要将其彼此联系起来加以关注。我们首先看减少极端不平等的经济理由，然后再看政治和社会理由。

## 经济理由[8]

哲学观点大相径庭的经济学家一致认为，收入和资产的不平等会对经济产生有害的影响。头重脚轻的收入分配导致的不平等加剧会减少总需求（因为富人的支出占收入的比重往往远低于穷人），可能会降低经济的增长。货币部门试图消除这些影响会造成信贷泡沫，而此类泡沫反过来又会引发经济失衡。这就是为什么不平等往往与经济的不稳定有关。从这个角度来看，不出所料，在 2008 年的"大衰退"或 20 世纪 30 年代的"大萧条"发生之前，不平等都达到了相当高的程度。[9]国际货币基金组织近期的研究表明，高度不平等与缩短的经济增长周期有关。[10]

在世界范围内观察到的许多不平等问题，都与"寻租"有关（比如行使垄断权利），并且这样的不平等也明显地损害了经济效率。但是，也许不平等最恶劣的一个方面是机会的不平等，它与结果的不平等互为因果，并导致了经济效率的低下和发展的放缓，因为大量的人无法发挥他们的全部潜力。[11]而且，不平等程度高的国家往往会减少对基础设施、科技和教育等公共产品的投资，而这些公共产品有助于经济的长期繁荣和增长。

此外，降低不平等差距的程度对经济和社会同样有着明显的效益。它能让人们对社会有更加强烈的公平感；提高社会的凝聚力和流动性，让更多的公民有可能发挥出自己的全部潜力；并扩大对增长举措的支持面。仅以增长为导向而忽视不平等的政策最终可能会弄巧成拙，但降低不平等的举措，比如提升就业和教育，对现代经济体越发需要的人力资本具有有益的影响。[12]

### 政治和社会理由

造成贫富差距的部分原因是经济规律，但同样，甚至更大的一部分，是公共政策选择的结果，比如税收、最低工资水平，以及对医疗保健和教育的投入金额。这就是为什么在其他方面经济状况相似的国家，其不平等的程度却有着显著的差异。这些不平等反过来又会影响政治决策，因为即使民主选举产生的官员，也会更用心地回应富裕选民的观点，而不是穷人的看法。[13]财富越是被允许在选举资金中不受限制地发挥作用，经济不平等就越有可能转化为政治不平等。

正如之前所述，极端不平等所破坏的不仅是经济稳定，还有社会和政治的稳定。但经济不平等和社会稳定之间并不是简单的因果关系，假使社会的稳定是由犯罪和民间暴力案件来衡量的。这两种形式的暴力与基尼系数或帕尔玛比值 ⊖ 都不具有相关性。[14] 然而，经济分层与种族、民族、宗教或地区相结合而形成的"横向不平等"，却与暴力之间存在实质性的联系。如果穷人都来自同一个种族、民族、宗教或地区，而富人却全部来自另外一个完全不同的种族、民族、宗教或地区，往往就会出现一种危害极大的去稳定机制。

根据 61 个发展中国家的 123 项全国性调查，一项研究仔细记录了不同种族之间财产不平等的影响。对于一个会导致暴力的所有变量都很平均的典型国家而言，在一年之中发生民间冲突的概率是 2.3%。如果其中"横向财产不平等"这一变量触及第 95 个百分位（并且其他变量维持在平均值上），那么冲突的概率增加到 6.1%——增加了 2 倍多。利用同样的比较方法，将所关注的变量改为不同宗教群体之间的收入差异，那么冲突的概率就从 2.9% 升至 7.2%——同样是 2 倍多。[15] 另外一项采用相似方法的研究发现，撒哈拉以南非洲地区的冲突频发与财富的地区差异脱不开干系。[16]

其他的作者使用了一种不同的方法，即关注与种族分化相关的收入地理差异，而不是调查可衡量的不平等程度，也证实了大规模横向不平等的危险之处。拉斯 - 埃里克·塞德曼、尼尔斯·魏德曼

---

⊖　帕尔玛比值等于收入最高的10%家庭所获得的收入份额，除以收入最低的40%家庭所获得的收入份额。

和克里斯蒂安·格里蒂奇着眼于特定时期（1991～2005年），将某一特定种族聚居区的经济生产总量除以该种族的人口规模，得到了这一特定种族的人均经济生产量。他们发现，相对贫穷和相对富裕的种族都更容易经历内战。这证明了不单单是种族因素在起作用，一个富有的种族越富有（或贫穷的种族越贫穷），他们就越有可能成为与其他种族发生内战的极端群体[17]。

## 不平等的诸多方面

正如关于贫困和减贫的讨论已经从一心关注收入状况，进而转到了贫困的其他方面（包括健康和环境），对不平等的讨论同样也有所变化。[18] 事实上，在大多数国家中，财富的不平等程度似乎超过收入的不平等程度。特别是在那些缺乏充足公共卫生系统的国家中，反映健康状况的帕尔玛比值几乎肯定比反映收入的帕尔玛比值表现出更严重的不平等。基于暴露在危害环境中的帕尔玛比值可能也会显示出类似的趋势。

不平等最有害的一种形式就是机会不平等，体现了社会经济地位缺乏流动性，导致那些出生在经济金字塔底部的人们几乎肯定会终生无法脱贫。美国经济顾问委员会前主席艾伦·克鲁格指出，不平等和机会不平等之间存在这种联系。[19] 收入的不平等往往与几代人缺乏经济地位的流动性和机会的减少有关。那些生于经济金字塔底部的人注定永远无法发挥自己的全部潜力，这一事实加剧了不平等与长期经济增长放缓之间的相关程度。[20]

这些不平等的各方面之间存在的关联性说明，每次只关注不平等的一个方面可能会低估社会不平等的真实程度，并为政策的制定提供不充分的依据。比如，健康不平等与收入不平等互为因果，而教育不平等是收入和机会不平等的主要决定因素。反过来，正如我们一直强调的，当众多的不平等形式（比如与种族或民族有关的不平等）存在独特的社会模式时，其对社会的后果（包括社会不稳定）就会加剧。

## 衡量目标

我们提议将以下目标（可以称之为"目标九"）加入修订并升级后的最初八个目标中，即"在各国的国家层面上消除极端不平等"。对于这个目标，我们提出如下两个指标。

- 到2030年，所有国家减少极端的收入不平等，使收入最高的10%的人的税后收入不超过收入最低的40%的人的转移支付后收入。

- 到2020年，每个国家建成一个公共委员会，专门评估和报告全国不平等的影响。

越来越多的人一致认为，最好使用帕尔玛比值评价这些指标，该比值有效地关注了极端的不平等——最高收入人群与最低收入人群的收入之比。[21] 在全世界的很多国家中，这些极端情况的变动才是最引人注目、最令人反感的，而同期中间群体的收入占比则相对平稳。[22] 所有国家都应该关注本国的"极端"不平等，即对公平和可持续经济增长危害最大且破坏社会和政治稳定的不平等问题。帕尔玛比值为 1 只是少数几个国家能达到的理想状态。比如，几个斯堪的纳维亚国家的帕尔玛比值等于或接近于 1，[23] 它们似乎并未受到与极端不平等有关问题的拖累。事实上，在某些记载中，它们似乎在社会经济发展的各个方面都受益于"平等加成"的正向作用，让自己的国家做到高效、灵活、公平和稳定。[24]

但是，国家之间的差别不仅在于它们现有的不平等程度，还受制于它们的文化、对各种不平等的容忍度以及社会变革的能力。因此，第二项指标更为重要：在 2020 年之前，各个国家开展全国性的对话，讨论如何解决与本国最相关的不平等问题。这种对话将引起人们对所在国家加剧不平等政策的关注（例如，教育制度、法律制度或税收和转移制度的缺陷），那些同时扭曲经济并导致经济、政治和社会不稳定的政策，以及那些也许最容易做出改变的政策。[25]

对减少极端不平等的支持正在形成星火燎原之势。[26] 在致"2015 年后全球发展议程"的高级别知名人士小组秘书处执行秘书霍米·哈拉斯博士的一封信中，90 位经济学家、专业学者和发展专家敦促在"2015 年后全球发展议程"的框架中将降低不平等列为优先事项，并建议使用帕尔玛比值来衡量不平等。[27] 他们认为（与我们的分析不谋而合）不平等威胁着消除贫困、可持续发展、民主进程和社会凝聚力。[28]

对不平等不利影响的认识已经超出了专业学者和社会活动家的圈子。美国总统奥巴马在 2013 年 7 月的一次演讲中概述了不平等在制造信贷泡沫（比如引发"大衰退"的那次泡沫）中的作用，以及它如何剥夺了人们的机会，从而导致了经济效率的低下，让许多人的才能无法被调动起来去造福所有人。[29]

　　不平等有诸多方面（其中一些方面比其他方面更令人反感），衡量不平等也有诸多方法。然而，有一点是明确的：忽视极端的贫富差距，就无法实现可持续的发展。所以必须在"后千年发展目标"的议程中将关注不平等问题作为一项核心议题。

## 注　释

1. 本文与迈克尔·多伊尔合著，刊登于 2014 年 3 月 20 日的《伦理与国际事务》。研究助理艾利西亚·埃旺莱兹、埃蒙·基切尔－艾伦和劳伦斯·威尔西－萨姆松为作者提供了很大的帮助。

2. 联合国大会第 55/2 号决议联合国《千年宣言》（2000 年 9 月 8 日）。

3. 这些目标宣布在《路线图报告》的附录之中。联合国成员国责成联合国秘书长准备一份"路线图"，以制定和监测"结果和基准"（《千年首脑会议成果的后续行动》，2000 年 12 月 18 日）。有关"千年发展目标"的起源和重要意义的分析，参见迈克尔·多伊尔的文章《全球宪法的辩证法：关于联合国宪章的斗争》（《欧洲国际关系》第 18 期，第四卷，2012 年，601 ～ 624 页）。

4. 最初的标准是每日 1 美元，后来提高到每日 1.25 美元以反映通货膨胀。

5. 参见科菲·安南与纳德·穆萨维扎德合著的《安南回忆录　干预：战争与和平中的一生》（纽约：企鹅出版社，2012 年，第 244 ～ 250 页）。

6. 联合国《2013 年千年发展目标报告》（第 4 ～ 5 页）。

7. 最初的目标并不包括获得生育的权利，这一点在 2005 年得到了修正。参见联合国大会第 60/1 号决议《2005 年世界首脑会议成果》。这些目标还缺乏今天未考虑的治理目标。参见"2015 年后全球发展议程"的高级别知名人士小组报告《新型全球合作伙伴关系：通过可持续发展消除贫困并转变经济模式》。

8. 对不平等带来的不利经济后果的更完整讨论，参见斯蒂格利茨所著的《不平等的代价》及书中的参考文献。

9. 出处同前。

10. 参见《是什么导致增长的可持续》(《经济学展望》,第 98 期,第 2 卷,2012 年)。关于不平等、不稳定和人类发展之间联系的更理论化讨论参见斯蒂格利茨的论文《宏观经济波动、不平等和人类发展》(《人类发展与能力》,第 13 期,第 1 卷,2012 年,31～58 页)。该文收录在迪帕克·纳亚尔主编的《宏观经济学与人类发展》(伦敦:罗德里奇出版社、泰勒－弗朗西斯出版集团,2013 年)。

11. 威廉·伊斯特利的论文《不平等的确导致不发达:来自一种新工具的理解》(《经济学展望》,第 84 期,第 2 卷,2007 年)。美国外交关系委员会在今年的报告中称,美国学生的学业成绩因社会经济背景的不同而存在巨大差异,他们发现在美国,父母的财富对学业成绩的影响几乎比其他任何发达国家都要大。参见外交关系委员会于 2013 年 6 月公布的《关系,补救教育:联邦教育政策》。

12. 参见伊斯特利《不平等的确导致不发达》。

13. 参见拉里·巴特尔斯所著的《不平等的民主》(新泽西州普林斯顿:普林斯顿大学出版社,2008 年)。

14. 我们更倾向于衡量税后收入(全部收入扣除其他税负)和转移后收入(叠加住房、儿童保育、社会保障和其他补贴),但这些数据还不能被广泛提供。

15. 参见文章《不平等、政治环境和国内冲突:来自 55 个发展中国家的证据》选自弗朗西斯·斯图尔特主编的《横向不平等和冲突:理解多民族社会的群体暴力》(贝辛斯托克:帕尔格雷夫麦克米伦出版社,2008,136～257 页,149 页)。

16. 参见文章《横向不平等和内部冲突:政体类型与政治领导规范的影响》,选自《领土、国籍与和平的建立:透视非洲和平的挑战》(2013 年)。

17. 参见拉斯－埃里克·塞德曼、尼尔斯·魏德曼和克里斯蒂安·格里蒂奇合作的文章《横向不平等和民族主义内战:一项全球的对比》(《美国政治学评论》,105 期,第 3 卷,2011 年,487～489 页)。

18. 在世界银行的经典研究丛书《穷人的呼声》之中强调,穷人不仅缺乏收入,而且缺少安全感和发言权。在世界银行十年一次的《2000 年世界发展报告:与贫困做斗争》中也反映了这一点。2010 届国际经济表现和社会福利衡量委员会也强调,绩效指标(包括产出和不平等)必须扩展到传统的 GDP 和 / 或收入的指标之外。经合组织在"美好生活倡议"中开展了这方面的工作,其中就包括构建"美好生活指数"。经合组织的"经济绩效和社会福利衡量"高级别专家组议程的一个重要部分就是构建 / 评价不平等的替代衡量标准。

19. 参见艾伦·克鲁格 2013 年 6 月 12 日在俄亥俄州克利夫兰市"摇滚名人堂和博物馆"的演说《希望与梦想之地：摇滚、经济学和重建中产》。

20. 参见迈尔斯·克拉克的《收入不平等、机会公平和代际流动》（《经济学展望》，第 27 期，第 3 卷，2013 年，79 ～ 102 页）。

21. 亚历克斯·科巴姆和安迪·萨姆纳《把"精灵"（基尼系数）放回瓶子里？"帕尔玛币制"作为与政策相关的不平等衡量标准》（伦敦国王学院，2013 年 6 月 15 日）。

22. 然而，并非所有国家都是如此。例如，在美国，中产阶级发生了空心化的现象，收入在中位数的两倍到一半之间的人口比例不断下降，这部分的收入总量占比也在不断下降。长期以来，人们一直认为一个稳定的民主国家有赖于一个繁荣的中产阶级。如果这是正确的，中产阶级的衰落应该引起特别的关注（有关这些问题的更全面讨论，请参见斯蒂格利茨的《不平等的代价》）。我们在后面建议的对不平等问题的部分全国性对话将侧重各自国家正在出现的不平等现象的本质。

23. 参见文章《平均化的中产对比不平均的尾部群体以及倒 U 形的终结：富人的比例才是问题的关键》（《剑桥经济学工作论文》，第 1111 期，2011 年 1 月）。

24. 参见文章《斯堪的纳维亚的平等：没有保护主义的一个典范》，选自斯蒂格利茨和玛丽·卡尔多主编的《寻求安全：没有保护主义的保护与全球治理的挑战》（纽约：哥伦比亚大学出版社，2013 年，48 ～ 74 页）。

25. 比如在美国，这样的对话将关注在获得教育和医疗保健方面的不平等；破产法规给予衍生品最高优先偿付权，让学生贷款即使破产也难以脱责；对富人从投机中获得收入的税率远低于工资性收入的税收制度；经通货膨胀因素调整后的最低工资在半个世纪内都没有增长；社会保障体系在"纠正"收入不平等方面远差于其他发达工业国家的制度。美国的对话将分析生产力的差异在多大程度上会造成收入差距，而生产力的差异反过来在一定程度上可以归因于获得优质教育的差异；收入差距与寻租的相关程度；以及收入的差距在多大程度上可以通过遗产继承来解释。

26. 参见亚历克斯·科巴姆和安迪·萨姆纳的《这一切都与尾部群体有关吗？基于帕尔玛比值的收入不平等指数》（全球发展中心工作论文，第 343 期，2013 年 9 月）。

27. 参见 90 位经济学家、专业学者和发展专家写给布鲁金斯学会霍米·哈拉斯博士的信，支持使用帕尔玛比值来衡量不平等。

28. 出处同前。

29. 参见《奥巴马注重经济，誓言帮助中产》（2013 年 7 月 24 日，《纽约时报》）。

# 危机后的危机[1]

—

**在**可能爆发欧元危机和美国财政处于悬崖的阴影下，人们很容易忽视全球经济的长期问题。但是，当我们在关注眼前的麻烦时，那些问题还在继续恶化，而我们忽视那些问题就会让自己身临险境。

其中最严重的一个问题是全球变暖。尽管全球经济的疲软表现导致碳排放增长的相应放缓，但这只是短暂的喘息。我们的进度远远落后于计划：因为我们对气候变化的反应太迟缓了，要实现全球气温上升小于 2 摄氏度的目标，就需要在未来更大幅地减少排放。

有些人建议，由于经济的放缓，我们应该把全球变暖的问题暂时搁置。但恰恰相反，调整全球经济以应对气候变化将有助于恢复总需求和增长。

与此同时，科技进步和全球化的步伐要求发达国家和发展中国家都必须迅速进行结构改革。这样的变化可能是痛苦的，并且市场往往无法很好地应对。

正如"大衰退"部分源于农村的农业经济向城市的制造业经济转型的困境一样，如今的问题部分在于从制造业向服务业转型的需求。必须要有新的企业创建出来，但现代金融市场更擅长投机和剥削，而非为新建企业（特别是中小企业）提供资金。

此外，实现转型还需要对人力资本进行投资，但个人往往无力负担。医疗和教育是人们想要的两项服务，政府天然就应该在这两个行业中发挥重要的作用（由于这两个行业内在的市场不完全性以及人们对平等的关心）。

在2008年危机之前，人们经常谈论全球的贸易失衡，并且要求像德国这样的贸易顺差国增加国内的消费。贸易失衡的问题并没有凭空消失；事实上，德国未能解决其长期的外部顺差是导致欧元危机的一处症结。

美国的总体贸易逆差在国内储蓄出现增长且国际货币体系发生更根本的改变之前不会消失。储蓄率上升将会加剧这个国家的经济放缓，并且两者似乎都不会发生变化。

最后，全世界都存在着不平等危机。问题不仅在于收入最高的群体从经济蛋糕中获取的份额越来越大，而且在于收入中等的群体并没有分享到经济增长的成果，在许多国家，贫困愈加严重。而在美国，机会平等已经被戳穿，成为一个神话。

　　尽管"大衰退"让这些趋势愈演愈烈，但这些趋势在"大衰退"开始之前就已经很明显了。事实上，我（以及其他人）一向认为，日益加剧的不平等正是经济放缓的原因之一，并且在一定程度上也是全球经济持续深刻的结构性转变的结果。

　　长期来看，任何一个不能为大多数公民提供服务的经济和政治制度都是不可持续的。对于民主和市场经济的信心早晚会受到侵蚀，而现行制度安排的合法性将会遭受质疑。

　　好消息是，在过去的 30 年里，新兴国家和发达国家之间的差距已经大大缩小了。尽管如此，仍有数亿人还生活在贫困之中，而且在缩小最不发达国家与其他国家之间的差距方面，我们取得的进展甚微。

　　在这方面，美国不公平的贸易协定（包括坚持不合理地对本国农业进行补贴，从而压低了许多最贫困人口收入所依赖的商品价格）产生了影响。发达国家没有履行 2001 年 11 月在多哈做出的"建立有利于发展的贸易制度"的承诺，也没有兑现 2005 年在格伦伊格尔斯举行的八国集团首脑会议上做出的"向最贫穷国家提供更多援助"的保证。

　　市场依靠自身并不会解决这些问题中的任何一个。全球变暖是一个典型的"公共物品"难题。为了实现这个世界所需的结构转型，我们需要各国政府扮演更加积极的角色——特别在欧洲和美国要求紧缩的呼声越来越高之际。

　　当我们与如今的危机做斗争时，我们就该思考，我们采取的应对方式是否会加剧我们的长期问题。赤字鹰派和紧缩拥护者所指出的道路既削弱了当前的经济,也破坏了未来的前景。让人感到讽刺的是,由于总需求不足是当今全球经济疲软的主要根源,我们还有另一条路可走:投资我们的未来,以帮助我们同时解决全球变暖、全球不平等和贫困等问题,以及完成必要的结构转型。

## 注　释

1. 刊登于 2013 年 1 月 7 日的《报业辛迪加》。

# 不平等并非无可避免[1]

—

在刚过去的三分之一个世纪里，一类趋势正在悄然而生。一个在二战后曾经历过共享增长的国家开始发生分裂，以至于当2007年底的"大衰退"来袭之际，人们再也无法忽视这些已经界定了美国经济格局的裂痕。美国这个"山巅上的闪耀之城"为何成为不平等程度最高的发达国家？

托马斯·皮凯蒂恰逢其时地出版了他的重要著作《21世纪资本论》，这引发了一系列非同寻常的讨论。其中就有人将问题归结于，财富和收入的两极化分配是资本主义固有的。在这一框架下，我们应该把二战后的几十年（不平等出现了急速下降）视为一段异常时期。

这实际上是对皮凯蒂著作的肤浅解读，它只为解释不平等随着时间加深提供了制度上的背景。不幸的是，皮凯蒂在这方面的分析所受到的关注，反而不如那些看起来更像宿命论的方面。

在过去一年半的时间里，我在《纽约时报》上主持的"大鸿沟"系列文章也列举了相当广泛的实例，批驳了背后存在破坏真正资本主义基本法则的观点。19 世纪的帝国资本主义并不适用于 21 世纪的民主国家。我们不需要美国存在如此严重的不平等！

美国当前资本主义的标签是一种伪资本主义。回顾美国对"大衰退"的应对，就可以从中找到明证，美国将损失社会化，将收益私有化。完全竞争应该会将利润压降到零，至少在理论上如此，但美国的垄断寡头可以长期赚取高额的利润。高管也享受着平均为普通员工 295 倍的收入，这一比例远高于过去，却没有任何证据能够表明生产效率也得到了同比例的提升。

如果不是无法阻挡的经济规律造成了美国的大鸿沟，那又是什么呢？最直接的答案就是，美国的政策和政治。人们早已厌倦了斯堪的纳维亚国家的成功故事，但真实情况是，瑞典、芬兰和挪威都成功地实现了人均收入增长与美国相当，甚至更快，但平等程度却要远高于美国。

那么美国为什么要选择这些加剧不平等的政策呢？部分答案是随着第二次世界大战在人们的记忆中逐渐模糊，它所激发的团结也被淡忘了。

三十年河东，三十年河西——从当年太多的政府干预，变成了如今太少的政府监管。企业利益主张废除法规，即使这些规章制度曾经为保护和改善美国的环境、美国的安全、美国的健康以及经济本身做出了巨大贡献。

但此处的意识形态是伪善的。银行家是"无为"经济学最坚定的倡导者之一，但他们欣然接受来自政府的数千亿美元纾困资金，自撒切尔－里根时代开始的"自由"市场和放松管制，"救助"一直是全球经济一个反复出现的特征。

美国政治已经被金钱侵蚀。经济上的不平等转化为政治上的不平等，而政治上的不平等又带来更大的经济不平等。事实上，正如皮凯蒂所承认的那样，他的论证建立在财富持有者有能力维持相对于经济增长更高的税后回报率之上。如何做到这一点呢？他们通过设计游戏规则来确保这样的结果，也就是说，利用政治。

所以，美国在增加企业福利的同时，剥夺了对穷人的救济；美国议会在维持富裕农场主补贴的同时，削减了对困难的人的营养援助；美国政府在给予制药公司数千亿美元的同时，限制了医保福利；引起全球金融危机的银行获得了数十亿美元，而遭受银行掠夺性贷款侵害的住宅业主和受害者却只得到了微不足道的施舍。最后一项决定尤其愚蠢。向银行砸钱并希望它们能通过增加贷款让这些钱循环起来，这并不是唯一的办法。我们可以直接帮助资不抵债的住宅业主和掠夺性贷款行为的受害者。这样做不仅会有助于经济，还可以让美国走上强劲的复苏之路。

美国的割裂是深层次的。经济和居住地的隔离让顶层人士感受不到底层人士的困难。就如旧时候的国王一样，顶层人士逐渐将自己的特权地位从根本上视为一种天授的权利。若非如此，我们就无法解释风险投资家汤姆·珀金斯在最近的言论，认定对于 1% 的人的批评类似于纳粹法西斯主义；我们也不能理解私募股权巨擘苏世民的言论，将要求金融家与靠工薪生活的人支付同等的税率比作希特勒入侵波兰。

美国的经济、美国的民主和美国的社会为这些巨大的不平等付出了代价。一个经济体的真正考验不是这个国家的"贵胄"在避税天堂积累了多少财富，而是其普通公民的富裕程度——更何况美国的自我形象根植于自诩为"伟大的中产阶级社会"。但美国现在的收入中位数比 25 年前还低。经济增长都流入了最富有的人的腰包，他们占有的份额自 1980 年以来几乎翻了两番。本该"涓滴而下"的金钱，却消失在气候宜人的开曼群岛上。

由于美国近四分之一的 5 岁以下儿童生活在贫困之中，并且美国几乎任由国内的穷人自生自灭，上一代人的贫困正在影响着下一代人。当然，没有哪个国家能够提供近乎彻底的机会公平。但为什么像美国这样一个发达国家却要放任本国青年的前途几乎完全取决于其父母的收入和受教育程度呢？

在"大鸿沟"系列文章中最令人心酸的故事，无外乎那些描绘年轻人挫败感的故事，他们渴望进入美国日益凋零的中产阶级之列。但学费的飙升和收入的下降带来了更大的债务负担。在过去的 35 年里，那些只有高中学历的人收入下降了 13%。

凡是公正存在问题的地区，就会存在巨大的鸿沟。在全世界的其他国家和相当大比例的美国民众眼中，大量的服刑人员已经成为这个国家的又一标志性问题——值得反复提及的是，美国人口只占全球人口总数的 5%，但拥有全球四分之一的囚犯。

公正被称为只有少数人能够负担得起的商品。华尔街的高管一向利用重金聘请的律师来确保他们这些高层人物不会为自己的不当行为担责，但这样的事情在 2008 年危机之中被如此活灵活现地暴露在世人面前；与此同时，银行还在滥用美国的法律体系，取消抵押贷款赎回权，将很多人从家中驱走，其中有些人甚至没有欠银行一分钱。

半个多世纪之前，美国率先倡导的《世界人权宣言》在 1948 年被联合国所采纳。如今，获得医疗保健已经成为最普遍接受的权利之一，至少在发达国家如此。但颁布了《平价医疗法案》的美国却成为一个异类。它已成为一个在医疗保健的获得、预期寿命和健康状况方面存在着巨大鸿沟的国家。

正当许多人对最高法院没有推翻《平价医疗法案》而松了一口气之际，他们却没有充分地认识到这一判决对美国医保的真正影响。奥巴马的医改目标( 确保所有美国人都能获得医疗保健 )受到了阻挠：有 24 个州并没有实施扩大受众范围后的医疗补助方案，这意味着奥巴马的医改方案并没兑现曾经向那些最穷困的人做出的许诺。

我们不仅要向贫困宣战，还需要保护中产阶级。这些问题的解决方案不一定有多么新奇。根本没有这个必要，一个很好的起点就是让市场依照它该有的方式进行运作。我们必须想办法阻止美国进一步滑向寻租社会，因为在这种社会中，富人通过操纵制度来谋取私利。

不平等与其说是一个技术经济的问题，不如说它实质是一个如何实施政治的问题。确保那些最富有的人支付他们应当承担的税负份额（终止投机者、企业和富人的特权），既是务实的，也是公平的。扭转贪婪的政治并不是出于嫉妒。改变不平等除了调整最高的边际税率，还要让我们的孩子能够获得食物，以及让所有人有权获得正义。如果我们能在教育、医疗和基础设施上投入更多，那么就会增强美国经济，无论是现在还是将来。但不要因为这是老生常谈的话题，我们就不应再次做出尝试。

我们已经找到了问题的根源：政治不平等以及让美国民主制度商品化和腐败横生的政策。公民只有积极参与其中，才能争取恢复更加公平的美国，而公民只有理解到这项挑战的深刻程度和波及范围才会这样行动。为了恢复美国在世界上的地位，为了重新找回作为美国人的归属感，现在行动起来还为时不晚。不平等的扩大和加剧不是源自无法阻挡的经济规律，而是由美国人自己制定的法律造成的。

## 注　释

1. 刊登于 2014 年 6 月 27 日的《纽约时报》。

# 第七部分

# 地区视角

—

不平等已经成为一个国际问题。这里出现了一个普遍的模式：那些追随美国经济模式（包括经济的重度金融化）的国家最终都得到了类似的结果。因此，紧随美国模式的英国（有些方面是美国在效仿英国：首相撒切尔夫人和里根总统在政策和意识形态上有许多相似之处）毫无悬念地成为发达国家中仅次于美国的最不平等国家。许多国家为不平等付出了高昂的代价，不仅体现在收入的不平等，还有机会的不平等。

在过去的 25 年里，我有幸能够周游世界，并与全球各国的政府、学生、经济学家同行、劳工组织和商界人士交谈。让我特别感兴趣的是，经济和政治在不同国家为何有着不同的相互作用：有些国家能够成为更平等的社会，并且机会也更平等。

纳入本部分的文章对世界各地选出的具有差异的发展状况进行了分析。开篇便是《毛里求斯的奇迹》。人们永远都无法预测一篇文章将在何时会引起共鸣，但这篇文章成功了。小小的毛里求斯位于非洲东部的印度洋上，长期以来一直被视为发展的真正成功案例之一。毛里求斯的经济增长迅速，我探访那里的一个理由就是为了更好地了解这其中的原因。毛里求斯的现任总统在这个国家早年高速发展的时期曾担任该国的总理，他亲口告诉我的答案并不让我感到意外，他们受到了东亚发展模式的极大影响，即国家在推进发展上发挥着核心作用（由此产生了"发展型国家"这一专有词汇）。[1]

但是毛里求斯尤为让我感兴趣的是，这个相对贫穷的国家如何做到为全体公民提供免费的医疗和大学教育——而美国似乎总在说自己无力负担这些费用。毛里求斯甚至为国内的年轻人和老年人提供免费交通——因为前者是这个国家的未来，而后者已经为这个社会做出了贡献。而我在这里的观点很直接：美国有能力为所有美国人提供这些服务。投资国内的年轻人将会让这个国家变得强大。大多数国家将获得基本医疗保健视为一项最基本的人权。而美国没有这样做事实上是一个选择的问题，体现了国家对这一类事项的优先等级——取决于政治进程的轻重缓急，特别偏向顶层人的利益和观点。

围绕近来金融危机所发生的事件最能清楚地说明这一点。在危机发生前不久，小布什总统刚刚否决了一项为贫困儿童提供医疗保险的法案，理由是美国无法负担。然而，不知何故，政府突然找到了 7000 亿美元来纾困银行——另外还有 1500 多亿美元用于救助一家任性妄为的公司。美国政府有钱为富人提供安全保障，却没钱帮助穷人。他们的理由是，这样做可以拯救经济，每个人都将受益。当然，这只不过是赤裸裸的涓滴经济学。然而事实不是这样的——那些处于社会顶层的人日子过得非常舒服，而普通美国人的生活却比25 年之前更糟。

毛里求斯的经验恰恰相反，表明"投资于人"确实会有回报。

正如我在之前曾提到的，东亚是全世界发展最成功的地区——人均收入在 30 年里增长了 8 倍。事实上，甚至包括最乐观的经济学家在内，没有人能预料到如此高速的增长是可行的。所以，难怪那些国家所发生的一切都成为人们深度研究的课题！最清楚不过的一件事是，这些国家并没有遵循市场激进主义的模式；市场在它们的成功中发挥了关键作用，但这是接受管理的市场，是为了整个社会的利益而加以管理的，而不是服务于少数股东或经理人的；这是一种政府扮演着类似于乐队指挥角色的市场经济。这种类型的市场经济促进了经济的增长，并在科技、教育和基础设施方面做出了大量的投资。

大多数这样国家的一个核心特征是共同繁荣——按传统方式衡量的不平等程度很低，在女性教育上有大量的投资。它们成功创造出美国曾在二战后自以为进入的中产阶级社会。

在经济上最成功的东亚国家之中，新加坡是一个如今有 550 万人口的小岛国。它被排挤出当时的"马来西亚"时，只是一个极其贫穷的国家，并且失业率高达 25%。该国的总理李光耀在电视上想到国家的暗淡前景时流下了眼泪。但发展型国家很适合新加坡的国情，以至于现在新加坡的人均收入超过了 5.5 万美元，在全球收入最高的国家中排名第九，并且不平等的程度相对较低（不考虑那些移居新加坡的富人，因为许多人将新加坡视为在这个动荡世界中的避风港）。

与那篇写毛里求斯的文章一样，这篇关于新加坡的文章引起了强烈的反响。很多美国人明显不喜欢看到自己的国家出丑。每当谈到其他国家在某些方面做得比美国更好时（尤其是考虑到这些国家的资源有限），他们就会觉得这简直是不可饶恕的。但就新加坡而言，还有另外一个问题。它在民主上的缺陷早就被指出，我也在文章中小心地点明了这些缺陷。不过逐渐地，其他国家的人也开始对美国的民主缺陷提出批评，他们认为美国的民主给了金钱权力太大的空间。

接下来两篇文章讲的是日本。日本经济奇迹的终结正好发生在我研究 20 世纪 80 年代末至 90 年代初的东亚奇迹之际。[2] 时至今日，日本已经经历了超过 25 年的近乎停滞——通常被称为"日本的低迷"。但不知何故，即使日本度过了如此长的困难时期，它还是做到了将失业率保持在低位（大部分时间在 5% 左右，是美国经济低迷期失业率峰值的一半）。日本的不平等程度更低，而且其社会保障也远优于美国（包含医疗保健的提供），所以人们没能感受到那么多的痛苦。尽管如此，《日本应当警惕》一文还是直指不平等加剧的危险之处。[3] 在过去的四分之一世纪里，日本的经济发生了巨大的变化，日本一直面临着压力，需要进行一些"市场化改革"，尽管这些"改革"在其他国家导致了不平等的加剧。有迹象表明，日本的不平等出现了令人不安的加剧，并且情况可能会变得更糟。

但总的来说，我认为"日本是个典范——而非前车之鉴"。日本增长乏力的形象受到该国劳动力（工作的适龄人口）下降因素的放大。如果把人口因素考虑在内，在过去的十几年里，日本的增长还一直位于领先之列——然而一想到对日本一边倒的批评，很多人很难相信这一点。但重要的是，正如我前面提到的，日本迄今还是能够实现比美国更具包容性的增长。

该文写在安倍晋三刚刚成为日本首相后不久。我在他任职的最初几个月里去过东京两次，与他和他的顾问商讨后来被逐渐称为"安倍经济学"的政策方案。让我印象深刻的是，他们认识到了不能只依赖货币政策，还需要财政政策（财政支出和／或减税）以及促进增长的结构性政策来刺激经济。这就是安倍经济学的"三支箭"。日本的货币政策（在我的好朋友黑田东彦领导之下）是极其成功的，但遗憾的是财政政策的摇摆不定。加税紧随着最初的扩张政策，但加税的可预见作用就是让增长脱离了轨道。使用其他政策也许会有好得多的效果——比如，对碳排放征税可以筹到资金，激励企业投资节能减排，从而在实际上助力宏观经济。但因为政治的缘故，这样做似乎行不通。

结构性政策的进展则远远不尽如人意，其中有些甚至象征意义大于实际意义（尽管可能对某些特定行业有一定的影响）。比如，首相安倍晋三提议参与关于建立"跨太平洋伙伴关系协定"的商讨，美国那时候正在推动环太平洋地区的几个国家加入这一贸易协定。据称，安倍这样做的原因就是希望这将有利于日本高额补贴的农业进行改革。当然，具有讽刺意味的是，美国自身就对本国的农业进行了高额补贴——否则，其他国家怎么就没办法在原本处于沙漠之中的土地上长出大米呢？然而，即使安倍能够成功地改革日本农业，但这个产业的规模太小了，对于整体经济而言微不足道。

有趣的是，最有价值的一项结构性改革也是同时能促进公平的改革。我们之前曾指出日本的劳动力正在减少，而劳动力的减少是人口下降和抵制外来移民共同造成的。安倍晋三提议利用日本劳动力中长期未得到充分利用的一个重要组成部分——受过高等教育的女性。

再后面的文章是关于中国的。在中国向市场经济转型的初期，我就一直在积极地参与着中国的发展。我第一次对这个国家的深入访问是在 1981 年，第二次深入访问则是我对"东亚奇迹"研究项目的一部分。从 20 世纪 90 年代开始，我每年都有机会去中国一次或几次，参加与中国政府中高级官员的年度会议，最早作为美国政府的成员，然后又作为世界银行首席经济学家，再后来又成为每年一度的"中国发展高层论坛"的参与者。在这个论坛上，我经常被要求反思变化中的新经济战略。

《中国的发展路线图》写于 2006 年，就在中国刚刚宣布"第十一个五年规划"之时（每隔五年，中国就会制订一份"路线图"，为接下来的一段时期提供指引）。正如我在这篇文章中所讨论的，该规划的核心是创造一个和谐社会——尽力"避免"已成为当今美国社会标志的那种鸿沟。

在我游历全球的时候，每隔一阵就会经历一些几乎完全意想不到的事情，这些事情会给我带来希望，为我提供灵感。我的毛里求斯之行就有这般体验，而 2014 年 4 月对哥伦比亚麦德林市的访问则是另外一次。我去那里是为了参加每三年召开一次的"世界城市论坛"会议。这次会议是史上规模最大的一次，共有大约 22000 人参加，其中差不多有 7000 人饱含激情地倾听了我的演讲。在《麦德林：照亮城市的一缕光》一文中，我讲述了这座曾因贩毒团伙而臭名昭著的城市的转变。而麦德林成功的核心就是对不平等的斗争。尽管争取创造一个更公平、更平等的社会（有着共享的繁荣，所有人都能生活得有一点点尊严）的冲击必须发生在国家层面，但麦德林的事实表明，在地方层面也有很多事情可做，特别是因为地方要提供许多对所有人的生活质量至关重要的服务，比如住房、公共交通、公园之类的康乐设施以及教育等。这是一条对于美国来说非常重要的信息，因为美国国内的政治僵局意味着国家层面上的政策难有寸进；而且实话实说，人们更担心，美国国家层面的政治将会导致不平等在未来的几年之中进一步加剧。所以美国要想在这些问题上取得进展，势必将要发生在地方层面上。

在那些想要创造一个更平等社会的人与那些反对这般改变的人之间的斗争，正在世界各地上演。我经常被卷入这样的争斗之中，即使在我更偏学术的巡回讲演途中。这次就发生在我于 2011 年和 2014 年访问澳大利亚期间，而《澳大利亚的美式妄想》是我从澳大利亚返回后的 2014 年 7 月初写的。托尼·阿博特在前一年的 9 月就任澳大利亚总理，并决定推翻前几届政府所采用的政策。那些政策为澳大利亚带来了巨大的成功，乃至该国人均收入达到了 6.7 万美元（让澳大利亚远超美国，成为全球人均收入最高的国家之一）。[4] 那些政策也带来了更加共享的繁荣：澳大利亚的最低工资是美国的两倍，而当时的失业率也远低于美国，国家债务仅相当于美国的一小部分，高等教育的资助方式让所有人都得到了机会（助学贷款的偿付金额根据毕业后的个人收入有所调节），并带来更高预期的寿命和更良好的健康医疗保健系统（而且花销只有美国的零头）。尽管过去取得了这样那样的成功，但阿博特还是企图推动澳大利亚效仿美国的模式——这就是盲目的意识形态凌驾于其他一切的反面典型。

同年，我还被卷入了关于苏格兰独立的辩论。我曾（与我的好友，同样是诺贝尔奖得主的詹姆斯·莫里斯爵士）在苏格兰政府的一个顾问委员会任职。

苏格兰一直在积极施行我所推广的更好衡量经济表现的方式。我担任过"经济表现与社会进步国际委员会"的主席，并且我们都一致同意，单用 GDP 来衡量经济表现并不充分，甚至有时候还具有误导性。[5] 我热心于帮助那些有兴趣实施我们想法的国家，苏格兰就是其中之一。我们还有其他一些具有创新性的想法，比如促进环境改善的政策，以及能够创造就业并培育创新的积极产业政策。

2014 年 9 月，苏格兰就是否脱离英国而独立举行公投。反对者一直在散布恐慌言论，描述苏格兰独立带来的灾难性影响。尽管我担心的是一个民族分裂日益加剧的世界，但那些危言耸听并没有打动我，反而拥护苏格兰独立一方的讨论基调让我印象深刻——积极地面对独立会引发的各种可能性，与许多类似运动的狭隘民族主义有着天壤之别。苏格兰这个地方正是"启蒙运动"的诞生地，而我们的民主价值观和科学技术的进步在很大程度上都要归功于这场思想运动。关于本书的初衷最重要的一点是，尽管英格兰追随的是美国的经济模式（不平等的增长也在意料之中），苏格兰则认为自己效仿的是斯堪的纳维亚模式，能够做到机会更加平等。《苏格兰的独立》这篇文章也正好在举行投票前刊行于苏格兰境内。

尽管苏格兰的投票率非常高，并且有 45% 的选民支持离开这个有着 300 年历史的联邦，但独立还是在公投中被否决了。有意思的是，苏格兰独立党在此之后支持率大幅上升，并且加大权力下放意味着苏格兰几乎肯定会追求更能促进平等的政策。

尽管苏格兰为这个不平等日渐加剧的世界带来了一个乐观的信号，但西班牙却在背道而驰。我经常去西班牙。在 2011 年春的诸多抗议活动中，发生在西班牙的那些抗议活动尤为浩大，但考虑到该国正在经历的困难，这也是情理之中的。我在马德里曾与丽池公园的年轻抗议者有过交谈。我认同他们的观点，正是经济和政治制度出了问题：这世上一方面有着数量庞大的未满足需求和大量的空置房屋，而另一方面却有着无数的失业工人和无家可归的民众；普通市民饱受苦难，但引发这场危机的人（银行家和他们的亲信）却过着很滋润的生活。

《西班牙的萧条》是西班牙语版《不平等的代价》的序言。西班牙是在"大衰退"来临之前的几年里真正设法减少不平等现象的国家之一，这与美国形成的趋势正好相反。但所有的这些进步都在"大衰退"之中消失了。尽管大多数欧洲人（尤其是他们的政治领导人）都不情愿将发生在西班牙的状况称为萧条，但事实就是如此——人们的收入大幅下降，年轻人的失业率超过50%。我认为这里的问题完全出在欧元区的结构以及被强加给这个国家的政策上，而西班牙国内的政策和经济结构并没有太大的问题。

# 注　释

1. 我在20世纪80年代末到90年代初为世界银行做了大量关于东亚成功原因的研究，并随后发表为《东亚奇迹：经济增长与公共政策》（华盛顿特区：世界银行，1993年）和一篇较短的期刊论文《东亚奇迹的一些教训》（《世界银行研究观察》第11期，第2册（1996年8月），151～177页）。

2. 参见斯蒂格利茨《东亚奇迹的一些教训》（《世界银行研究观察》第11期，第2册（1996年8月）151～177页）；《金融市场、公共政策以及东亚奇迹》（同前，249～276页）；《东亚奇迹：经济增长与公共政策》（华盛顿特区：世界银行，1993年）。

3. 转自《不平等的代价》日文版的序言。

4. 我还写过一篇文章《澳大利亚，你生在福中不自知》，刊登于2013年9月的《悉尼先驱晨报》。

5. 该委员会的这一报告可以在我与让－保罗·菲图西和阿马蒂亚·森合著的《对我们生活的误测：为什么GDP增长不等于社会进步》（纽约：新出版社，2010年）一书中找到。

# 毛里求斯的奇迹[1]

—

假如有人告诉你某个小国能够为其全体公民提供一直到大学的免费教育，为在校学生提供免费的交通，为所有人提供包括心脏手术在内的免费医疗，那么你可能怀疑这样一个国家不是富得流油，就是很快要滑入财政危机的深渊。

毕竟，连富裕的欧洲国家都越发感到没钱支持大学教育，还要求年轻人及其家庭承担更多的费用。就美国而言，它甚至都没有尝试过让所有人免费读大学，并且为了确保美国穷人能获得医疗保健都经历过一番艰苦的抗争——直至今日，共和党还在竭力废除这项保障，并声称这个国家无力负担。

但毛里求斯这个位于非洲东海岸的小岛国，既不特别富裕，也没有走上财政预算崩溃的道路。尽管如此，毛里求斯在过去的几十年时间里，还是成功地建立了多元化的经济、民主的政治制度以及强力的社会保障。许多国家，尤其是美国，都可以从毛里求斯的经验中获益匪浅。

在最近一次对这个拥有 130 万人口的热带群岛的访问过程中，我有机会看到了毛里求斯实现的一些飞跃——鉴于美国和其他国家的一些争论，这些成就似乎让人感到困惑。以房屋所有权为例，美国保守派认为，导致金融危机的根源是政府试图将房屋所有权扩大到美国人口的 70%，与此同时，87% 的毛里求斯人做到了居者有其屋，并且也没有滋生任何的房地产泡沫。

接下来的数字才是真正让人感到难堪的：毛里求斯的 GDP 在 30 年左右的时间里一直保持着大于 5% 的年化增速。当然，这里面一定有什么"独门秘方"——毛里求斯绝对富产钻石、石油或其他有价值的商品。但恰恰相反，毛里求斯并没有任何值得开采的自然资源。事实上，毛里求斯在 1968 年脱离英国殖民统治而宣告独立的时候，该国的前景如此黯淡，以至于诺贝尔经济学奖得主詹姆斯·米德曾在 1961 年写道："如果（该国）能够在不严重降低现有生活水平的情况下为其人口找到生产性的就业机会，那将是一项了不起的成就……实现和平发展的前景相当渺茫。"

仿佛就是为了证明米德是错的，毛里求斯的人均收入从刚独立时的不到 400 美元，增长到如今的超过 6700 美元。这个国家已经从 50 年前以糖类为基础的单一作物种植国，发展成为一个多元化的经济体，涉足旅游、金融、纺织，并且如果当前的计划能取得成果，那将还要再加上先进技术产业。

在我访问期间，我的兴趣在于更好地了解是什么缔造了人们口中所谓的"毛里求斯奇迹",以及其他国家能从中学到什么。这其中确实有许多经验教训,值得美国和其他国家政客在执迷预算之争时牢记于心。

第一,问题不在于我们是否能够负担得起为所有人提供医疗保健或教育,或者确保普遍地拥有住房所有权。如果毛里求斯能够承受这样的财政支出,那么富裕程度远超毛里求斯几个数量级的美国和欧洲也能够承受。问题真正在于如何构建社会。毛里求斯人所选择的道路为他们带来了更强的社会凝聚力、福利和经济增长,还降低了不平等的程度。

第二,与很多其他小国不同,毛里求斯认定大部分的军事开支就是浪费。美国在这方面远不需要做到现在的程度:仅从针对不存在敌人的无用武器上分出一小部分钱,美国就可以慢慢建立起更加人道的社会,包括为无力负担的人提供医疗和教育。

第三,毛里求斯还认识到,由于缺乏自然资源,人民就是其仅有的资产。也许,对人力资源的珍视也让毛里求斯认识到,全民教育对社会团结的重要性——特别是由于该国内在的宗教、种族和政治差异,有些人还企图利用这些差异来引诱它继续成为英国的一处殖民地。同样至关重要的还有对民主制度以及工人、政府和雇主之间合作共赢的倾力付出——这与美国当今保守派所引发的争执和分裂完全不同。

毛里求斯也并非没有任何问题。与许多其他成功的新兴市场国家一样,毛里求斯正逐步丧失汇率方面的竞争力。而且,随着越来越多的国家为了应对美国通过量化宽松实现美元竞争性贬值的企图,不得不干预汇市以压低本币，这个问题正变得越来越严重。几乎可以肯定，毛里求斯也将不得不出手干预。

此外，像世界上许多其他国家一样，毛里求斯如今也担心进口食品和能源的通货膨胀。通过提高利率来应对通货膨胀，只会加重高失业率下的高物价与本币竞争力进一步下降的螺旋困境。直接进行干预、限制短期资本流入、加征资本利得税以及实行审慎的银行监管都必须予以考虑。

毛里求斯的奇迹始于独立之时。但这个国家仍在与殖民时期的遗留问题做斗争：土地和财富的不平等，还有在高风险的全球政治面前的脆弱性。美国无偿占用了毛里求斯沿海的迪戈加西亚岛作为海军基地，该岛名义上是从英国那里租借而来的。英国还违反了联合国公约和国际法占据了查戈斯群岛，并且驱逐了岛上的公民，不允许他们返回家园。

美国现在应该正当对待这个和平且民主的国家——承认毛里求斯对迪戈加西亚岛的合法主权、重新商订租约，并对其已经非法占据了几十年的土地支付合理的费用，以弥补过去的罪行。

## 注 释

1. 刊登于 2011 年 3 月 7 日的《报业辛迪加》。

# 新加坡经验对美国的启示[1]

—

全球大部分国家的不平等都在加剧，但在不同的国家和地区，不平等有着不同的表现形式。越来越多的人认识到，美国已经可悲地成了最不平等的发达国家，尽管英国、日本、加拿大和德国的收入差距也在扩大，但是程度稍轻。当然，拉丁美洲和非洲的一些发展中国家的情况更差。但在此处榜上留名并不是什么自豪的事情。

一些大国（比如巴西、印度尼西亚和阿根廷）在近年来已经变得更加平等，而另外一些国家，如西班牙，直到2007～2008年经济危机发生之前也一直势头良好。

新加坡的卓越之处在于，它在过去30年里优先考虑的是社会和经济的平等，并同时获得了非常高速的增长——这一杰出的实例表明不平等不单纯是社会公平的问题，也会影响经济表现。一个社会的经济分化程度越轻微，其表现就越好——这对所有人都一样，并不只是中下层的群体。

很难相信这个城市国家在 1963 年脱离英国独立后的半个世纪里，取得了如此大的进步（在 1965 年终结了与马来西亚的短暂联合）。在独立前后，新加坡有四分之一的劳动力处于失业或没能充分就业的状态。当时的人均收入（经通货膨胀调整后）还不到今天的十分之一。

新加坡付出了很多努力才成为亚洲经济"四小龙"之一，其中的一项便是遏制不平等，政府确保底层人的薪资不会被压榨到剥削的程度。

政府强制个人加入"公积金"储蓄（年轻工人的缴纳比例为工资的 36%）用于支付充足的医疗保健、住房和退休福利。它还提供全民教育，将一些最优秀的学生送到海外，并尽量确保他们能学成归国（我有一些最聪明的学生就来自新加坡）。

新加坡的模式至少有四个出色的方面，它们对美国的适用程度超出了那些抱有怀疑态度的美国观察家的想象。

第一，个人被要求为自己的需求负责。比如，借助"公积金"储蓄，约 90% 的新加坡人拥有自己的住宅，而自 2007 年房地产泡沫破裂以来，美国的这一比例约为 65%。

第二，新加坡的领导者意识到，他们必须打破有害的、自我持续的不平等恶性循环，而这样的循环普遍存在于西方国家之中。政府的项目既有普遍性，又有累进性：尽管所有人都要做出贡献，来确保每个人都能过上体面的生活（体面的标准取决于新加坡社会在其不同发展阶段的负担能力），但富裕的人要付出更多来帮助最底层的人。那些最富有的人不仅要负担自己分内的公共投资，还被要求贡献出更多来帮助最贫困的人。

第三，政府要干预税前收入的分配以帮助底层的人，而不是像美国那样帮助富人。它会温和地介入工人和公司之间的议价过程，让平衡向经济力量较弱的一方倾斜——这一点与美国形成了鲜明的对比，美国的游戏规则已经将权力由劳动者移交给了资本，尤其是在最近的 30 年里。

第四，新加坡意识到未来成功的关键在于大量的教育投资（最近还增加了对科学研究的投资），而国家的进步发展意味着所有的公民（而不仅限于富家子弟）都能获得与其能力相匹配的优质教育。

执政 30 年的新加坡首任总理李光耀和他的继任者对经济成功的标准有着更广阔的视野，而不是一门心思地盯着国内生产总值的数字。即使用 GDP 这个不完美指标来衡量成功，新加坡的表现也相当出色，自 1980 年以来它的增长速度比美国高 5.5 倍。

新加坡政府近来一直密切关注环境保护，确保这个有着 530 万人口的拥挤城市留有绿色空间，哪怕是将它们放在建筑物的顶层。

在一个家庭纽带被城镇化和现代化削弱的时代，新加坡已经认识到维护家庭关系的重要性，特别是代际联系，并制订了住房计划以帮助国内的老龄人口。

新加坡还认识到，如果一个国家的大多数公民无法参与到经济的增长中来，或者相当大的一部分人缺乏足够的住房、医疗保健和退休保障，其经济就不可能成功。通过坚持要求以个人为主去缴纳其自身的社会福利账户，新加坡避免被指责成为"保姆国家"。但通过认识到个人在满足各种需求方面的能力差异，新加坡建立了一个更团结的社会；通过理解孩子无法选择自己的父母（并且所有的孩子都应该有权利发展他们与生俱来的能力），新加坡建立了一个更有活力的社会。

新加坡的成功同样还体现在其他的指标上。新加坡公民的预期寿命为 82 岁，而美国为 78 岁；新加坡的学生在数学、科学和阅读测试中的分数是世界上最高的，远高于经济合作与发展组织（全球富裕国家俱乐部）成员国的平均水平，也远远领先美国。

新加坡的情况也并非十全十美：在过去十年里，与世界上许多国家一样，收入不平等的加剧对新加坡也构成了挑战。但新加坡人已经认识到了这个问题，并有很多热烈的讨论是关于如何最优地减缓这一全球性趋势的。

一些人认为，这一切问题之所以可能发生，只是因为 1990 年卸任的李光耀没有坚定地致力于民主进程。新加坡是一个高度集权的国家，而且几十年来一直由李光耀领导的人民行动党掌权。批评人士称，这个国家有一些专制的方面：对公民自由的限制；严厉的刑罚；欠充分的多党派竞争；不完全独立的司法系统。但新加坡政府也确实经常被评为世界上腐败程度最低、透明程度最高的政府之一，而且新加坡领导人已经采取措施逐步扩大民主参与。

此外，还有一些其他致力于开放民主进程的国家，它们在创造既充满活力且公平的经济方面也取得了惊人的成功——它们有着远低于美国的不平等，以及远好于美国的机会公平。

　　每一个北欧国家所走的道路都略有不同，但它们都在平等增长方面取得了令人印象深刻的成就。衡量国家表现的一个标准是联合国开发计划署经不平等因素调整后的"人类发展指数"，这个指数衡量人类的生活质量要多过衡量经济的产出。对于每个国家，该指数考察了其公民的收入、教育和健康状况，并依据各自国家中不同群体对这些资源的获取程度进行了调整。在这个指数上，北欧国家（瑞典、丹麦、芬兰和挪威）名列前茅。相比之下，尽管美国未经调整的"人类发展指数"排名第三，但一旦将不平等因素纳入考虑范围，它的名次就直接降到第 16 位。如果单独考虑其他的幸福指标，美国的情况甚至更差：美国在联合国开发计划署经不平等因素调整后的"预期寿命指数"上，排在第 33 位，还不如智利。

　　经济规律是全球性的，但结果（同样包括不平等程度和机会水平）存在各式差异的事实表明，关键是本土的力量（特别明显的是政治力量）如何影响这些全球性的经济规律。新加坡和斯堪的纳维亚国家已经展示，经济规律也能被改造成确保兼顾公平和增长的方式。

　　我们如今认识到，民主并不仅仅是定期投票。经济严重不平等的社会不可避免地会走向政治的严重不平等：精英掌控的政治体系服务于个人私利，追求经济学家所说的寻租行为，而不是普遍的公众利益。这样的终局是最不合格的民主。从这个意义上说，北欧的民主国家已经实现了大多数美国人的心中向往：在这样的政治制度下，普通公民的声音得到了公平的代表，政治传统增强了公开和透明，金钱无法主导政治决策，政府行动也不用遮遮掩掩。

　　我认为，北欧国家的经济成就在很大程度上是因为这些社会具有强烈的民主性。不仅在增长与平等之间，而且在这二者与民主之间，都具有积极的联系。（反之，不平等的加剧不仅削弱了美国的经济，也削弱了美国的民主。）

衡量一个社会是否平等的一项标准是儿童的境遇。在美国，许多保守派或自由意志主义者断言，成年人对自己的贫穷负有全部的责任——正是因为他们没有尽其所能地努力工作，才让自己落入了困境。（当然，前提是他有一份工作——这是一个越来越不可靠的假设。）

但儿童的幸福与否显然不是一件将指责（或赞扬）落到儿童身上的事情。在瑞典，仅有 7.3% 的儿童处于贫困，而对比美国，贫困儿童的比例惊人地高达 23.1%。这不仅是对社会公平最基本的违反，还预示着这个国家的暗淡未来：这些儿童将来为国家贡献力量的前景越来越渺茫。

其他可选的经济模式似乎能为更多的人带来更多的好处，但关于这些模式的讨论却往往得出与事实相悖的论断，或者诸如"反正这些国家根本就与美国不同""它们的模式对美国没有任何借鉴意义"等其他论调。这些都是可以理解的。我们之中没有人会乐于将自身或本国的经济制度想得非常恶劣。我们大多数宁可相信美国拥有世界上最好的经济制度。

然而，一部分的自我满足感源于没有搞清楚美国的现状。当美国人被问及什么是最佳的收入分配时，他们会承认资本主义制度总是会产生一些不平等——没有不平等，人们就没有动力做到节约、创新和勤奋。并且，他们意识到美国并没有达到他们眼中的"最佳"状态。现实情况是，美国的不平等程度远超过了他们的自我认识，而且他们对"最佳的收入分配"的理解与北欧国家已经努力实现的程度相差无几。

尽管大多数美国人自 20 世纪 70 年代中期以来实际收入停滞不前,但有一小部分的美国精英却见证了自身财富和收入的历史性增长,而就在他们当中,还有许多人寻求为自己正名或找一些借口。比如,他们会说,那些国家都是单一民族的,并没有什么外来移民。然而事实是,瑞典接纳了大量的移民(比如瑞典大约有 14% 的人口出生在国外,相比英国有 11%,美国有 13%)。新加坡是一个多民族、多语种、多宗教的城市国家。人口规模呢?德国的人口数量是 8200 万,德国的机会公平程度比有着 3.14 亿人口的美国要高得多(尽管德国的不平等程度也在加剧,但还没有美国那么严重)。

诚然,美国种族歧视的历史遗留问题(其中就包括奴隶制度的遗毒,这是美国的原罪),使其建立一个更加平等、机会更加平等的社会变得尤为棘手,特别是做到与世界上表现最好的国家相比肩的程度。但承认历史问题非但不会削弱我们的努力,为了实现我们力所能及的理想,反而会坚定我们的决心,并且这样做也是我们的最佳理想。

## 注 释

1. 刊登于 2013 年 3 月 18 日的《纽约时报》。

# 日本应当警惕[1]

一

不平等是一个全球性问题。它无差别地困扰着富国和穷国，以及每一块大陆上的所有国家。不平等经过改头换面后也有很多种表现形式——上层人士的欲求无度，中产阶级的空心化，底层民众的贫困加剧。本书的一个观点是，社会为这样的不平等付出了高昂的代价——更疲软的经济表现、被架空的民主，以及在其他基本价值观（比如法治）上的妥协。所以一个必然的结果就是，遏制不平等的加剧和创造一个更平等的社会可能会带来巨大的红利——这不仅是经济上的回报，还会增强社会公平感和公平竞争的意识。这后一点在所有的文化中都很重要。本书的内容将阐明这是可以做到的，并描述了能够为我们的经济和社会运作带来功能改善的经济政策。

虽然各国之间有许多相似之处，但也存在一些重要的差异。按照标准的汇总统计方法（书中描述过的"基尼系数"），有一些国家的不平等程度并没有加剧。而作为我在本书中的重点分析目标——美国，在所有发达工业国家中是不平等现象最严重的。并且，与人们普遍持有的观念相反（也与美国自我认知的形象相反），美国也是机会最不平等的国家。当然，美国有一些非常著名的典型人物，他们通过努力工作获得了从社会底层进入顶层的逆袭式成功。但这都是些孤证。重要的是统计意义上的普遍性：一个人如果出生在受教育程度低下的低收入家庭，那么他的未来前途会怎样呢？与其他国家相比，美国年轻人的前途更依赖其父母的收入和受教育程度。

结果不平等和机会不平等的存在是不可避免的，但我在这里认为，那些不平等不必像美国这样严重。其他国家的情况远好过美国。其他国家不但做得更好，而且还在尽力防止不平等的加剧，这些事实应该给美国人希望：当今的不平等不单纯是市场规律的必然结果。市场并非存在于真空之中，它会受到公共政策的影响。其他国家遏制不平等的成功经验（创造出更加共享的繁荣）表明，我在这里所讲述的各类政策，实际上可以有效地遏制不平等的加剧，并提高经济系统的公平性。

在过去的 40 年里，经济增长最快的是东亚国家，其国民收入的增长在半个世纪之前是难以想象的。有很多因素促成了这样的成功，比如高储蓄率。但我和其他人都认为，至少在大多数国家里，有一个因素一直非常重要：高度的平等，尤其是对教育的投资大大地增加了人们的机会。从历史上看，这些国家也一直存在一些强有力的社会契约，比如限制上层人士的过度行为——首席执行官与普通工人的薪酬之比远没有美国的大。但这样的社会契约也并非从一开始就有的。日本的劳资关系在二战之前要棘手得多。但情况能够发生如此巨大的反转，仅是这样的事实就带来了希望。

许多美国人担心，由于与日益加剧的经济和政治不平等有着千丝万缕的联系，美国所走上的道路将几乎不可逆转。但在历史上的其他时期，美国也曾面对极为严重的不平等，但每一次都在崩溃的边缘峰回路转：先是从"镀金年代"步入"进步年代"<sup>⊖</sup>，后来又从"咆哮的 20 年代"前所未有的不平等之中产生了 20 世纪 30 年代具有里程碑意义的社会保障的立法。日本、巴西和美国在各自历史上的不同时期都曾转变过方向，采用了更能紧密团结国民的政策。这些事例应该可以缓解人们日渐加深的绝望感。

但如果美国无力改变方向，它将会为其严重且在不断加剧的不平等付出高昂代价。本书解释了为什么更平等的社会能获得更好的经济表现。不幸的是，有良性循环就必定有恶性循环：经济不平等的加剧会导致社会契约的弱化和政治权力的失衡，这反过来又会导致法律、法规和政策进一步加重经济的不平等。

美国的经验应该为其他国家敲响警钟，这其中也包括日本。即使日本经济增长放缓，它还是做到了避免类似美国那些近期由数据所暴露出的极端情况。比如，在 2008 年至 2010 年期间美国的中产失去了近 40% 的财富，抹平了一个普通美国人 20 年的财富积累。而在随后复苏的 2010 年，93% 的收益归入了最富的 1% 的人。尽管美国的劳动力市场持续疲软（几乎六分之一的美国人找不到一份自

---

⊖　在美国历史上是指1890年至1920年期间，是美国的社会行动主义和政治改良纷
　　纷涌现的一个时代。——译者注

己想要的全职工作），但日本经济的长期低迷却只产生了相对较低的失业率。美国的社会保障体系是发达工业国家中最差的。然而随着税收收入的下降，美国本就不充分的社会保障体系将变得更加脆弱。已经有一些公共服务被大幅削减，这对普通美国人的幸福至关重要。因此，经济的低迷不可避免地将会造成贫困的加重。

另外，美国还存在一个恶性循环：严重的不平等导致经济更加疲软，而经济的疲软反过来又加剧了不平等。比如，高失业率反过来会给工资带来下行压力，进一步伤害了中产阶级。正如我在本书中解释的那样，高度的不平等降低了总需求，而正是需求不足抑制了美国及其他许多国家的增长。

尽管其他国家可以因比美国更好的表现而感到满意（至少在这一方面），但过于自满也是有风险的。因为，一时的胜利并不能保证一世的成功。

尽管日本的不平等程度仍明显低于美国，但日本的不平等却一直在加剧——就与美国过去一样。日本会重回二战前那种冲突不断的状况吗？

因此，本书向日本提出了一连串严重的警告和教训：日本不应该将过去在创建更平等和公平的社会和经济方面取得的成果视为理所应当。它更应该担心不平等的加剧以及这对经济、政治和社会的后果。

比美国更棘手的是，日本还面临着巨额的债务和老龄化的社会问题。日本的经济增长速度甚至比美国还慢。这些都让它有可能削减对公共利益的投资，或者暗中牺牲社会保障体系。但这样的政策将会危及其基本价值观和未来的经济前景。

正如在前一部分中的描述，有一些政策可以同时促进增长和平等——创造共享的繁荣。对于日本来说，这是一个政治问题，而不是经济问题。当然，美国也一样。日本是否能够打击那些追求自身狭隘利益的寻租者，防止他们做出注定会损害整个经济的行为？它能否为 21 世纪打造出一份社会契约，以确保经济增长的好处被公平地分享？

这些问题的答案关乎日本的未来，既是日本社会的未来，也是该国经济的未来。

## 注　释

1. 日文版《不平等的代价》的序言。

# 日本是个典范，而非前车之鉴[1]

—

在金融危机重创美国经济之后的五年里，包括我在内的那些敦促政府采取强有力行动的人最乐于发出的警告是，美国有可能进入长期的"日本式的低迷"。之所以这么说，是因为自1989年经济崩盘之后，日本延续了20年的经济增长乏力，一直被视为"金融危机错误应对方式"的典型前车之鉴。

但如今，日本却正在成为全球的典范。最近当选的日本首相安倍晋三为了恢复他所称的"严重丧失的信心"，开始推行一系列的快速解决方案，包括宽松货币、加大公共工程支出、鼓励创业和外国投资。这些新政策看起来对日本是一个重大的利好。作为世界第三大经济体，日本曾被视为美国最强力的经济竞争对手，而日本正在发生的事情将对美国国内以及全世界产生重大影响。

当然，并非所有人都对此深信不疑——尽管日本公布的今年一季度年化增长率达到了强劲的 3.5%，但对"安倍经济学"是否能解决问题的怀疑，导致日本股市从近 5 年的高点回落。但我们不应该从股市的短期波动中做出太多的解读。毫无疑问，安倍经济学是日本向着正确方向迈出的一大步。

要真正理解为什么日本的形势能看起来不错，我们不仅需要仔细审视安倍晋三的施政纲领，还需要重新调查关于日本经济不景气的主流看法。日本在过去的 20 年里并非失败得一无是处。表面上，日本的经济似乎确实增长缓慢。在 21 世纪最初的十几年里，日本经济从 2000 年至 2011 年的年平均增长率仅为 0.78%，而美国同期的数据为 1.8%。

但仔细观察，不难发现日本的缓慢增长并没有看上去那么糟糕。任何一个认真研究经济表现的学生都不应该只盯着整体增长，他们还要关注与劳动年龄人口规模变化有关的相对增长。从 2001 年到 2010 年，日本劳动年龄的人口（15 岁到 64 岁）减少了 5.5%，而同期美国这一年龄段的人口增加了 9.2%——因此，我们应该预料到日本 GDP 的增长将会放缓。但即使在安倍经济学出现之前，日本单个劳动力的实际平均经济产出在 21 世纪头十年的增速也高于美国、德国、英国或澳大利亚。

尽管如此，日本的经济增长仍远低于 1989 年危机前的水平。我们从美国最近的经历中了解到，即使是短暂的（尽管是更严重的）衰退也有毁灭性的影响：在美国，我们见识了不平等的加剧（最富有的 1% 的人得到了"复苏"的全部收益，收入的增长部分甚至占比更多）、失业率的上升，以及掉队越来越严重的中产阶级。日本的例子表明，全面的复苏不会自行出现。日本的幸运之处在于，该国政府采取了措施，以确保发生在美国的极端不平等现象不会在日本出现，而现如今终于又为经济增长主动发力。

如果扩大纳入考量的指标，我们就会发现，即使在经历了20年的"低迷"之后，日本的表现也远远优于美国。

比如考量基尼系数这一衡量不平等程度的标准指标。基尼系数为0代表完全平等，而1代表完全不平等。根据经合组织的数据，日本如今的基尼系数约为0.33，而美国的基尼系数为0.38。（其他的数据来源显示，美国的不平等程度甚至更高。）在美国，最富的10%的人的平均收入是最穷的10%的人的15.9倍，相较之下，日本的这一数据是10.7倍。

造成这些差异的原因是政治上的选择，而不是必然的经济规律。根据经合组织的统计，日本和美国在税前及转移支付前的基尼系数相差不大，分别是0.488和0.499。但美国只对不平等做出了很小的调整，将基尼系数降到0.38，而日本做得更好，将之降至0.33。

可以肯定的是，日本的情况并非完美。这个国家需要更好地照顾75岁以上的"高龄老人"。这一年龄段的群体在世界老龄人口中的占比越来越大。2008年，世界经合组织估计，25.4%的日本"高龄老人"生活也相对贫困——收入不及全国中位数的一半，这一数字仅略优于美国的27.4%，远逊于经合组织成员的平均水平16.1%。虽然美国和日本可能都不如我们曾经想象中的那般富裕，但让如此高比例的老年人面临这样的困难，是相当不合理的。

但是，如果说日本存在高龄老年人的贫困问题，那么它在另一个方面就做得更好，而且这关乎国家的未来：日本约有 14.9% 的儿童生活贫困，相比之下，美国 23.1% 的儿童贫困比例的确让人感到沮丧。

对比更宽泛的表现指标也同样具有指示性意义。日本人出生时的预期寿命（这是衡量经济健康状况的一个很好的指标）是世界领先的 83.6 岁，而美国为 78.7 岁。并且，这些数据也没有全面揭露预期寿命的不平等程度。据估计，最长寿的十分之一的美国人（他们往往是最富有的）的寿命几乎接近日本人的平均寿命。但美国人中寿命最短的 10% 的平均寿命与墨西哥人或阿根廷人相差无几。根据联合国开发计划署的估计，在美国，不平等对预期寿命的影响几乎是日本的两倍。

其他指标也显示了日本的优势。日本是世界上接受大学教育排名第二的国家，远远超过美国。即使在经济增长缓慢的时期，日本的经济运行方式也让其失业率存在一个天花板。在全球金融危机期间，日本的失业率最高仅达到 5.5%，而在经济低迷的 20 年里，其失业率也从未超过 5.8%。低失业率是日本经济表现远远好于美国的原因之一。

这些数字让美国人羡慕不已。美国的高失业率，以及整体疲软的劳动力市场，从四个方面伤害了中产阶级和底层人民。

第一，那些失去工作的人明显会遇到困难，尤其在美国更甚，因为在奥巴马医改之前，美国人过度依赖雇主提供的健康保险。失业和疾病的双重打击让很多美国人濒临破产，或直接破产。第二，疲软的劳动力市场意味着即使有工作的人也会遭到工作时长的削减。官方的失业率掩盖了大量美国人接受了临时工作这一事实，这并非出于他们的意愿，而因为这是仅有的选择。第三，因为有太多人的想要寻求一份工作而不得，雇主就没有动力提高工资，导致工资的上涨根本追不上通货膨胀。实际收入在下降，而这正是大多数美国中产家庭的现状。第四，所有类型的公共支出都在削减，即使这些对中产阶级和底层人民非常重要。

通过结构性政策、货币政策和财政政策的三管齐下，去年12月上任的安倍晋三做出了美国早就应该做的事情。虽然具体的结构性政策尚未完全落地，但它们很可能会包含旨在提高劳动参与率的措施，特别是妇女的劳动参与率，并有望促成大量健康老年人的再就业。一些人还提议鼓励移民。美国过去在这些方面都做得很好，这些对于现在的日本来说也是至关重要的，无论是为了增长，还是出于解决不平等的目的。

尽管日本长期以来一直看重女性平等地接受教育（这导致日本女孩的科学成绩高于男孩，在数学方面也不像美国一般女孩远差于男孩），但日本女性的劳动参与率仍然相对较低（根据世界银行的数据，日本女性的劳动参与率为49%，而美国为58%）。并且有调查显示，日本女性担任高级管理职位的比例低得惊人——只有7%。

让高学历的日本女性更好地参与劳动，当然不仅是有政府政策就能够实现的，还需要改变社会的风俗和习惯。并且，尽管政府在移风易俗上的作用非常有限，但它们可以通过制定兼顾家庭的政策（比如孕产假和育儿设施）和强有力地执行反歧视法规，为妇女更容易地主动参与劳动力市场提供便利。全国性的统计数据通常评估家庭之间的不平等，但它们不会深入到家庭内部的状况。然而，家庭内部的不平等是明显的，而且不同国家之间的差异极大。

其他可能发生的改革也要解决这样一个事实，即日本像其他发达工业国家一样，需要经历一些重大的结构转型——从制造型经济转向服务型经济，并让自身适应全球比较优势的巨大变化、气候变化的现状，以及应对人口老龄化的挑战。尽管日本强大的制造业长期以来表现出良好的增长，但其他行业却一直落后。日本有能力将其已展现出来的创新能力延伸到服务业。

随着日本人口的老龄化，提高医疗保健行业的效率势在必行；制造和技术的杰出实力与新型诊断设备的结合，会是一个可以在全球取得突破的舞台。日本对研究和高等教育的投资，将有助于确保日本的年轻人拥有在全球化中取得成功所需的技能和心态。市场不会轻易地自行完成这些结构转型。这就是为什么政府在这样的情况下还要削减开支是特别愚蠢的。

事实上，财政刺激是安倍经济学的第二支箭，这也是它如此重要的原因之一。正如我们所有人都应该知道的，刺激措施是增加总需求的必要手段，但同样也是完成结构转型所必需的。对基础设施、研究和教育的投资有望带来高额的红利。然而正如赤字鹰派在美国阻止采取更强有力的行动一样，批评人士声称，日本的债务规模已经超过了其 GDP 总量的两倍，并不适合在新政策中追求这一关键的方面。他们指出，日本的高负债与长期的低增长一直并存。但即使这样，数据也反映出一个更微妙的事实，并非债务导致了缓慢的增长，而是缓慢的增长造成了赤字。如果政府不刺激经济，增长就会进一步放缓。

另外，拥护紧缩的人关于高水平的债务支出往往减缓增长（全世界无差别）的逻辑基础已经被打破。欧洲正在提供越来越多的证据，表明紧缩只会滋生更多的紧缩，而紧缩最终会带来衰退和萧条。

安倍经济学的最后一个方面是货币政策，即用货币刺激加强刺激的效果。我们应该已经认识到，货币刺激（即使像量化宽松这样强有力的、前所未有的行动）最多也只能产生有限的效果。人们的关注点要集中在扭转通货紧缩上，我认为通货紧缩之所以是个大问题，主要因为它是利用率低下的一个症状。尽管日元贬值会让日本的商品更具竞争力，从而刺激经济的增长，但这实际上正是各国的货币政策在国际上相互依赖的表现。美联储的"量化宽松"政策削弱美元也是同样的意图。我们期待有一天全球合作能够改善这种生态。

随着证据的逐渐显现，现如今的紧迫事项不再是安倍经济学如何如何，而是美国如何才能形成一个类似的整体方案，以及理解无法做到这一点的后果。其中的阻碍不是经济学，而是美国与往常一样无休止的政治斗争。比如，尽管紧缩拥护者提出的所谓科学根据令人怀疑，美国还是任由各个领域公共支出的下滑，其中也包括那些确保未来共享繁荣的必要支出。结果是，尽管一些州的财政状况开始有所好转，但公共部门的就业人数仍然比危机前减少了大约50

万；工作岗位的削减几乎全部发生在各州和市政的层面。仅让就业和公共服务恢复到衰退前的状况就是一项艰巨的任务，更不用说让它们达到没有发生衰退时该有的水平（假使经济一直在正常扩张，公共部门的就业会大幅增加）。由于不平等的问题依旧严峻，美国最弱势的群体所受到的重压尤深。

我研究的一个重要主题是，任何国家都要为其不平等付出高昂的代价。社会可以有更高的增长和更多的平等——这两者并不相互排斥。安倍经济学已经制定了针对实现这两方面的一些政策。人们希望，随着进一步细节的落实，将有更多政策促进劳动力市场的性别平等，开发日本未被充分利用的一项资源。这将促进增长、效率和平等。安倍晋三的方案还反映出一种理解，即货币政策的有限作用。日本需要互相配合的货币政策、财政政策和结构性政策。

那些将日本过去几十年的表现视为彻底失败的人，对经济成功的理解太狭隘了。日本在许多方面（更高的收入平等，更长的预期寿命，更低的失业率，对儿童教育和健康的更多投资，甚至相对于劳动力规模的更高生产率）做得比美国更好。日本可以教会我们非常多的东西。哪怕安倍经济学的成功只有其拥护者所期望的一半，它仍将给美国带来更多的经验。

## 注　释

1. 刊登于 2013 年 6 月 9 日的《纽约时报》。

# 中国的发展路线图[1]

—

中国即将采取它的第十一个"五年规划",为继续进行也许是世界历史上最伟大的经济转型做好准备,同时改善全世界几乎四分之一人口的福利。世界上从未有过如此持久的经济增长,也从未发生过如此大规模的成功减贫。

中国长期成功的部分关键原因是它调和了短期的和长远的愿景目标。当其他许多发展中国家遵循"华盛顿共识"[一]并一直不切实际地追求更高的 GDP 之时,中国再次表明,它将寻求可持续的增长模式以及更公平地提高人民的实际生活水平。

---

[一] "华盛顿共识"是由英国经济学家约翰·威廉姆森1989年在彼得森国际经济研究所工作时构造的,概括了国际货币基金组织、世界银行和美国财政部主导推动的十项经济政策,核心是放松管制、贸易自由化、私有化以及实行小政府,用于推动发展中国家的经济增长。——译者注

今年世界银行在《世界发展报告》中阐述了为什么不平等，而不仅仅是贫困，应当引起关注，而中国的"十一五"规划也致力于正面解决这一问题。中国政府近几年来一直在讨论如何建立一个更加和谐的社会，并在"十一五"规划中描绘了如何去实现这一雄心勃勃的目标。

中国还意识到，欠发达国家与发达国家之间不仅有资源上的差距，而且存在知识上的差距。因此，中国制订了大胆的计划，不仅要缩小这种差距，还要为自主创新打造基础。

中国在世界和世界经济中的角色已经发生了改变，这个五年规划就反映出这一点。中国在未来的增长将更多地依靠国内的需求，而非出口的拉动——这就需要本土消费的增加。

有了如此清晰的未来构想，实施将是接下来的挑战。中国是一个广袤的大国，没有普遍的权力下放就不可能取得现在的成功。

比如，温室气体是一个全球性的问题。当美国表示无力承担对此的任何作为的时候，中国高层采取了更有责任感的行动。在实施"十一五"规划的一个月之内，中国就颁布实行了针对汽车、汽油和木材制品的新措施——表明中国正在利用市场化机制来解决中国和世界的环境问题。

有时所谓有利于增长的政策非但不会带来增长，反而将危及未来的全部愿景。只有一种方式能够防止这种情况的发生，即公开地讨论经济政策，这样做既可以揭穿似是而非的谬误，也能够为创造性地解决如今面对的许多挑战提供施展的空间。小布什已经为我们

展示了过分保密和仅由马屁精的小圈子来决策的危险之处。中国的
领导人在努力解决他们面临的庞大问题时，会经过广泛的商讨和咨
询（甚至会咨询外国人）——中国以外的大多数人都没有充分认识到，
相比之下中国人做得有多好。

　　市场经济并不能做到自我监督。它不能被放任自由，特别是当
一个国家想要让人民广泛地分享市场经济带来的好处时。但驯服市
场经济并非易事，这必须在经济的变化之中不断地寻求平衡。中国
的"十一五"规划为这样的应变之策提供了路线图。全世界怀着敬
畏和希望看着这 13 亿人的生活不停地发生着改变。


## 注　释

1. 刊登于 2006 年 4 月 6 日的《报业辛迪加》。

# 麦德林：照亮城市的一缕光[1]

——

2014年4月，在哥伦比亚的麦德林市举行了一场令人瞩目的聚会。大约22000人汇聚在此地参加世界城市论坛，讨论城市的未来。本次论坛的重心是创造"生活的城市"——促进城市环境的公平发展。目前，世界大部分的人口生活在城市之中，到2050年，全球城市居民的占比将超过三分之二。

会议城市的选择本身就具有象征意义：麦德林曾经因贩毒集团而臭名远扬，而当今却丝毫无愧于最具创新精神城市之一的美名。麦德林转型的传奇给世界各地的城市上了非常重要的一课。

在20世纪八九十年代，像臭名昭著的巴勃罗·埃斯科巴这样的大毒枭统治着麦德林的街头，也掌握着麦德林的政治。埃斯科巴的权力源头不仅有国际可卡因交易的庞大利润（受到美国需求的推动），还有麦德林和哥伦比亚的极端不平等。这座城市地处安第斯山脉的河谷中，位于陡峭山坡上的大片贫民窟基本都被政府抛弃了，却为贩毒集团提供了充足的人员。在缺少公共服务的情况下，埃斯科巴凭借他的慷慨赢得了麦德林贫民的真心拥戴，即使他用恐怖的手段控制着这座城市。

如今人们很难再分辨出这些曾经的贫民窟。在城市中的贫穷社区圣多明各，新落成的缆车系统拥有三条空中缆车线路，为居住在与城市路面有数百英尺落差的半山腰居民提供交通服务，结束了他们与市中心的隔绝。如今几分钟的通勤时间打破了这些自然形成的居民点与城市其他地区在社交和经济上的障碍。

这座城市贫困社区的问题并没有得到根治，但改善基础设施带来的巨大好处（整洁的房屋、墙壁彩绘和散布在缆车站周边的足球场）显而易见。作为最具标志性的项目，缆车工程让麦德林在去年赢得了哈佛大学"维罗妮卡·鲁奇绿色城市设计奖"，这可是该领域最负盛名的大奖。

自从2014年法哈多（现担任安蒂奥基亚省麦德林市的市长）出任麦德林市长开始，这座城市做出了重大的努力，改造了贫民窟，提升了教育，还促进了发展。现任市长阿尼瓦尔·加维里亚·科雷亚也证实，麦德林将会坚持走这条道路。

麦德林在最破败的地方建设了一批"先锋派"风格的公共建筑，为生活在贫困街区的居民粉刷房屋，并清理和改造街景——这一切都建立在一个信念之上，即只要尊重人民，他们就会珍视所在的环境并以自己的社区为荣。而这一信念最终得到了事实的验证。

放眼全世界，对诸多社会的重大争论，城市有充分的理由同时成为关注点和落实点。由于人与人之间的近距离接触，他们无法摆脱社会的主要问题：加剧的不平等、环境的恶化以及匮乏的公共投资。

这届世界城市论坛提醒参会者，宜居城市需要良好的规划——这与流行的主流观念相左。但是，如果没有规划和政府对基础设施、公共交通和公园以及干净水源和卫生服务相应的投资，城市就不适合居住。而且穷人无可避免地会成为这些公共产品缺失的最大受害者。

麦德林的经验也给美国提供了一些教训。确实，最近的研究表明，不充分的规划加剧了美国的经济分化，缺少公共交通的城市由于就近工作机会的短缺会形成贫困陷阱。

此次会议并没有止步于此，而是强调不要满足于达到"宜居城市"的程度。我们需要打造有助于个人成长和创新的城市空间。启蒙运动发生在城市中不是偶然的，它反过来又促进了人类历史上最快速、最大幅的生活质量提升。新思想是人口高度集中的自然产物，但需要提供适宜的条件——这包括能够供人们交流、文化可以蓬勃发展的公共空间，以及欢迎和鼓励公众参与的民主氛围。

本次论坛的一个核心主题是人们正在就环境、社会和经济的可持续发展形成共识。可持续性的这三个方面是不可分割且相辅相成的，而这一点在城市背景下最为明显。

实现可持续性的一个最大障碍就是不平等。美国的经济、民主和社会为不断扩大的贫富差距付出了高昂的代价。也许在很多国家之中，收入和财富差距不断扩大的最危险之处是机会不平等的加剧。

一些城市的经验已经表明，这些随处可见的模式并非经济法则的不变后果。即使在美国这样一个最不平等的发达国家之中，也有一些如洛杉矶和圣何塞这样的城市在机会公平方面能与表现最好的经济体相媲美。

由于世界上有很多国家的政府饱受政治僵持之苦，这些超前思维的城市就成为一座座希望的灯塔。一个割裂的美国似乎无力解决其令人担忧的不平等加剧问题。但在纽约市，市长白思豪正是因为许诺要着手解决这一问题而当选。

尽管在地方层面上能做出的改变非常有限（比如，国税的重要程度要比地方税高得多），但城市还是可以在保障居民的住房上给予帮助。并且，为所有居民（无论收入高低）提供高质量的公共教育和公共便利设施，也是城市的一项特别责任。

麦德林和世界城市论坛也表明，这些都不是白日做梦。一个平等的世界是可行的，而我们需要的只是追求这样新世界的政治意愿。

## 注　释

1. 刊登于 2014 年 5 月 7 日的《报业辛迪加》。

# 澳大利亚的美式妄想[1]

—

无论是好是坏，美国国内关于经济政策的辩论总会在其他国家得到回应，哪怕它们根本与美国无关。在澳大利亚总理托尼·阿博特领导下最近当选的政府就是一个活生生的例子。

与许多国家一样，澳大利亚的保守党政府主张削减政府开支，理由是财政赤字会危及国家的将来。然而，对于澳大利亚而言，这样的断言并不靠谱，但这也无法让阿博特政府停止贩卖这一类的危机感。

即使人们赞同哈佛大学经济学家卡门·莱因哈特和肯尼斯·罗格夫关于过高的公共债务水平会放缓增长的主张（尽管这个观点从未被真正证实过，而且后来也屡遭质疑），澳大利亚的债务水平距离这个"过高"的门槛还相去甚远。澳大利亚债务占 GDP 的比值远低于美国，是经合组织成员国中最低的国家之一。

对于长期增长而言，更重要的是对未来的投资，包括在教育、技术和基础设施上的关键公共投资。这样的投资可以确保所有的公民，无论他们的父母有多穷，都可以做到人尽其能。

极具讽刺意味的是，阿博特在为其政府提出的许多"改革"进行辩护时，表现出了对美国模式的崇拜。但说到底，美国的经济模式并没能惠及大多数的美国人。如今美国的收入中位数比25年前还要低——不是因为美国生产力的停滞，而是因为工资增长的停滞。

而澳大利亚模式的表现更为出色。事实上，澳大利亚是为数不多未遭到自然资源反噬的大宗商品经济体之一。在澳大利亚，繁荣得到了相对广泛的分享。在过去的几十年里，澳大利亚的家庭收入中位数以年均大于3%的速度增长，几乎是经合组织成员国平均水平的两倍。

可以确定的是，由于澳大利亚拥有丰富的自然资源，它应该做到比现在更好的平等。毕竟，一个国家的自然资源应该属于全体国民，而这些资源产生的"租金"提供了一项收入来源，可以被用于减少不平等。并且，提高对自然资源租金的税率，并不会像对储蓄或劳动加税那样产生不良后果（铁矿石和天然气的储量无法被转移到另一个国家以达到避税的目的）。但澳大利亚的基尼系数（衡量不平等程度的标准指标）比挪威高三分之一，后者也是一个资源丰富的国家，并且在为全体公民的利益管理财富上做得特别好。

人们很想知道，阿博特和他的政府是否真正了解美国发生了什么。他是否意识到，自从 20 世纪 70 年代末的去监管化和自由化时代开始以来，美国 GDP 的增长速度明显放缓，并且仅有的增长也主要让顶层人群获益？他是否知道，在这些"改革"实施之前，美国已经有半个世纪未曾发生过金融危机（如今金融危机却在世界各地时有发生），并且放松监管导致了尾大不掉的金融业。金融业吸引了如此多有才华的年轻人，这些人原本可能会把自己的职业生涯投入到更有成效的其他活动之中。他们的金融创新让自身变得非常富有，却把美国和全球的经济推向了毁灭的边缘。

澳大利亚的公共服务体系是全球羡慕的对象。澳大利亚的医疗保健系统产生了比美国更好的结果，而成本却只有美国的一小部分；澳大利亚有着一套还款与收入挂钩的教育贷款项目，允许借款人在必要时延长还款年限，并且如果他们的收入极低（可能是由于他们选择了重要但收入较低的工作，比如教育），政府也会免除他们一部分债务。

这与美国形成了鲜明的对比。在美国，学生债务目前已超过 1.2 万亿美元（超过全部的信用卡债务），正在成为毕业生和美国经济的负担。在发达国家之中，美国失败的高等教育资助模式是其机会最不平等的一个原因，与其他发达国家的年轻人相比，美国年轻人的生活前景更依赖于父母的收入和受教育程度。

阿博特对高等教育的看法也表明，他显然没有理解为什么美国的顶尖大学能够取得成功。哈佛、耶鲁或斯坦福之所以伟大，并不是因为价格竞争或对利润的追求。没有一所美国的顶尖大学是营利性机构。它们都是非营利机构，要么是公立的，要么接受校友和基金会大量的资助。

竞争是存在的，但并不是人们想象的那种竞争。这些大学努力实现包容性和多元化。它们拼抢政府的研究经费。美国缺乏监管的营利性大学只在两个方面的能力出色：一是剥削家境贫寒的年轻人，向他们收取高额费用而不提供任何有价值的东西；二是游说政府提供不受监管的资金并维护其剥削行为。

澳大利亚应该为自己的成功感到自豪，而且世界上的其他国家也可以从中获益良多。如果澳大利亚的领导人曲解美国发生的事情，并结合强烈的意识形态，做出了画蛇添足的修补举措，那将是一种耻辱。

## 注　释

1. 刊登于 2014 年 7 月 9 日的《报业辛迪加》。

# 苏格兰的独立[1]

—

当苏格兰酝酿独立的时候，有些人，比如保罗·克鲁格曼，已经对其中的"经济代价"提出了质疑。

如果苏格兰独立是否会有居民生活质量或 GDP 下降的风险呢？可以确定的是，无论选择怎样的行动路径，都存在风险：假如苏格兰留在英国，而英国脱离欧盟，无论如何，下行风险都要大得多；假如苏格兰留在英国，而英国继续实施导致不平等加剧的政策，即使 GDP 略微增加，大多数苏格兰人的生活水平也会下降。

英国削减对教育和医疗的公共支持可能会迫使苏格兰面临一系列令人不快的抉择，即使苏格兰在花钱方面拥有了相当大的自主权。

但事实上，到目前为止提出的任何说法，除了制造恐慌，都没有什么事实依据。例如，克鲁格曼认为存在显著的经济规模效应：

他似乎认为，规模小的经济体很可能表现不好。但独立后的苏格兰仍将是欧洲的一部分，而欧盟最大的成功之处就是创建了一个超大型的经济区。

另外，像瑞典、新加坡这样的小规模政治体也在蓬勃发展，而规模大得多的政治体却没有做到与之比肩。从有效程度的排序来看，追求正确的政策更为重要。

另外一个不值得小题大做的问题就是货币，因为有许多种可行的货币安排。并且，不管英格兰是否同意，苏格兰都可以继续使用英镑。

由于英格兰和苏格兰的经济形态如此相似，即使没有统一的财政政策，使用相同的货币也可能比使用欧元好得多。但许多小国已经成功地拥有了自己的货币——浮动的、钉住的或"受调控"的。

苏格兰所面对的根本问题则另有不同。很明显，在苏格兰的内部有更多人具有共同的愿景和价值观——对国家、社会、政治和国家角色的愿景；诸如公平、平等和机会的价值观。而在这个国家中，在精妙平衡下达到的任何一项确切政策都不可能获得所有人的认同。

但苏格兰人的愿景和价值观有别于统治边境以南的主导者（英格兰）。苏格兰为所有人提供了免费的大学教育，而英格兰一直在提高学费，逼迫家境贫寒的学生贷款。

苏格兰一再强调其对国民健康服务的承诺。英格兰已经多次采取医疗体系私有化措施。有些差异由来已久：即使在 200 年之前，苏格兰的男性识字率也比英格兰高 50%，而苏格兰大学的学费仅是剑桥大学和牛津大学的十分之一。

随着时间的推移，这些政策和其他相关政策上的差异不仅导致了两地显著不同的增长率，从而产生显著不同的人均 GDP 水平（平滑轻微的短期影响），而且更重要的是，导致了不同的收入和财富分配。如果英国继续走当前的道路，效仿美国模式，其结果很可能会像美国一样——典型美国家庭的收入已经停滞了四分之一个世纪，尽管美国的富人在同期却变得越来越富。

独立也许会让苏格兰付出代价，尽管这些代价尚未得到令人信服的证明，但独立也会带来好处。

苏格兰可以投资潮汐能或者本地的年轻人；它可以努力提高女性的劳动参与率并为幼儿提供早教。这二者皆是创造更公平的社会所必需的。苏格兰能够做出这些投资，因为它清楚最终产生的税收增长不仅会完全抵销投入，还会有更多的富余。

根据目前的安排，尽管由苏格兰来负担这些社会投资的成本，但这些投资产生的额外增长所带来的税收增长，大部分将流入边境以南。

因此，苏格兰必须面对的难题不是关于货币安排或规模经济的晦涩问题，或短期得失的细枝末节，而是关乎独立是否能够更好地实现苏格兰的未来——苏格兰人的共同愿景和价值观，而这些愿景和价值观早已经与边境以南的主导者渐行渐远。

## 注　释

1. 刊登于 2014 年 9 月 13 日的《格拉斯哥先驱报》。

# 西班牙的萧条[1]

———

西班牙正处于萧条之中。"萧条"是唯一能描述西班牙经济现状的词汇，当前有近四分之一的工人失业，年轻人的失业率高达50%（在本书出版之际）。预计近期也不会出现好转的迹象，形势可能进一步恶化。尽管为西班牙开出财政紧缩药方的政府和国际官员都承诺，西班牙经济目前应该已经恢复了增长，但他们屡屡低估其政策所带来的经济衰退的严重程度，这也导致他们一直高估由此产生的财政收益：因为更严重的衰退必然会让财政收入减少、失业人数增多和社会福利支出增加。尽管他们随后试图将罪责推卸到西班牙未能实现财政紧缩的目标上，但他们对问题的错误诊断以及由此开出的错误药方才是应该承担责任的所在。

本书解释了有缺陷的经济政策如何导致了更大的不平等和更低的增长，并且西班牙和欧洲更广泛地采用的这一类政策也为此提供了一个很好的展示机会。在危机发生之前的几年里（特别是在1985年到2000年），西班牙极不寻常地降低了在劳动力净收益和家庭净可支配收入上的不平等程度。[2] 尽管西班牙税前和转移支付前的不平等程度降低了，政府还是努力做到通过改善公共健康的重大社会政策和措施"纠偏"了收入分配，并在危机发生后的最初几年里继续保持。[3] 但到目前为止，持续的经济衰退已经导致不平等现象的急速加剧。[4]

正如我们在本书中解释的那样，经济衰退，特别是像西班牙正在经历的这种萧条，对于不平等如同火上浇油。那些失去工作的人，特别是经历长期失业的人，更容易陷入贫困。高失业率对工资产生了下行压力，而底层人群对工资收入特别敏感。并且随着财政的进一步紧缩，对中下层群体至关重要的社会项目也被削减了。正如发生在美国国内的情况，祸不单行的是房产价格的下跌，而房产是中下层群体最重要的财产。

西班牙的不平等日益加剧和经济严重萧条的影响，使人们对这个国家的未来感到极度的担忧。不只是资源被浪费了，该国的人力资本也在恶化。那些有技术但无法在西班牙国内找到工作的人正在移民海外——一个全球化的市场为这个国家的英才敞开了大门。有朝一日西班牙的经济或许能复苏，那时这些人是否会回国在一定程度上还要取决于这场衰退会持续多久。

西班牙的问题在很大程度上源于意识形态和特殊利益的相互结合（正如本书所描述的），而正是同样的结合导致了美国国内的金融市场自由化和去监管化，以及其他"市场激进主义"政策——这些政策导致了美国高度的不平等和不稳定，以及远低于前几十年的增长率。（这些"市场激进主义"政策也被称为"新自由主义"。正如我解释的那样，它们不是对现代经济学理论的深刻理解，而是来自对经济学的天真解读，基于完全竞争和完美市场的假设。）

在某些情况下，这种意识形态只不过是掩盖了一些既得利益者为自己谋取更多利益的企图。银行、房地产开发商和一些政客相互勾结；环境法规和地方规划被搁置，并且／或者没有得到有效执行；银行不仅监管不足，而且连现有的监管措施都没有得到严格执行。这是一场盛宴，金钱横流。或是通过竞选捐助，或是经由任期结束后的高薪职位，其中的一些钱又流回了那些允许这些事情发生的政客手中。甚至税收收入都能增长！房地产泡沫带来的经济增长和国家财政状况的改善很难不让政客们感到自豪。但这些都是海市蜃楼，这种经济模式的根基是不牢固且不可持续的。

在欧洲，新自由主义的市场激进思想已经嵌入了欧盟（特别是欧元区国家）的基本经济结构之中。这些原则本应该带来更高的效率和更好的稳定；并且人们相信所有人将会从经济的增长中受益，但新规则对不平等的作用却极少被关注。

事实上，这些原则反而导致了更低的增长，更多的不稳定。在欧盟的大多数国家中，中下层群体的日子过得并不好，在这场危机发生前就已经如此了，但在危机后更加严重。本书列举了市场激进主义意识形态的许多谬误之处，并解释了为什么基于这种意识形态的政策会屡屡失败。但我们有必要更仔细地审视这些问题是如何在欧洲逐渐发生的。

　　以劳动力自由流动原则为例。这个原则本该促进劳动力的有效配置，而且欧盟也有得天独厚的环境让其发挥作用。然而，由于有几个国家的债务负担过于严重，年轻人只要离开就可以避免偿还父母的债务，而这些国家为偿还这些债务的增税也会导致无法吸引到新的移民。这就形成了一种不利的局面：随着年轻人的逃离，剩下人的税收负担再度增加，更无法吸引到新的年轻移民。

　　或者，比如无法实现税收统一的货物自由流动原则。公司（或者个人）有动力迁移到税负最低的行政区域，从那里再将货物运到欧盟之内的其他地方。所以，它们的公司选址不是基于哪里的生产效率最高，而是基于哪里的税负最低。这进而引发了逐底竞争：不仅产生了降低资本和企业的税负的压力，也造成了降低工资和工作环境的恶化。这样，税收的负担就被转移到工人的身上。由于很多不平等是资本和企业利润不平等造成的，（税后和转移支付后）收入的总体不平等就不可避免会增加。

　　还有，与资本自由流动相结合的所谓"单一市场原则"，也许已经成为最糟糕的新自由主义政策。在单一市场原则之下，接受任何欧洲政府监管的银行都可以在欧盟内部的其他地区展业。在危机爆发前的几年里，我们就看到了该政策的糟糕一面：出自缺乏监管国家的金融产品和存款在其他国家造成了严重的破坏，受害国无法尽到保护本国公民和经济的责任。出于同样的原因，坚守"市场是有效的"（政府不应该干预市场的神奇运作）这一信条，导致了不干预在爱尔兰、西班牙和美国发生的房地产泡沫的决定。但市场数次受到非理性乐观和悲观情绪的交替支配：在欧元问世的最初几年里，市场过度乐观,资金涌入西班牙和爱尔兰的房地产市场;如今它们又过度悲观,资金正在大量涌出,资本外流进一步削弱了这些国家的经济。并且,单一市场原则更是加剧了这一问题:这让希腊、西班牙或葡萄牙的人们能很容易地将自家的欧元存入德国的银行账户。

但银行体系与欧元经济的其他方面一样,也是扭曲的。这不是一个讲究公平的领域。对银行的信心取决于政府在银行情况不妙时拯救储户的能力,尤其是在如今允许银行无限制扩张,以及交易复杂、不透明且难于估值的衍生品的状况下。德国的银行优于西班牙的银行,仅仅是因为对德国政府拯救本国银行的能力更有信心。这就是一种隐性的补贴。但这同样又造成了一种恶性循环:随着资金逃离一个国家,经济的疲软破坏了对政府有能力拯救该国银行的信心,进而加速了资金的外流。

欧洲经济框架的其他方面也导致了当前的问题:欧洲央行一心专注于通货膨胀问题(与美国形成鲜明对比,美联储的任务包括增长、就业和金融稳定)。我在书中解释了只专注通货膨胀为什么会加剧不平等。但就目前而言,这种央行使命的差异对欧洲尤其不利。由于美国已经将利率降至几乎为零,而欧洲还没到零,这就使得欧元比原来更为强势,让欧洲的出口走弱、进口走强,摧毁了更多的就业岗位。

欧元的根本问题是,在面临对于不同国家有着不同影响的重大冲击时,它失去了两个重要的调节机制(利率机制和汇率机制),并且没有找到更好的替代手段。欧元区并非经济学家口中的“最优货币区”,即由一群国家切实可行地使用着共同的货币。当一个国家面临某些冲击时，调控的一个方式就是改变汇率，即使在两个相似的国家之间也是如此，比如像美国和加拿大，两国之间的汇率常发生显著的变动。但是，欧元的使用对这样的调控方式施加了限制。

一些人认为，另一种代替改变汇率的调控方式是降低国内所有的工资和物价。这种做法被称为内部贬值。如果内部贬值很容易做到，金本位就不会对"大萧条"时期的调控构成阻碍了。对于像德国这样的国家，通过本币的实际升值进行调控，要比其贸易伙伴通过本币的实际贬值实现调控要容易得多。实际升值可以通过通货膨胀来实现。获得适度的通货膨胀比达成同等程度的通货紧缩更容易。但德国一直很抗拒这种做法。

德国实际汇率过低的后果就是德国拥有贸易顺差，而它的贸易伙伴（比如西班牙）则是贸易逆差。从某种意义上来说，只要出现贸易不平衡，顺差国和逆差国都应当受到指责，而调整的负担应该分配到最容易做出调整的国家。

不是所有的国家都能有顺差，由此看来，德国国内的一些人关于其他国家应该效仿其政策的观点，是完全不符合逻辑的。有国家是顺差，就有国家是逆差。特别是在今天，顺差国家正在让其他国家付出代价，因为如今全球的问题是全球的总需求不足，而顺差国家是造成这一问题的原因之一。

将欧洲与美国进行比较是具有启发意义的。美国的 50 个州共用同一种货币。将拥有共同货币并取得成功的美国与欧洲做对比，可以说明一些问题。在美国国内，全部的公共支出中有三分之二发生在联邦的层面。联邦政府肩负着福利支付、失业保险和资本投资（比如道路和研发）的主要责任。逆周期政策的落实取决于联邦政府。联邦政府通过联邦存款保险公司（FDIC）为银行（甚至包括大部分的州内银行）提供支持，人员在各州之间的流动是自由的，在美国，没人会在乎像北达科他州这样的地方因为外迁而变得人口稀少。事实上，这只会降低收买该州议员的成本。

欧元就是一个政治项目，但欧元区的政治力量还不够强大，不足以"完成"这个项目，不足以做一些必须做的事情，无法使一个货币区域能成功地凝聚如此多样化的一群国家。当时的希望是，随着时间的推移，欧元能将这些国家团结到一处。但在现实中却事与愿违。正是旧伤未愈，又添新伤。

当一切都很顺利的时候，没有人会去想这些问题。我曾希望爆发的希腊债务危机会为根本性的改革提供推动力，但任何改变都没有发生。在本书出版之际，当前的利率水平使西班牙难以为继，而且在短期内也没有出现复苏的迹象。

整个欧洲在德国主导下所犯的主要错误是，将西班牙等外围国家所遇到的困难归结于无度的支出。尽管希腊确实在危机之前的很多年里就存在巨额的赤字，但西班牙和爱尔兰一直是贸易顺差，并且相较两者的 GDP 体量，两国的债务水平都很低。因此，关注财政紧缩甚至无法阻止危机的再次发生，更不用说去解决欧洲所面临的危机了。

之前我曾讲述过高失业率是如何加剧不平等的。但由于收入最高的人的支出占比要比收入最低的人低得多（穷人无法不把钱花得干干净净），收入不平等最终引发了经济的疲软。这是一个向下的恶性循环。并且，财政紧缩加剧了这一切。如今，欧洲的问题是总需求的不足。随着萧条的持续，银行更不愿意放贷，房价下跌，家庭越来越穷困，还有越来越不确定的前景，这些都进一步抑制了消费。

没有哪个大型经济体（欧洲也是一个大型经济体）能在实施紧缩政策的同时走出危机。紧缩总是不可避免的，而且不出意料地使事情变得更糟。财政收紧与经济复苏有关的仅存例证都发生在小国，而且它们通常实行的都是弹性汇率制度，由于它们的贸易伙伴经济增长强劲，出口的增加弥补了削减政府开支带来的缺口。但这并不是西班牙今天面对的情况：西班牙的主要贸易伙伴都陷入了衰退，并且它也无法掌控本国的汇率。

欧洲的领导人已经认识到，没有经济的增长，欧洲的问题就无法解决。但他们无法阐明如何在紧缩下实现增长。同样，他们还断言，现在需要的是信心的恢复。紧缩既不会产生增长，也不会带来信心。对欧洲问题的屡次错误诊断，并不断尝试拼凑而来的方案，正是欧洲过去两年的政策失败打击了信心。紧缩不仅破坏了增长，也破坏了信心，并且紧缩也将继续下去，所以无论有多少关于信心和增长重要性的演讲也无济于事。

紧缩措施尤其无效，因为市场清楚，随着税收收入的下降，紧缩措施带来的将是衰退、政治动荡和令人失望的财政状况。评级机构下调了实施紧缩措施的国家的评级，这样做是正确的。西班牙在第一批紧缩措施被通过时就被下调了评级：评级机构相信西班牙会依照承诺行事，而且它明白这意味着低增长和该国经济问题的增加。

为了解决"主权债务"危机、为了挽救银行体系而实行紧缩的同时，欧洲也采取了一系列同样无效的临时措施。在过去的一年里，欧洲一直在进行着一项代价不菲却毫无结果的自救行动：一边为银行提供更多的资金用于购买主权债券来拯救政府，一边为政府提供资金来支持银行。但这只不过是一场巫毒经济学，将数百亿美元隐形地给了银行，但市场很快就看穿了这一切。每一项措施都是短命的权宜之计，其效果消失之快让专家还来不及发出警告。当这些措施的无效性被充分暴露之后，遭遇危机国家的金融系统已经陷入了危险之中。最终，从危机开始算起，花了差不多两年半的时间，他们才认识到这种策略的愚蠢之处。但即使到了那个时候，他们还是想不出有用的可替代政策。

除了整顿自身的财政问题之外，欧洲的战略还有第二个目的：通过结构性改革让其受创的经济更具竞争力。结构性改革很重要，但需要时间，而且是供给侧的措施；但需求限制了当前的生产。所谓错误的供给侧措施（会导致当前收入下降的措施）可能会恶化总需求的不足。因此，如果缺少对企业生产产品的需求，改善劳动力市场的措施就不会带来更多的就业。同样，削弱工会和职业保障很可能会导致工资下降、需求减弱和失业率上升。新自由主义理论认为，将工人从接受补贴的行业转移到更具生产力的领域，将会促进增长和效率。但像西班牙这种情况，失业率依然很高，特别是正当金融业脆弱之际，工人离开了低生产率、接受补贴的部门转而变成了失业，由此导致的消费减少进一步削弱了经济。

多年以来，欧洲一直在苦苦挣扎，但仅有的结果是，不仅许多欧洲国家陷入危机，而且整个欧洲都陷入了衰退（起码在本书出版之际）。另外还会有其他可行的政策，至少会结束萧条、贫困和不平等加剧的侵蚀，甚至可能恢复增长。

一个由来已久的公认原则是，税收和支出的均衡扩张会刺激经济，如果方案设计得当（对富人征税，向教育加大投入），GDP 和就业的显著增长是可期的。

但西班牙能做的是有限的。如果想要欧元存活，欧洲就必须采取行动。欧洲作为一个整体的财政状况并不差——总体债务和 GDP 之比不差于美国。如果让美国国内的每一个州都严格遵守各自的预算，包括支付全部的失业救济金，那么美国同样也会陷入财政危机。这其中的教训是显而易见的：一加一大于二，整体大于个体之和。除了已经用到的措施之外，欧洲有更多方式采取共同行动。

欧洲内部已经设置了一些机构，能够为现金匮乏的经济体提供其所需的投融资，比如欧洲投资银行。同样，也应该增加用于支持中小企业的资金，而大型企业本就可以求助于资本性银行。银行的信贷紧缩对中小企业的打击尤其严重，而在所有经济体中，这些企业都是创造就业的来源。这些措施已经被提上了议程，但仅靠它们可能还不太够用。

欧洲需要的机构更像是各国的共同财政部：一家规模更大的欧洲统一基金，用于维持稳定或发行欧洲证券。如果欧洲（特别是欧洲中央银行）需要借款并将之转贷，那么欧洲债务的付息成本就会下降，并且为促进增长和就业的那类支出腾出空间。

但目前正在商讨之中的共同政策无异于一个自杀协定——在缺少经济强势国家对弱势国家的帮扶的情况下，即使陷入衰退，也要限制支出与收入之比。克林顿政府的一大胜利就是挫败了共和党人的类似企图——他们想要在美国宪法中强加一项平衡预算的修正案。当然，我们没能预料到小布什政府的财政支出无度、不负责任的放松监管政策、不充分的监督等导致联邦债务的飞速膨胀。但即使我们早有预料，我相信大家也会得出同样的结论。任何国家不充分利用国家工具箱中的工具都是错误的；现代经济的首要责任就是保持充分就业，而想要实现这一点仅凭货币政策往往是不够的。

德国有些人认为，欧洲不是一个拨款转移联盟 <sup>⊖</sup>。很多经济的关系并非拨款转移联盟——自由贸易区就是一个例子。但一个单一货币体系的初衷远不止于此。欧洲和德国将不得不面对这样一个现实——如果它们不愿意在财政紧缩协议之外改变经济框架，欧元就难以为继。欧元可能还会继续存在一段时间，在其垂死挣扎的过程中带来难以名状的痛苦，但它最终将无法存活。

摆脱银行危机同样也只有一个办法——建立共同的银行框架，一个由整个欧洲支持的金融系统。不出所料，接受政府隐性补贴且财务状况较好的银行并不希望这样。它们享受着自身的竞争优势。而且无论哪国的银行家对本国政府都拥有过度的影响力。

---

⊖ 很大一部分人认为，由于欧盟内部无法实现政令的统一以及严格的货币政策，所以欧盟的作用不过是将资金从一个国家转移到另外一个国家。——译者注

　　现实的后果将是深远且持久的。长期被剥夺体面工作的年轻人被异化。当他们总算找到一份工作时，薪水会低得可怜。一般来说，青年时期本就是人们积累技能的朝阳阶段，但现在反而只能随波逐流，国民的才能作为社会最宝贵的财富，正在被白白浪费，甚至无端毁掉。

　　这世上本就有数不尽的天灾——地震、洪水、台风、飓风、海啸，平添人祸才最令人感到不齿。而这正是欧洲如今的所做所为。事实上，故意无视过去的教训就是犯罪。欧洲正在经历的痛苦，特别是穷人和年轻人的痛苦，是本可以避免的。

　　我曾说过，还有另外一种选择，但不能依靠西班牙单独行动。西班牙需要的政策是整个欧洲的政策。如果不及时抓住这一选择，代价将非常高昂。

　　不幸的是，目前让欧元发挥作用的那种改革还没有被纳入讨论，至少没有被公开地讨论。正如我之前指出的那样，我们只能听到一些关于财政责任、恢复增长和信心的陈词滥调。在私底下，学者和其他一些人正在开始商讨一项补救方案：假如那种在欧元创立初期很明显的政治意愿难以为继又该当如何？正是这种政治意愿所创造的制度结构让一种共同货币取得了成功。借用一个广为流传的比喻，将打散的鸡蛋复原成一个完整的鸡蛋是代价不菲的，但维持当前有缺陷的制度安排也是如此。历史上曾经发生过有缺陷货币的崩溃，这就是要付出的代价。但在解决债务和货币贬值问题之后，天也不会塌下来，生活也仍在继续。而且这样的生活远比欧洲一些国家现在所面临的"大萧条"要好得多。如果能忍一忍就过去了，那也没有什么大不了的。但是，在可预见的未来，紧缩并不能保证世界会变得更好。在这一点上，历史和经验无法提供任何让人放心的依据。

如果经济萧条持续下去，受伤害最严重的将是那些中产阶级和处于社会底层的人。

## 注　释

1. 西班牙语版《不平等的代价》的序言。
2. 参见《西班牙不一样：不平等的下降趋势》（《经济动态评论》，第 13 期，第一卷，2010 年 1 月，第 154 ～ 178 页）一文，其中将之归因为与大学教育相关的溢价贬值和失业率的降低。
3. 有关这些努力的描述，请参见《经合组织展望：西班牙的可持续复苏政策》（2011 年 10 月）。
4. 如书中的讨论，衡量不平等的标准指标是基尼系数。依照基尼系数，完全平等的值为 0，1 为完全不平等。状况比较好的国家的数值是 0.3。美国是发达工业国家中最差的，它的数值在 0.47 左右，而高度不平等国家的数值都超过了 0.5。一个国家的基尼系数通常变化缓慢。参见国际货币基金组织于 2012 年 6 月发表的《收入不平等与财政政策》。

# 第八部分

# 让美国回归正常

—

我在本书的开头用一个简短章节回顾了"大萧条"的产生，重点谈到了经济衰退和不平等之间的关系——二者互为因果。在本书的结尾，我又回到了这些主题。

在 2009 年即将结束之际，很显然，我们拯救了银行，并且美国也避免了又一次的"大萧条"。但当时我也很清楚，美国还没有让经济走上快速复苏的道路。正如我在从引言到前奏的部分中——特别是在《如何走出金融危机》一文中所指出的那样，美国需要一个强力的、精心设计的、大规模的、长期的刺激方案；美国需要一份救助计划，但这个计划要引导银行增加对中小企业的信贷。适当的监管改革将会压缩银行从事投机活动和操纵市场的空间，从而有助于实现这一点；美国需要一项帮助数百万失去房产的美国人的住房政策。但美国没有做到其中任何一件事。尽管美国拯救了银行，但没有阻止数百万的美国人失去他们的住房和工作。奥巴马政府和美联储似乎比我更有信心，认为美国即将走出困境。但到了 2011 年年中，幻想开始破灭。显然要让更多美国人重返工作岗位就需要采取更多的措施。我为美国政治新闻网所撰写的《如何让美国恢复就业》，就是为此提出一种可供选择的议程方案。

等到了 2013 年，经济依旧疲软。一场新的全国性大讨论正在爆发。这将是一种新的常态吗？我们是否应该接受更高的失业水平？我仍然相信，美国经济疲软的主要原因就是需求不足，而需求不足的一个主要原因则是美国的不平等——自从进入经济衰退以来更是日益严重。在《不平等正在拖累经济复苏》一文中，我再次详细解释了为什么不平等有碍于经济发展，我们能做哪些事情来减少不平等，以及相应地，我们如何能同时做到改善经济表现和降低不平等。

随着经济复苏依然乏力，人们开始质疑最初对经济问题的诊断是否正确，即经济是否存在更根本的问题？在危机之中，普遍的诊断是银行参与了不计后果的放贷；但要是银行都破产了，在缺少一个正常运转的银行系统的情况下，经济自身也无法运转。银行提供的资金就像身体中的血液。这就是为什么，有人认为拯救银行至关重要。这并非出于我们对银行和银行家的爱，而是因为我们的经济正常运转不能缺少它们。奥巴马政府和小布什政府的药方就是依照这样的诊断：把银行送进急诊室，给它们大量地输血（或者更精确地讲，注入现金），然后在一至两年之内，一切就回归正常了。在此期间，经济需要短期的推动——一项经济刺激方案；但由于经济刺激只是临时性措施，只在银行修复期间才需要，所以也不必太过于讲究细节。因此，美国最终推出的经济刺激方案规模太小、时间太短，而且设计得也不那么周全。

（当然，正如我在《自由市场的坠落》一书和本书前面章节中的解释，美国无法做到放弃银行家以及银行的股东和债权人而只拯救银行。具有讽刺意味的是，美国的做法让纳税人付出了不必要的高昂代价，并且效果也不如它可以或应该达到的程度。）

在雷曼兄弟银行倒闭两年之后，银行业基本上恢复了健康。虽然对中小企业的贷款仍明显低于危机时的水平，但这在一定程度上是因为美国将救助的重点放在了大型银行上，而数以百计的规模较小的、本地的和地区性的银行倒闭了，它们更大比例地从事这类借贷。尽管如此，美国经济的表现还不是很好，尤其是从普通公民的角度。事实上，在本书付印之际，差不多在泡沫破裂和"大衰退"开始大约 8 年之后，在雷曼兄弟银行倒闭的将近 7 年之后，美国人收入的中位数仍低于 25 年前的水平。

《就业之书（约伯记）》就是为了解释这一切而写的。该文的基本见解来自历史，落脚在"大萧条"时代，发现当时发生的与现在发生的事件有许多相似之处。农业生产率的提高造成了农业收入的急剧下降——下降的幅度不低于 50%。农民买不起在城市中制造的商品，所以城市里的收入也下降了。而收入不断下降的农民被困在了农村的土地上，因为他们没钱搬走。有意思的是，那些在城里找不到工作的人也被迫回到了农村；加之较发达的农业地区实现了机械化，他们也只能迁移到一些更贫困的地区。

当时所需要的是从农业向制造业的经济结构转型，但市场无法顺利地自行完成这一转变。那些房价暴跌的人甚至没有钱搬入城市。政府的援助是必要的——随着二战的爆发，美国政府终于走出了这一步：美国需要更多的人力，进入城市制造赢得战争所需的武器和其他用品。因此在战争结束之后，美国为每一位加入战争的人（几乎是美国所有的年轻人）提供了免费的大学教育，让他们能够适应当时正在兴起的"新经济"。

这篇文章还认为，如今经济萎靡的背后存在着类似的原因：制造业生产力的提高超过了需求的增长，以至于全球制造业的就业量正在下降；各国比较优势的变迁以及美国推动的全球化，意味着美国在制造业上的就业量减少要高于全球平均水平。就像"大萧条"时代的人们一样，美国如今也是自身成功的受害者；同样，如今的市场也无法顺利地自行完成这样的结构转型。但现在的形势甚至更糟：应该增长的新行业是服务行业，比如医疗和教育，政府的作用对这些行业是至关重要的；然而，美国政府现在不仅没有介入助力转型，实际上反而在开倒车。

如果我的分析准确无误，那它就预示着一个暗淡的前景。在写完这篇文章之后的几年中，这些预测有很大一部分成为现实。尽管存在一些力量：美国的高科技行业让全世界羡慕，页岩气和页岩油的爆发将油价压到了新低，足以让人们产生对美国经济强劲复苏的期望，但美国经济依旧表现平平。虽然在本书出版之际，美国经济似乎已经重新恢复了增长（从 2007 年的经济衰退算起，整整用了 8 年时间），但增长的强劲程度也只能勉强为劳动力市场的新加入者提供就业。失业率是下降了，但这主要是因为劳动参与率下降到近 40 年来从未见过的水平——数百万的美国人退出了劳动力市场。

但正如我在本书及其他场合解释的那样，美国经济似乎正在陷入的这种长时间（有时也被称为长期性）停滞，与其说是由基本的经济规律造成的，不如说是美国政策的结果：美国政府未能促成结构转型，也没有对美国日益加剧的不平等采取任何行动。

这一部分的最后几篇在一定程度上更深入地探讨了不断变化的技术的影响，以及似乎由此引出的几个谜题。前两篇文章写于"大衰退"开始之前，但在那时候我就非常清楚，美国经济的运行方式存在着某些问题。在《富足时代的匮乏》中我提出了这样一个疑问，为什么在这个我们不断宣扬各式技术进步的富足时代，美国和其他国家竟有如此多的人却似乎生活得越来越艰难。问题的部分答案在于日益加剧的不平等：发展取得的成果没有被平等地分享，以至于在美国，中产的境况实际上越来越糟。

在全球的层面，还有两个更严重的问题。一是美国的一部分政策正在帮助最富有国家的富人，却牺牲了最贫穷国家的穷人的利益：对美国农业的补贴本来可以有更好的用途，比如投资于基础设施、科技或教育，却给了富裕的农民，同时压低了全球的粮食价格，从而使得发展中国家的贫困农民更加贫困。

二是美国的一些企业福利政策正在以牺牲子孙后代为代价，让美国的煤炭和石油公司发财致富。美国同样正在拿走可以有其他更好用途的资金，补贴给这些加剧气候变化的污染者。但更严重的是，这样的政策扭曲了创新机制。美国的创新过多瞄准了节省劳动力（在一个工人的人数相对于就业岗位过于充足的世界里），却对保护环境少有问津。

从长远看，成功提高我们生活质量的关键是经济的增长——必须是方式正确的增长，这就意味着共享繁荣并保护环境。在《向左求增长》中，我解释了如何获得方式正确的增长，为什么不受约束的市场无法依靠自身创造这样方式的增长，以及政府可以做的事情。这场危机表明，市场甚至不是有效的或稳定的。即使在利率很低的时候，资金和创新既不会创造收入可观的工作岗位，也不能提高经济中关键行业的劳动生产率。这些钱被用在内华达州的沙漠里建造劣质的住宅，以及其他的投机项目。而创新则瞄向了金融产品的创造，这些本该更好地管理风险的产品反而增加了风险。该文展现了一个全面增长计划的纲要——在我们经历了最近几十年的不稳定和停滞之后，这份计划就显得格外前途光明。

在《创新之谜》一文中，我质疑，为何美国自诩为一个创新性经济体，却无法在诸如人均 GDP 这样的宏观经济数据中找到创新的影子？我们认为，有部分原因是美国的 GDP 统计方式没有真正捕捉到美国经济的真实状况（这也是由我担任主席的"经济表现与社会进步国际委员会"的主要研究方向）。[1]但也有部分原因是围绕一些关于创新的炒作。像谷歌和脸书一样更精准地投放广告当然重要，但那些创新到底能与电力、计算机、激光或晶体管的发展相提并论吗？

然而，创新的负面效应也的确存在：如果生产力的提高大于需求的增长，就业和收入就会下降。这正是在"大萧条"中真实发生的情况。过去需要大约70%的劳动力被用于生产我们赖以生存的食物，而如今，不到3%的劳动力所生产的食物即使对于一个肥胖社会的消耗量也足够了。那些失去自己工作的人并不能自动在其他地方找到新的岗位。技术乐观派会引用汽车的案例：尽管生产马车鞭子的人失去了工作，但修理和制造汽车创造出了更多的就业机会。但这并不是必然的。并且，如果总需求持续疲软：就像如今这样，新的就业机会也不会被马上创造出来。

## 注　释

1. 相关数据可以查阅报告《错误地计量我们的生活：为什么GDP数据不合理》（纽约，2010年），合著者为让－保罗·菲图西和阿马蒂亚·森。对该问题的简短讨论，参见我的专栏文章《走向更好的幸福衡量标准》（刊登于2009年9月13日的《金融时报》）。

# 如何让美国恢复就业[1]

—

美国正在关注就业，或者说，这个国家应该关注就业。有2500万美国人希望获得一份全职的工作，但他们无法如愿。年轻人的失业率是已经令人难以接受的全国平均失业率的两倍。

美国一向认为自己是机会之地，但对于那些直面如此暗淡前途的年轻人，他们的机会又在哪儿呢？从历史上看，那些失去工作的人很快就会找到另一份工作，但在失业人员当中，越来越大的比例（现在已经超过 40%）已经超过 6 个月以上没有工作。

奥巴马总统将在周四发表演说，描绘他的施政构想。其他人也该这样做。

举国上下正弥散着悲观情绪。豪言壮语当然很好，但是面对这个国家迫在眉睫的债务和赤字问题，有人能真正做出有意义的举措吗？

从经济学的角度，这个答案是肯定：我们有办法创造就业，并促进经济增长。

有一些政策可以做到这一点，并在中长期降低债务与 GDP 之比。甚至有一些办法，虽然在创造就业上不那么管用，但至少能在短期内减少赤字。

但从政治上能否允许我们去做我们能做或该做的事就另当别论了。

这种悲观情绪是可以理解的。作为管理宏观经济的主要工具之一，货币政策已经被证实在当前的状况下是无效的，而且很可能在未来也是如此。认为货币政策能够帮助我们摆脱它自身所造成的混乱，简直是痴人说梦。我们得承认这一点。

与此同时，庞大的赤字和国家债务显然妨碍了财政政策的使用。或者，至少有人是这样宣称的。并且，对于哪种财政政策可能奏效，目前还尚未形成共识。

美国是否注定会陷入日本式的长期经济低迷——直至过剩的杠杆和真正的承受能力自行达到平衡？正如我之前的建议，答案是掷地有声的否定。更准确地讲，这样的结果并非不可避免。

首先，我们必须破除两个迷思。其一，降低赤字将会恢复经济。没人能通过解雇工人和削减开支来创造就业和增长。拥有资本的公司之所以不投资、不招聘，是因为对其产品的需求不足。紧缩政策意味着进一步削弱需求，从而只会抑制投资和雇用。

正如保罗·克鲁格曼强调的那样，一旦投资人看到赤字下降，能神奇地激励投资人的"信心童话"就不存在了。我们一遍又一遍地尝试了这个实验。正是利用了紧缩的方式，胡佛总统将股市崩盘变成了"大萧条"。我亲眼见证了国际货币基金组织对东亚国家实施的紧缩政策，一步步地将经济下行变成了经济衰退，又将经济衰退带入了经济萧条。

我不理解，为什么在如此强力的证据面前，还有国家对自己施加紧缩政策。即使是国际货币基金组织，如今也认识到这些国家需要的是财政支持。

其二，刺激措施没有作用。支持这个观点的所谓证据很直接：失业率最高达到了10%，并且现在仍然超过9%（更准确的数据显示，失业率可能更高）。然而奥巴马政府曾经宣称，有了刺激计划，失业率不会超过8%。

那届政府确实犯了一个大错，我曾在《自由市场的坠落》一书中指出了这个问题——政府极大地低估了这场危机的严重性。

然而，如果没有刺激计划，失业率的峰值将会超过12%。毋庸置疑，这个刺激方案本可以设计得更完善。但它确实比放任不管能使失业率出现了大幅的下降。刺激措施是管用的。只是这个计划的规模不够大，持续的时间也不够长：奥巴马政府低估了危机的持续时间和严重程度。

一考虑到美国的赤字，我们就会想起 10 年前美国的巨额财政盈余（相当于当时 GDP 的 2%），以至于美联储主席都要担心美国很快就能还清全部的国家债务，这会让货币政策的实施变得困难。了解美国是如何从那时的情况落到如今的情况，有助于我们想明白如何解决赤字问题。

这里有四大变化：第一，减税超出了这个国家的承受能力；第二，两场代价高昂的战争 ⊖ 和不断飙升的军费开支给我们贡献了大约 2.5 万亿美元的债务；第三，联邦医疗保险 D 部分（处方药福利计划）以及限制最大的药品买家（美国政府）与制药公司协商价格的条款，从而在 10 年以上的时间里增加了数百亿美元的支出；第四，还要加上本次衰退的影响。

能够扭转这四个问题的政策，将很快使这个国家走上财政负责的道路。然而，当务之急还是让美国恢复就业，因为更多的收入才能带来更多的税收。

但现如今我们如何让美国恢复就业呢？最好的办法是抓住当下的机遇（超低的长期利率），投资美国迫切需要的基础设施、科技和教育。

公共投资的重点应当在产生高回报且劳动密集型的方向，这些可以为私人投资提供补充——它们提高了私人投资的回报，从而同时对私营部门的参与形成激励。

---

⊖　伊拉克战争和阿富汗战争。

帮助各州资助教育也将快速保住数以千计的就业。对于一个认识到教育重要性的富裕国家而言，裁撤教师的岗位是不合情理的，尤其是在全球竞争如此激烈的情形下，具有更多受过良好教育的劳动力的国家将会在竞争中脱颖而出。此外，如果我们要为21世纪调整经济结构，教育和工作培训是必不可少的。

在如此长的时间里对公共部门投资不足的好处是，存在更多的高回报机会。短期增加的产出和长期加速的经济增长可以带来大量的税收收入，足以偿付这些低利息的债务。其结果将是，美国的债务下降了，GDP增加了，债务占GDP的比重也得到了改善。

分析师从不会只盯着一家公司的债务情况，他会同时审视资产负债表的两个方面——资产和负债。我所敦促的是，对美国政府的财政状况也当如此——克服对财政赤字的洁癖。

如果我们难以克服洁癖，那么还有另外一个不那么强力但依然非常有效的办法来创造就业。经济学家早就发现，以均衡的方式同时增加政府支出和税收能够增加GDP。每增加一美元的税收和支出所创造的GDP金额被称作"平衡预算乘数"。

通过精心计算的增税（主要是针对高收入的美国居民，不在美国本土投资的公司，或者堵住税收漏洞）以及重点是投资的明智开支计划，可以将该乘数控制在2到3之间。

这就意味着让美国顶层的1%的人多承担一些税款，或者只是缴纳他们该缴的那部分，毕竟他们如今攫取了全美收入的25%。拿这些钱去投资，将会对产出和就业发挥重大的作用，并且由于经济在未来会加速增长，债务占 GDP 的比重同样也会降低。

有些税收确实可以提高经济效率和生活质量，如果按照正确的经济计量口径，它们对国民产出的影响甚至更大。我曾担任过"经济表现与社会进步国际委员会"的主席，该委员会就指出我们现行的计量体系存在巨大的缺陷。

经济学中有一项基本原则：最好对产生"负外部性"的坏事征税，而不是对好事征税。言下之意是，我们应该对污染或破坏稳定的金融交易征税。还有其他的方法可以提高财政收入，比如更好地拍卖国家的自然资源。

如果出于某种原因，这些增收的方法都无法使用（并且这样做也没有充分的经济合理性），那么已经有回旋的余地。政府甚至能够在现有的预算范围内，改变税收和开支的安排。

比如，对富人增税并对穷人减税，可以带来更多的消费支出。对不在美国投资的公司增税并对在美国投资的公司减税，将会鼓励更多的国内投资。再比如，对外战争支出的乘数（1 美元对外战争支出带来的 GDP 增长）远低于教育支出的乘数（1 美元教育支出带来的 GDP 增长），所以把钱挪到教育上也能更好地刺激经济。

我们还可以在预算之外做一些事情。政府应该对银行有一定的影响力，特别是考虑到银行因救助而欠国家的庞大债务。胡萝卜加大棒的政策可以刺激银行向中小企业发放更多的贷款，并重组更多的抵押贷款。美国对住宅业主的帮助如此之少，这是不可原谅的。只要止赎的规模继续扩大，房地产市场就会一直疲软下去。

银行信用卡的反竞争做法本质上也是对每一笔交易课税，但这样的税收都流入了银行的金库，而不会服务于任何公共目标，包括降低国家债务。针对银行业加强反托拉斯法的执法力度也会对很多小企业有利。

总之，美国还没有到黔驴技穷的地步。美国的窘况不是经济学造成的。理论和经验皆表明，美国还有很多强力的手段。当然，赤字和债务确实束缚了我们的手脚。但即使有这些限制，美国还能够创造就业，扩张经济，并且同时降低债务占 GDP 的比重。

美国到底会不会选择这些应当采用的措施来恢复经济的繁荣？这完全是一个政治问题。

## 注　释

1. 刊登于 2011 年 9 月 7 日的美国政治新闻网。

# 不平等正在拖累经济复苏[1]

—

奥巴马总统的连任就像一场罗夏墨迹测试<sup>⊖</sup>，有很多种不同的解读。在这次选举中，让我深感担忧的是双方争辩的问题：美国经济似乎正在陷入长期的低迷，以及1%的人与其他人之间越来越大的鸿沟。后者不仅是结果的不平等，而且是机会的不平等。对于我来说，这些问题是同一个硬币的两面：由于不平等达到了"大萧条"结束以来最严重的程度，短期之内将很难见到强劲的复苏，而以"努力工作获取美好生活"为标志的美国梦正在慢慢消亡。

---

⊖ 罗夏墨迹测验是国际上著名的人格测验之一，由瑞士精神病学家赫尔曼·罗夏首创。它与人格问卷或量表不同，使用的材料是10张墨迹图形。测试时让被试者按顺序自由地观看每一张图，并讲出所看到的东西以及是如何看出的，然后使用符号对被试者的回答进行分类编码，再经过对编码的分析和综合，进而获得人格的信息。——译者注

政客在谈论不断加剧的不平等和迟缓的经济复苏时，通常将二者视为毫不相关的两个现象，但它们之间实际上有着千丝万缕的联系。不平等扼杀、抑制和拖累经济增长。就连以自由市场为导向的《经济学人》杂志也在其 10 月刊的一份特稿中提出，美国不平等的严重程度及性质对这个国家构成了重大威胁，那么在这个时候，我们就应该知道有些事情已经铸成大错了。然而，在经历了 40 年不断扩大的不平等以及"大萧条"以来最严重的经济衰退之后，美国还是没有对此采取任何行动。

不平等压制经济复苏的主要原因有四个。最直接的原因是，美国现在的中产阶级过于羸弱，无力像过去那样维持消费性支出，无法成为经济增长的动力。尽管在 2010 年收入最高的 1% 的人拿走了全部收入增量的 93%，但中等收入家庭（他们极有可能把收入全部花掉而不是存起来，从某种意义上说，他们才是真正的就业创造者）扣除通货膨胀因素后的家庭收入比 1996 年还要低。金融危机发生前 10 年的增长是不可持续的，因为这个增长依赖于底层 80% 的人消费了他们全部收入的 110%。

第二，美国自从 20 世纪 70 年代开始的中产阶级空心化（这个现象只在 20 世纪 90 年代有过短暂的中断），意味着中产群体无力通过自我进修、教育子女、创办或提升企业对自己的未来进行投资。

第三，中产阶级的弱势阻碍了税收收入的增长，尤其是因为那些位于顶层的人极其精于避税及让华盛顿给予他们税收减免。最近达成的一项温和约定并没能改变这种现状，尽管这项约定对年收入超过 40 万美元的个人和年收入超过 45 万美元的家庭恢复采用克林顿时期的边际所得税税率。华尔街投机所得的税率远低于其他形式的收入。低税收意味着政府无法在基础设施、教育、研究和卫生方面进行必不可少的投资，而这些投资对恢复长期经济实力至关重要。

第四，不平等与更频发、更严重的繁荣－萧条周期的关系，使美国经济更加动荡、更为脆弱。尽管不平等并不是导致危机的直接原因，但收入和财富的不平等在上一次达到如此严重程度的 20 世纪 20 年代以大崩溃和大萧条结束也绝非偶然。国际货币基金组织已经指出了经济不稳定和经济不平等之间的系统性关系，但美国的领导者还没有吸取教训。

美国急速加剧的不平等（与每个有天分且努力工作的人都能"获得成功"的美式精英主义理念背道而驰）意味着出生在拮据之家的人们很可能永远无法做到"天生我材必有用"。而像加拿大、法国、德国和瑞典等其他富裕国家的儿童，比美国的儿童，有更大的机会比父母活得更好。超过五分之一的美国儿童生活在贫困之中——在所有发达经济体中排名倒数第二，甚至还不如保加利亚、拉脱维亚和希腊等国家。

美国社会正在浪费其最宝贵的资源：美国的年轻人。过上好日子的梦想曾经吸引了无数移民来到美国，如今却正在被收入和财富不断扩大的差距所碾碎。托克维尔在 19 世纪 30 年代曾经发现，平等意识是美国人的性格特征，若他现在泉下有知，恐怕他的棺材板已经快压不住了。

即使我们能够忽视解决不平等问题在经济上的必要性，但不平等对美国社会结构和政治生活造成的损害，也足以引发人们的担忧。经济上的不平等导致政治上的不平等和支离破碎的决策进程。

尽管奥巴马先生声明决心要帮助所有的美国人，但经济衰退及应对衰退的方式所带来的挥之不去的影响使事态变得更糟糕。2009年当救助资金正在滚滚涌入银行系统之时，同年10月失业率飙升至10%。今天的失业率（7.8%）似乎状况得到了改善，但部分原因是许多人退出了劳动力市场，或从未进入劳动力市场，或因找不到全职工作而只能接受兼职。

当然，高失业率还降低了工资水平。扣除通货膨胀因素，实际工资水平一直停滞或有所下降；一名典型美国男性工人在2011年的收入（32986美元）低于1968年的收入（为33880美元）。税收收入的减少反过来又迫使各州和地方政府不得不削减对中下层群体至关重要的各项服务。

大多数美国人最重要的资产是他们的房子，但房价的暴跌，使家庭财富随之缩水——尤其是许多人以他们的房产为抵押贷了很多钱。大量家庭的净资产变为负值，家庭财富的中位数从2007年的12.64万美元降至2010年的7.73万美元，总共下降了40%，并且到目前为止仅是略有反弹。自本次"大衰退"以来，美国财富的大部分增长都流向了最富的人。

与此同时，一方面是收入的停滞或下降，而另一方面是学费又在疯涨。在如今的美国，接受教育（向上跃迁的唯一确定途径）的主要资金来源便是借钱。2010年，学生债务的总额达到了1万亿美元，首次超过信用卡债务。

即使破产，学生债务也不可能一笔勾销。而共同签署贷款的父母在子女去世后也不一定能免除这笔债务。即使学校以营利为目的，由逐利的金融家所拥有——无法提供充分的教育，用误导性承诺引诱学生，并且无法让学生获得一份体面的工作，学生的债务也不能免除。

我们本可以尝试自下而上地重建经济，而不是向银行注入大量资金。我们本可以通过减免本金的方式，让那些"资不抵债"（在房屋上欠下的债务超过房产价值）的住宅业主得到一个重新开始的机会，作为交换，如果房地产市场回暖，银行可以在房价回升之时享有一部分收益。

我们早就应该认识到，当年轻人没有工作的时候，他们的技能就会萎缩。美国本该保证每一名年轻人要么上学，要么正在参加培训项目，要么有一份工作。这个国家非但没有做到这一点，反而让年轻人的失业率升至全国平均水平的两倍。富人家的孩子可以进入大学或者去读研究生，而不必欠下大笔的债务或不得不为了充实简历而接受无薪的实习工作。这是中下层家庭的孩子遥不可及的。这就为将来播下了更加不平等的种子。

当然，奥巴马政府无须独自承担所有的指责。小布什总统在2001年和2003年的大幅减税，以及在伊拉克和阿富汗战争上花费的数万亿美元，掏空了美国多年的积蓄，也加剧了不平等的大鸿沟。其所在党派刚刚形成的对财政纪律的决心是极度虚伪的，因为他们一边坚持对富人的低税率，一边削减对穷人的服务。

对不平等的问题有着各式各样的借口，有人说，这超出了我们的掌控，因为存在全球化、贸易自由化、技术革命、"其他国家的崛起"等市场力量。另外还有人断言，对此采取的任何行动都会让我们的现状更糟，因为这样做会压制本就时好时坏的美国经济引擎。但这些都是自私自利的无知谎言。

市场力量并非存在于真空之中——我们在影响市场力量。其他的一些国家，如经济快速增长的巴西，以降低不平等的方式塑造了市场力量，同时创造出更多的机会和更高的增长。远比美国贫穷的国家已经下决心，让全体年轻人获得食物、教育和医疗保健，这样他们才能实现自己的愿望。

美国的法律框架及其执行方式都留有很多漏洞，让金融业得以滥用，让公司高管获得不正当的薪酬，让垄断者得以不公正地从"高度集中"上攫取好处。

诚然，这市场会更加重视某些技能，让拥有这些技能的人过得更好。诚然，全球化和技术进步已经导致体面的制造业岗位消失，并且这些工作也不大可能重新出现。全球制造业的就业人数正在萎缩，仅仅是因为全球生产力的大幅提升，而且美国在不断减少的全球新增岗位中所占的比重很可能会越来越小。如果确实做到了"挽救"这些工作，那很可能是将高薪工作转变为低薪工作——这很难成为一项长期的策略。

全球化，以及它所追求的不平衡方式，已经除去了工人的议价能力：企业以迁到其他地方作为要挟的手段，特别是有些税法会对海外投资给予非常好的优惠。这反过来又削弱了工会组织，而且尽管工会有时候恰恰是僵化的源头，但对全球金融危机应对最有效的国家，如德国和瑞典，往往拥有强大的工会和强力的社会保障体系。

随着奥巴马第二个任期的到来，所有人都必须面对这样一个事实：如果缺少直接解决不平等问题的政策，美国就不可能快速地出现经济的实质性复苏。美国需要的是一个全面的应对措施，至少应该包括对教育的重大投资，一个更具累进性的税制体系，并且要对金融投机加大征税力度。

好消息是，我们的思维方式已经被重构了：过去我们会问，为了多一些平等和机会，我们愿意牺牲多少经济增长？如今我们意识到，美国正在为不平等付出高昂的代价，而减轻不平等和促进增长是不可分割且相辅相成的目标。这将取决于美国的所有人（包括这个国家的领导者）希望所有人一起聚起勇气和远见，才能最终治愈不平等这一令人困扰的顽疾。

## 注　释

1. 刊登于 2013 年 1 月 19 日的《纽约时报》。

# 就业之书（约伯记）<sup>○</sup>

——

自从房地产泡沫破裂到现在已经快 5 年了，从衰退的开始算起也有 4 年了。相比 4 年之前，美国的工作岗位减少了 660 万。差不多有 2300 万美国人希望找到一份全职工作却无法如愿。失业者当中几乎有一半已经处于长期失业的状态。工资水平不断下降——一个典型美国家庭如今的真实收入低于 1997 年的水平。

早在 2008 年，我们就知道这场危机很严重。我们自认为找到了这场危机的"始作俑者"——美国的大银行，它们损人利己的放贷以及不计后果的赌博，把美国推向了毁灭的边缘。小布什政府和奥巴马政府为救助银行的辩护是，只有不受限制地、无条件地向银行

---

⊖ 刊登于2012年1月的《名利场》杂志。（《就业之书》的英文"Book of Jobs"与《圣经·约伯记》的英文"Book of Job"发音类似，也暗示一个人的苦难（失业）并非个人原因造成的。）——译者注

提供资金，美国经济才能修复。美国这么做不是出于对银行的喜爱，而是因为（美国人民被告知）这个国家离不开银行提供的贷款。许多人，尤其是在金融领域，认为要采取强有力、果断和慷慨的行动（不仅是拯救银行，还要拯救银行家、银行的股东和债权人）将会使经济恢复到危机前的水平。与此同时，规模适中的短期刺激计划足以让经济渡过难关，直至银行业恢复健康。

银行得到了它们想要的救助。一大部分钱变成了奖金，只有一少部分用于贷款，并且经济也没有真正恢复——产出勉强高于危机之前，而就业形势还很惨淡。对美国状况的诊断和随后开出的处方都是不正确的。首先，幻想银行家会主动改过自新（只要被足够优待，他们就会开始放贷）就不对。事实上，人们被告知："不要对银行开出任何条件，不能要求它们重组抵押贷款，或在止赎的过程中更加坦诚相待。不要强迫它们将钱用于放贷，这样的条款将会搅乱本就脆弱的市场。"最终，银行的高管还是只顾他们自己的利益，并继续做着他们习以为常的勾当。

即使美国能够完全修复银行系统，我们仍然无法解决问题，因为我们早就深陷困境了。那个看似黄金年代的 2007 年并非人间天堂。诚然，过去美国有很多引以为豪的东西。信息技术领域的公司正处在产业革命的前沿。但大多数美国工薪阶层的收入仍未恢复到上一次衰退前的水平。美国人的生活标准只能靠不断举债来维持——债务的膨胀让美国的储蓄率接近于零。而这个"零储蓄"并不能真正道出事实的全部。因为富人总能存下很大比例的收入，成为美国储蓄率的拉动项，接近于零的平均值意味着其他人的收入必然是负数。

（现实是：根据我在哥伦比亚大学的同事布鲁斯·格林沃尔德做出的研究，在本次经济衰退之前的几年里，占比 80% 的美国中下层人口的支出大约是其收入的 110%。）造成这种债务程度的原因是房地产泡沫，这个泡沫是由前后两届美联储主席艾伦·格林斯潘和本·伯南克通过低利率和监管不作为（甚至没有用上他们现成的监管工具）而造成的。正如我们现在所知，基于资产价值的上升，银行愿意放贷，家庭愿意借款，而这些资产的定价在一定程度上是大众的集体错觉。

事实是，在本次危机发生之前的几年里，美国经济从根本上就是疲软的，不但存在泡沫，而且由泡沫催生的、无法持续的消费成为经济的支撑。如果没有这些因素，失业率会很高。认为仅靠修复银行体系就能让经济恢复健康的想法是荒谬的。让经济重回"原来的状况"并不能解决根本问题。

如今美国正在经历的创伤与 80 年前"大萧条"时期所经历的创伤何其相似，也是由一系列的类似环境引发的。在当年，就像现在一样，美国也面临着银行体系的崩溃。与现在一样，当时银行体系的崩溃在一定程度上是更深层次问题的后果。即使美国正确地应对（金融业的失败）创伤，也需要 10 年或更长时间才能实现全面复苏。即使在最好的情况下，美国也将经历一场"长期低迷"。如果我们做出错误的反应，就像现在的情况，这场"长期低迷"将会持续更长的时间，并呈现出一个类似于"大萧条"的悲惨局面。

到目前为止，"大萧条"还是美国历史上最后一次在经济衰退发生 4 年后失业率仍超过 8%。并在最近的 60 年里，还从未出现过经济产出在衰退发生 4 年后才刚刚超过衰退开始之前的水平。在职国民人口占比的下降幅度超过了二战后任何一次经济低迷时期的两倍。毫不奇怪，经济学家已经开始反思如今的"长期低迷"与"大萧条"之间的异同。正确地从中汲取教训并不是一件容易的事情。

很多人认为，"大萧条"主要是由美国联邦储备委员会过度紧缩货币供应导致的。作为研究"大萧条"的学者，本·伯南克曾公开表示，这是他吸取的教训，并成为他打开货币供应水龙头的原因。他把水龙头开得很大。从2008年开始，美联储资产负债表的规模先是翻了一倍，后来增至此前水平的三倍，如今达到了2.8万亿美元。尽管美联储通过这样做成功地拯救了银行，但它没能成功地挽救经济。

现实不仅让美联储名誉扫地，还让人们对"大萧条"起源的一种传统解释产生了怀疑。传统观点认为，美联储通过收紧货币政策造成了"大萧条"，并且如果那时候的美联储能够增加货币供应（换而言之，就如美联储当前的做法），很可能就会避免一场全面爆发的萧条。然而在经济学中，不可能像硬科技那样用可重复的受控实验来验证假设。但货币扩张并没有能力抵消当前的衰退，这应该足以终结"货币政策是20世纪30年代危机的真实元凶"的观点。现在的问题与当时一样，罪魁祸首另有其人。现在的问题是所谓"实体经济"的问题。这个问题的根源是我们现有的就业类型、我们需要的就业类型以及我们失去的就业类型，也同样是我们需要什么类型的工人、我们不知道如何安排的工人类型以及我们正在失去的那种工作。近几十年来，实体经济一直处于痛苦的转型之中，其中的脱节之处从未得到过正视。长期萧条的背后是实体经济的危机，就像"大萧条"的背后也是实体经济的危机一样。

　　在最近的几年里，我和布鲁斯·格林沃尔德一直在参与"大萧条"替代理论的研究，并重新分析困扰当今经济的原因。新的解释将20世纪30年代的金融危机视为经济实际疲软的后果，而非主要由金融暴雷造成。银行体系的崩溃直到1933年才全面爆发，这距离"大萧条"的开始和失业率出现飙升已经很长时间了。到1931年，失业率已经是16%左右，并在1932年达到了23%。被称为"胡佛村"⊖的贫民窟四处可见。这其中的根本原因是实体经济的结构变化——生产率的提高（一般被认为是"好事"）导致农产品价格和农业收入普遍下降。

　　在"大萧条"刚开始的时候，有超过五分之一的美国人在农场工作。从1929年到1932年，这些人的收入差不多减少了三分之一到三分之二，进一步加重了农民多年来面临的困难。农业也成为其自身成功的牺牲品。在1900年，美国需要很大一部分人口来生产足够全国食用的粮食。随后，出现了一场在整个20世纪都在加速发展的农业革命——更好的种子、更好的肥料以及更好的耕作方式，还要加上广泛的机械化。到今天，只需要2%的美国人就生产出了超过整个美国食用的粮食。

　　然而，这种转变意味着农场的就业和谋生方式正在被摧毁。由于生产率的加速提高，产出的增长速度快于需求的增长速度，价格急剧下降。正是这一点，比其他任何原因，更能导致收入的急速下降。当时的农民（就和现在的工人一样）依靠大量举债来维持生活水平

---

⊖　在1929年经济危机时期，美国经济不断恶化，失业者饱受饥寒之苦，他们在全国四处流浪，昔日繁华的大街上出现了用旧铁皮、纸板和粗麻布搭起的棚户区，人们把它叫作"胡佛村"，用来讽刺胡佛当局对金融危机的束手无策。——译者注

和继续生产。由于农民和贷款给他们的银行都没有预料到价格急速下跌，继而很快发生了信贷紧缩。农民根本无法偿还他们所欠的债务。金融业也被卷入了农民收入下降的旋涡。

城市非但未能幸免，更是深受其害。随着农村收入的下降，农民越来越无力购买工厂生产的商品。制造商不得不解雇工人，这就进一步减少了对农产品的需求，并进一步压低了农产品的价格。没过多久，这种恶性循环就影响到了整个国民经济。

资产的价格（比如房产）往往随着收入的下降也会下跌。农民就这样被困在了他们衰落的行业和经济不景气的地区。收入和财富的减少使得向城市迁移变得更加困难；城市的高失业率也降低了迁往城市的吸引力。整个20世纪30年代，尽管农业收入大幅下降，但总体上没有出现农业人口的外流。与此同时，农民还要继续生产，有时甚至要加倍努力地工作才能弥补价格的下降。对于个人来说，这是理性的；但就整体而言，越努力反而错得越多，因为任何产量的增加都会压迫价格进一步下跌。

考虑到农业收入下降的幅度，无怪乎仅靠"罗斯福新政"无法让美国脱离危机！这些项目的规模太小了，而且其中许多很快就被放弃了。到了1937年，罗斯福向赤字鹰派让步，削减了刺激的力度——这是一个灾难性的错误。与此同时，处境艰难的各州和地方政府减少雇员，这也与现在一样。银行业危机无疑加剧了所有这些问题，延长并加深了经济衰退。但关于金融动荡的任何分析都必须从引发连锁反应的起因入手。

罗斯福总统针对农业的《农业调整法案》意在通过削减产量来

提高价格，这可能在一定程度上缓解了形势的恶化。但直到政府为了应对全球战争而大幅增加支出，美国才开始走出"大萧条"。明白一个简单的事实非常重要：带来复苏的是政府支出（凯恩斯式的经济刺激），而不能归功于货币政策的纠正或银行系统的恢复。当然，如果将更多的钱花在教育、科技和基础设施投资上，而不是用于采购军火，经济的长期前景会更好。但即使如此，强劲的公共支出也足以抵消私人支出的不足。

政府支出无意间解决了美国经济的根本问题：美国经济完成了必要的结构转型，使美国，尤其是南方地区，果断地从农业转向了制造业。美国人往往厌恶听到"产业政策"这个词，但这正是战争支出达成的效果——等同于一项永久改变经济性质的政策。在城市产业（制造业）上创造出的大量就业机会成功地将人们从农业中吸引出来。食物的供应和需求再次达到了平衡：农产品价格开始上涨。进城的新移民接受了城镇生活和工厂技能的培训，战后的《退伍军人权利法案》确保了退伍军人能够在现代工业社会中如鱼得水。与此同时，被困在农业上的大量劳动力几乎完全消失了。整个过程漫长且痛苦，但经济危机的根源已经消失了。

"大萧条"的起源与美国当前经济长期低迷的原因极其相似。那时候，美国正从农业转向制造业。如今，美国也正在从制造业经济转向服务业经济。制造业的就业岗位急剧减少——从60年前占全部劳动力的三分之一到今天的不足十分之一。在过去的十年里，这一步伐明显加快。导致这种下降的原因有两个。其一是生产率的提高——同样的机制曾颠覆了传统的农业生产方式，迫使大多数美国农民到其他地方寻找工作。其二是全球化，这将数百万工作岗位转移到了海外，转移到低工资或在基础设施或技术上一直投资更多的国家（格林沃尔德指出，20世纪90年代的大部分岗位流失与生产率的提高有关，而与全球化无关）。无论具体原因如何，其无法避免的结果与80年之前并无二致——收入的下降和工作机会的减少。曾受雇于扬斯敦、伯明翰、加里和底特律等地工厂的数百万失业工人，正是"大萧条"时代不幸农民的现代翻版。

尽管我们可以暂时对此视而不见，但这些明显已经影响到了消费支出和经济的根本健康，更不用说让人类付出的骇人代价。有一段时间，房地产和信贷市场的泡沫通过制造人为的需求掩盖了问题，而人为需求反过来又在金融业、建筑业和其他领域创造了就业。泡沫甚至让工人忘记了自己的收入在下降。他们沉浸于拥有超乎梦想的财富的可能性，因为他们的房子价值飙升，而他们投资在股市的养老金的价值似乎也在飙升。但这些就业都是暂时性的，很快就会烟消云散。

主流宏观经济学家认为，经济衰退过程中真正可怕的不是工资下降，而是工资的刚性——只要工资水平能更有弹性（就是可以降低），经济衰退就会自行修复。但在"大萧条"时期并不如此，并且现在也不这样。恰恰相反，更低的工资和收入只会减少需求，从而进一步削弱经济。

在金融、房地产、医疗和教育这四大服务行业中，前两个在当前危机爆发之前就已经是金玉其外了。另外两个（医疗和教育）在传统上需要得到政府的大力支持。但政府在所有层面上的紧缩（即面对经济衰退大幅削减预算）对教育业的打击尤其严重，就像紧缩摧毁了整个政府部门的就业一样。在过去的四年里，各州和地方政府有将近70万个工作岗位消失了，这与"大萧条"时期的状况如出一辙。与1937年一样，如今的赤字鹰派呼吁平衡预算和越来越多的削减。政府正在退缩，而没有推进无法回避的结构转型，没有投资于正确方向的人力资本、科技和基础设施——这些投资迟早会帮助我们实现我们想要的目标。当前的策略只会产生一个结果：确保这次"长期低迷"比以往所需的恢复时间更长、程度更深。

从这段简短的历史中，我们可以得出两个结论。第一个结论，经济不会自行反弹，起码不会在一个相对普通人生命很重要的时间框架内完成。诚然，所有的止赎房屋早晚会有人住进去，或者被拆掉。房价一定会在未来某个时刻稳定下来，甚至开始上涨。美国人也将要适应较低的生活水平——不仅仅是量入为出，而是让消费远低于自己的收入，因为他们还要努力偿还积压如山的债务。但伤害也将是巨大的。将自身视为机会之地的美国式观念已经被严重侵蚀了。失业的年轻人被异化，让他们当中的很大一部分人得到多彩的人生也越来越难了。今天发生的事情将会给他们留下终生的创伤。如果驱车穿过中西部地区的工业河谷、平原上的小镇或南方曾经的工业中心，我们将会看到一幅无可挽回的衰败景象。

货币政策无法帮助美国走出这场困境，本·伯南克也姗姗来迟地承认了这一点。美联储在形成当前局面的过程中扮演了重要的角色（其一手促成的泡沫带来了不可持续的消费），但现在它对减轻后果却几乎无能为力。我可以理解，美联储的成员可能会感到某种程度的内疚。但任何相信货币政策将让经济复苏的人都会大失所望。

这种想法只是一个干扰项，而且会带来危险。

相反，我们需要着手一项大规模的投资计划（就像美国在 80 年前几乎无意间做的一样），这将提高我们在未来几年的生产效率，同时也将增加现在的就业。这些公共投资，以及由此带来的 GDP 修复，会提高私人投资的收益。公共投资可以用于改善生活质量和实际生产力——这有别于私人部门对金融创新的投资，后者被证明更像大规模金融杀伤性武器。

如果不借助一场世界大战的动员准备，美国真的能靠自身复原如初吗？也许不能。但好消息（在某种意义上）是，美国在近几十年中对基础设施、科技和教育的投资严重不足，因此额外投资的回报也会很高，同时当前的资金成本却处于前所未有的低水平。如果美国在今天做到为高回报的投资举债，美国债务占 GDP 的比重（衡量债务可持续性的一般指标）一定会在未来得到明显改善。如果美国能够同时增税（比如，针对收入最高的 1% 家庭），美国的债务可持续性当即就可以获得更大的改善。

即使美联储在未来几年里继续将利率维持在零的水平，私人部门仅靠自身不愿、也无法承受结构转型所经历的动荡。达成这一目标的唯一出路是通过政府的刺激计划，而刺激的目标不是为了保护旧经济，而是专注于创造新经济。我们必须从制造业转向人们需要的服务业——可以提升生活质量而非增加风险和不平等的生产性活动。为了达到这个目的，美国可以进行很多高回报的投资。教育投资就是其中一个至关重要的方面——受过良好教育的人口是经济增长的根本动力。基础研究也需要支持。政府在前几十年的投资（比如，发展互联网和生物科学技术）有助于促进经济的增长。如果缺少对基础研究的投资，又有什么能推动下一波创新的迸发呢？与此同时，各州肯定要利用联邦政府的帮助来填补预算的短缺。以目前的自然资源消耗速度，实现长期的经济增长是不可能的，所以对研究工作、技术人员和更清洁、更高效的能源生产计划提供资助，不仅有助于美国走出经济衰退，还可以为将来几十年打造一个强劲的经济基础。最后，美国陈旧的基础设施，从公路和铁路到堤坝和发电厂，正是利润丰厚的首选投资目标。

第二个结论是：如果希望维持任何"正常"的表象，美国就必须先修复金融体系。如前面讲过的，金融业的崩溃可能并不是当前危机的根本原因，但它让危机变得雪上加霜，而且成为长期复苏的障碍。在任何经济体中，中小企业，尤其是初创公司，在创造就业机会上都是超乎比例的来源，但它们受到的冲击尤其严重。美国需要的是让银行从危险的投机业务中抽身，回归到无聊的贷款业务上。但美国并没有真正修复金融体系，反而向银行注入了大量资金——没有任何限制，不设任何条件，也没有形成关于我们想要的和需要的那种银行体系的任何构想。用一句话来概括，美国混淆了目的和手段。银行体系应该服务于社会，而不是反其道而行之。

我们竟然能容忍这种目的和手段的混淆，这表明美国的经济和社会的发展方向令人深感不安。普通的美国人开始了解到已经发生的事情。在"占领华尔街"<sup>⊖</sup>运动的鼓舞下，美国各地的抗议者已经明白了这一点。

---

⊖　2011年9月17日，上千名示威者聚集在美国纽约曼哈顿，试图占领华尔街，有人甚至带了帐篷，扬言要长期坚持下去。示威组织者称，他们的意图是要反对美国政治的权钱交易、两党政争以及社会不公正。——译者注

# 富足时代的匮乏[1]

—

纵观全球，抗议食品和燃料价格飞涨的运动越来越多。随着全球经济放缓，穷人（甚至中产阶级）的收入在不断缩水。政客希望回应选民的合理担忧，却无从下手。

在美国，无论是民主党的希拉里·克林顿，还是共和党的约翰·麦凯恩，都在投机取巧，支持暂停征收汽油税，至少在这个夏天。只有巴拉克·奥巴马坚持自己的立场，拒绝了这项只会少许增加汽油需求的提案，以免抵消一部分的减税效果。

但如果克林顿和麦凯恩都错了，那又该如何是好呢？人们无法轻易忽视遭难的人的请求。在美国，中产阶级的实际收入还没有恢复到 1991 年上一次经济衰退之前的水平。

在小布什当选总统时，他声称为富人减税可以治愈所有的经济顽疾。由减税推动的经济增长的好处将涓滴到每个人的身上，这一类的政策已经流传到了欧洲及其他地区，但无一例外都失败了。减税本应唤醒储蓄资金，但美国的家庭储蓄率早已经跌落至零；减税本应刺激就业，但现在的劳动参与率比20世纪90年代还低。出现的经济增长只惠及了少数的顶层人。生产率在一段时间内有所增加，但这并非因为华尔街的金融创新。被创造出来的金融产品不仅没有用于管理风险，反而增加了风险。它们是如此不透明和复杂，以至于华尔街和评级机构都无法正确地对其评价。与此同时，金融业没有创造出能够帮助普通人管理自身所面临风险的产品，这其中就包括丧失住宅所有权的风险。数百万的美国人很可能要失去他们的住所，连同他们的一生积蓄。

美国成功的核心是以硅谷为代表的科技。具有讽刺意味的是，推动科技发展的科学家，以及资助科技创新的风险投资公司，都不是在房地产泡沫鼎盛时期最大的利益收获方。那场吸引到金融市场大多数参与者的游戏，让这些真正的投资相形见绌。

这个世界需要重新思考经济增长的来源。如果经济增长的基础是科学和技术的进步，而非对房地产或金融市场的投机，那么税收制度就一定要做出与之相应的调整。为什么那些在华尔街赌博赚钱的人要比那些用其他方式谋生的人缴纳更低的税率呢？资本利得税的税率至少应该与普通收入的税率看齐（无论税率高低，资本利得税都是一项实质性优惠，因为资本利得的收益只有在收益实现之后才被计税）。此外，对石油和天然气公司应当征收暴利税。

考虑到大多数国家不平等的大幅加剧，为了帮助那些在全球化和技术变革中一败涂地的人，对那些过得滋润的人征税也在情理之中，并且还可以减轻食品和能源价格飙升带来的压力。像美国这样有食品券计划的国家显然需要增加这些补贴的支出，以确保营养标准不会恶化。那些缺少类似计划的国家可以考虑设立相同的制度。

有两个因素引起了今日的危机：一是伊拉克战争（包括让提供低价原油的中东地区加剧动荡）导致了油价的高涨，二是生物燃料意味着食品和能源市场越发无法分割。尽管对可再生能源的重视是受欢迎的，但扭曲粮食供应的政策却让人厌恶。美国对以玉米为原料的乙醇的补贴更多地流入了乙醇生产商的腰包，而非用于遏制全球变暖。美国和欧盟巨额的农业补贴打击了发展中国家的农业，而在那些国家中，能用于提高农业生产的国际援助太少了。农业发展援助的比重从援助总金额17%的高点下降到当前的区区3%，加之有些国际捐助者还要求取消化肥补贴，从而使得资金短缺的农民更难于在市场竞争中占有优势。

富裕国家如果不能完全消除扭曲的农业和能源政策，也必须要有所收敛，并帮助贫穷国家提高粮食的生产能力。但这仅仅是一个开始：我们一向对我们最宝贵的一些资源（清洁的水和空气）不加以珍惜，所以只有形成消费和生产的新模式（一种全新的经济模式）才能解决最根本的资源问题。

## 注 释

1. 刊登于 2008 年 6 月 6 日的《报业辛迪加》。

# 向左求增长[1]

—

左派和右派都称自己能搞好经济。那么，选民在面对选左还是选右的问题时，是不是该将二者视为不同的管理团队而已？

事情要是这么简单就好了！部分问题与运气有关。美国经济在20世纪90年代很幸运地拥有低价的能源、飞速的创新，以及中国不断地提供物美价廉的商品，所有这一切相结合产生了低通货膨胀和高增长。

克林顿总统和当时的美联储主席格林斯潘对此几乎没有什么功劳，但可以确定的是，糟糕的政策倒是可能会把事情搞砸。相比之下，我们今天所面临的问题（高企的能源和食品价格以及摇摇欲坠的金融体系）在很大程度上都是由糟糕的政策造成的。

事实上，不同的经济增长战略本身就存在着巨大的差别，从而极有可能造成不同的结果。左派和右派的第一个重大差别是如何认识经济增长。经济增长不仅仅是 GDP 增加的问题，它必须是可持续的：经济增长如果基于环境的恶化、寅吃卯粮的消费狂欢或稀有自然资源的过度开采，并且没有将收益进行再投资，就是不可持续的。

增长还必须是普惠的，至少也要让绝大多数公民受益。涓滴经济学是没有作用的：因为即使 GDP 有所增长，大多数公民的生活也是每况愈下。美国近来的增长既不具有经济上的可持续性，也没让大众受益。大多数美国人如今的生活还不如七年之前。

但在不平等和经济增长之间，我们不一定非要做出牺牲或取舍。政府可以通过增加政策的普惠性来促进增长。一个国家最宝贵的资源是它的人民。因此，确保每个人都可以人尽其能是至关重要的，这就需要为所有人提供接受教育的机会。

现代经济也需要冒险。如果有一个良好的安全保障体系，个人才更愿意冒险。如果没有，公民可能就会要求保护自身免受来自外国的竞争。社会保障比保护主义更有效。

无法促成社会团结还要付出其他的代价，包括但不限于为了保护财产和监禁罪犯所需的社会和私人支出。据估计，美国在未来几年之内从事安保工作的人数将超过教育行业。而监禁一年所需的费用比在哈佛大学学习一年还要多。尽管监禁 200 万美国人（全世界最高的人均监禁率）的支出在美国 GDP 的统计上是增加项，但实际上应当被看作经济增长的减少项。

左派和右派之间的第二个重大差别是国家在促进发展中的作用。

左翼人士明白，政府在提供基础设施和教育、发展科技甚至直接充当企业家等方面的作用至关重要。政府就曾为互联网和现代生物技术革命奠定了基础。19 世纪，在美国政府资助下的大学的研究工作为农业革命提供了基础。之后，政府将这些进步带给了数百万的美国农民。另外，政府的小企业贷款不仅在创造新的企业上，而且在创造全新的行业上发挥了关键作用。

最后一个差别看上去似乎有些不合常理：如今的左派更了解市场，了解市场在经济中能够扮演（而且是应该扮演）的角色。右派，尤其是美国的右派，却不行。以小布什－切尼政府为代表的新右派，实际上就是换了个样子的老社团主义。

他们不是自由意志主义者。他们相信一个拥有坚实行政权力的强大国家，但这个国家是用来捍卫既得利益的，却几乎毫不在意市场原则。这样的例子有很多，其中就包括对大型公司型农场的补贴，用于保护钢铁企业的关税，以及近来对贝尔斯登、房利美和房地美的天价救助。而他们的言行不一也是由来已久的：保护主义在里根时期就扩大了，包括对日本汽车实施所谓的自愿出口限制。

相比之下，新左派正在尝试让市场发挥作用。不受约束的市场本身并不能良好地运行——眼前的金融灾难也强化了这个结论。市场的捍卫者有时都承认市场确实会失灵，而且会是灾难般的失灵，但他们宣称市场也是能够"自我纠正"的。在"大萧条"期间，类似的观点也有出现：政府不需要采取任何行动，因为从长远来看，市场会使经济恢复到充分就业的状态。但是，这就像约翰·梅纳德·凯恩斯的那句名言"长远来看，我们都死了"。

市场无法在对我们有意义的时间框架内实现自我纠正。没有一个政府会在国家陷入衰退或萧条的时候还能袖手旁观，即使这场灾祸是源自银行家的过度贪婪或证券市场和评级机构对风险的错误判断。但是，如果政府要为治疗经济的代价买单，政府就必须提前介入以免让经济陷入麻烦。右派放松管制的口号是完全错误的，而美国现在正在为此付出代价。并且，这个代价（以损失的产出计算）会是高昂的，仅在美国就可能超过 1.5 万亿美元。

右派人士往往将自己的思想渊源追溯到亚当·斯密，尽管斯密承认市场的力量，但他也认识到市场的局限。即使在他的时代，企业也知道，通过合谋提高价格比更有效地生产出创新产品更容易增加利润。所以，制定强有力的反垄断法很有必要。

盛筵常有，而当派对进入高潮时，每个人都感觉良好。然而，促进可持续的增长则困难得多。如今，与右派形成鲜明对比的是，左派有一套连贯的议程，这个议程不仅提供了更高的增长，还带来了社会正义。对于选民来说，此时做出何种选择应该不难。


**注　释**

1. 刊登于 2008 年 8 月 6 日的《报业辛迪加》。

# 创新之谜[1]

—

纵观全球，人们对以硅谷为代表的技术创新有着极大的热情。从这个角度看，美国的创造力代表其真正的比较优势，而其他国家都在努力模仿。但这里似乎出现了一个未解之谜：我们很难从GDP的统计数据中发现这种创新的好处。

如今正在发生的事情可能与几十年前个人电脑刚出现时的情况相类似。1987年，经济学家罗伯特·索洛（因其在增长方面的开创性工作而获得了诺贝尔奖）曾哀叹道："你可以在任何地方看到电脑时代，唯独在生产率统计数据中见不到。"对此，可能存在几种解释。

也许GDP数字并不能真实反映出电脑时代的革新所带来的生活质量的改善。又或者，这样的创新并没有其强烈拥护者认为的那么重要。事实证明，这两种观点都有一定的可取之处。

回想几年之前，就在雷曼兄弟银行破产前，金融业对自身的创造性是何等骄傲！考虑到金融机构一直在吸引全世界最优秀、最聪明的人才，人们也认为这份骄傲是理所当然的。但是，经过仔细检查就会发现，大多数这样的创新明显涉及更容易让他人上当受骗的巧计、暗中操纵市场（至少在相当长的一段时间内不被发现）和滥用市场支配力量。

在那段时间里，当资源流向这种"创新"行业的时候，GDP 的增长会明显低于以往。即使在最好的时期，也无法普遍提高人们（除了银行家）的生活水平，并最终导致了我们还没能从中恢复的这场危机。所有这类"创新"的净社会贡献是负的。

与此相似的是，在那之前的互联网泡沫也是以创新为标志——人们可以通过网站在线订购狗粮和软饮料。至少，那个时代留下了高效率的搜索引擎和光纤基础设施。但同样很难评估网上购物所节约的时间，或竞争加剧（得益于更为便利的网上比价）能省下的成本，到底是如何影响我们的生活质量。

有两件事情应该值得澄清。首先，一项创新的盈利能力可能无法很好地衡量其对我们生活质量的净贡献。在我们"赢者通吃"的经济结构下，一名创新者开发出一个更好的狗粮在线购买和配送网站，可能会吸引世界上所有使用互联网订购狗粮的人，并在这个过程中赚取巨额利润。但是如果他提供不了配送，大部分利润只会落入他人之手。那么，这个网站对经济增长的净贡献可能相对较小。

此外，如果一项创新，比如银行业的自动取款机，导致失业率上升，那么由此产生的社会代价（无论是被裁人员受到的创伤，还是支付失业救济金产生的财政成本）并没有反映在企业的盈利能力上。同样，我们的 GDP 指标没能反映出个人因失业风险增加而产生的不安全感所造成的损失。同样重要的是，它往往也无法准确体现创新带来的社会福利的改善。

在一个更简单的世界里，创新只能意味着降低某种产品的生产成本，比如一辆汽车，所以评估一项创新的价值很容易。但当创新影响到汽车的质量时，评估工作就变得困难得多。并且，同样的问题在其他领域更加显著，比如由于医学的进步，如今的心脏手术比过去更有可能成功，进而提高了人类的预期寿命和生活质量，但我们又如何精准评估它的价值呢？

尽管如此，人们终归无法回避心中的不安，因为说到底，近来的技术创新对长期生活质量提升的贡献可能远远小于强烈拥护者的看法。大量的思维创意被投入到优化广告和营销预算的方向——定位在那些可能真正购买产品的客户，特别是富裕群体。但要是把这些创新全都分配到基础研究领域，或者能够产生更多新产品的应用研究领域，那么全人类的生活水平可能会得到更大的提升。

通过脸书或推特可以更好地与他人联系，显然这是有价值的。但我们如何将这一类的创新与催生了海量变革性产品的激光、晶体管、图灵机和人类基因组图谱等创新进行比较呢？

当然，我们也有理由松一口气。尽管我们可能无法得知最近的技术创新对我们的生活福祉有多少贡献，但至少我们知道，与危机前那场代表全球经济走向的金融创新浪潮不同，它们产生了更积极的影响。

## 注　释

1. 刊登于 2014 年 3 月 9 日的《报业辛迪加》。

# 后　记

　　本书的最后一部分与其他部分的文章不同，这是《名利场》杂志的编辑库伦·墨菲对我进行的一次采访。在此次采访中，我回应了保守派的一种说法，即富人是净就业的创造者。依照这个观点，从富人手中拿走钱（甚至强迫富人缴纳他们应负担的合理税赋）都会产生相反的效果，进而普通美国人也会因此遭殃。这只不过是旧"涓滴经济学"的21世纪版本，就是为社会的不平等而辩护。

　　我的观点是，涓滴经济学是彻底错误的。只要有足够的需求（并且如果某些其他的先决条件也得到满足，比如获取资本和完善的基础设施），全世界就会出现丰富的创造力和充沛的创业精神。从这个角度看，消费者才是真正的"就业创造者"；美国和欧洲的经济一直创造不了就业的原因是，收入的停滞意味着需求的停滞。事实上，在本书出版之际，许多欧洲国家的工资已经低于这次危机前的水平；正如我一再指出的那样，典型的美国家庭的收入比 25 年前还要低。所以，需求停滞也就不足为奇了。

《名利场》杂志的编辑问了我另一个问题，这个问题我也曾在周游全美的时候反复听人提起：我们把不平等的加剧该追溯到什么时候？我们又会将这个问题归因于什么呢？我能给出的答案与其他学者的发现基本吻合：不平等的加剧大致发生在里根执政时期。尽管里根总统采取的一些行动几乎肯定导致了这种不平等的加剧（包括给极富的人带来巨大收益的税收变革），但我们也该像托马斯·皮凯蒂在其书中所写的那样，从更广泛的视角看待这个问题：许多发达国家不平等的加剧也大致始于同一时期。作为 20 世纪 80 年代时代精神的组成部分，"改革"影响了一个又一个国家。这些改革不仅包括降低最高的边际税率，还有金融市场的自由化。

因此，在本书结束之际，我们重复了开始时的主题：美国的不平等（无论是其发展到的极端程度，还是它所采取的形式），并不是无法避免的；它不是不可阻挡的经济或物理规律的结果；它们既是美国政策选择的问题，反过来又成了美国政治的结果。美国人民为这种不平等付出了高昂的代价，并且随着危机的产生及其后果，人们在最近 10 年中的感受最为强烈。除非能改变导致这种状况的政策，否则在未来，美国人将付出越来越大的代价。

# 访　谈

## 约瑟夫·斯蒂格利茨驳斥1%的人驱动创新的谬论，以及为什么里根政府时期是美国不平等的拐点[1]

———

**库伦·墨菲：** 在你的新书《不平等的代价》中，你在历史上和地理上的跨度都非常大。那么回顾美国历史，你觉得哪一段时期与我们当前对日益加剧的不平等缺少关注的状况最为相似？

**斯蒂格利茨：** 我能想到的有两个时期：19世纪末的镀金年代和20世纪20年代的经济繁荣时期。这两段时期都以极度不平等和高度腐败为特征，包括那些时候的政治进程，比如标志着20世纪20年代开端的臭名昭著的"蒂波特山油田丑闻"[一]。事实上，直到上个十年的中期，美国的收入不平等还未达到20世纪20年代的程度。当然，有一些在这两段时期发家致富的人对美国的社会做出了巨大的贡献，比如，修建铁路改变这个国家的"强盗大亨"，或为美国部分地区带来电力的詹姆斯·布劳恩·杜克。但是，这两段时期也都以投

---

[一] 蒂波特山油田丑闻是美国20世纪初最大的一起腐败丑闻，内政部长艾伯特·培根·福尔在没有竞标的情况下，将加利福尼亚州的埃尔克山和怀俄明州的蒂波特山的油田钻井权给了两个石油大亨。——译者注

机、混乱和奢侈无度而著称。

就像爱德华·科纳德在其著作《意外后果》中的内容，有些人认为极端不平等不仅不是深陷困境的一项征兆，反而还值得庆贺。对于这个观点，你能指出很多问题，但你觉得它最核心的缺陷是什么？

科纳德认为，不平等加剧是好事，因为随着富人积累更多的金钱，他们会进行投资，从而改善经济。另外，他们的财富证明了他们对创新的贡献。正如你所提到的，这个观点的问题如此之多，以至于让我觉得无从开始。让我强调三点。

第一，它基于"涓滴经济学"的概念，即如果顶层的人过得很好，那么社会上的其他人也会很好。但证据压倒性地与之相反：大多数美国人如今的实际收入（经通货膨胀调整后）要低于15年之前的1997年。

第二，它基于"不平等有利于经济增长"的谬论，但证据同样与之相反。事实一再证明，不平等会阻碍经济增长并加剧不稳定。这些发现都来自主流的研究。即使是众所周知其经济立场并不激进的国际货币基金组织，也已经开始认识到不平等对经济表现的不利影响。

第三，极度富有的人会用他们自己的金钱去承担创新驱动的风险，这个说法也是不真实的。我们已经很清楚地看到，财富更为普遍的用途是在"寻租"中占尽先机。当一小群人拥有异常大比例的财富时，他们将会利用手中的权力向政府寻求特殊的待遇。一些最富的人（无论是历史上，还是当今）通过行使垄断权力获取财富，并阻止他人在公平的环境中与自己竞争。如此的寻租行为是对资源极其低效的利用——寻租者并不创造价值。相反，他们利用自己在市场中的优势地位，从当前价值中谋取越来越大的比重。他们扭曲了经济，降低了效率和经济增长。

增长和创新的真正驱动者是新兴产业和中小企业（尤其是在高科技领

域），通常是基于政府支持研究的。如今美国的部分问题是，太多的上层人士不愿意为这些"公共产品"承担他们的公平合理份额，他们所缴的税仅仅是远不如他们富有的人的一小部分。但一些最富有的美国人还在宣扬一种经济上的幻想，认为自己愈加猖狂地敛财对每个人都有好处。

在 2009 ～ 2010 年的"经济复苏"中，美国收入最高的 1% 的人占有了全部收入中增长部分的 93%。我不认为科纳德能够说服近 2300 万的美国人痛快地接受这一点，因为这些人很想找到一份全职工作却一直无法如愿。

**如果非要让你找出一个美国不平等开始加剧的关键时刻，你觉得那是什么时候？又是由哪些事件引起的呢？**

很难定位到一个特定的关键时刻，但罗纳德·里根总统的当选显然是一个转折点。在二战之后的几十年中，美国经历了让大多数人都能分享的经济增长，当时底层群体的生活改善程度要优于顶层人士（这个时期也见证了这个国家最高速的经济增长）。导致不平等加剧的诱发事件包括金融业放松管制的开始，以及税收制度累进率的降低。放松管制导致了经济的过度金融化，以至于在此次危机发生之前，40% 的公司利润都流向了金融业。金融行业的典型特征就是高管拿着极端的薪酬，并且有部分利润是通过诸如掠夺性贷款和滥用信用卡等手段从中下层人群中剥削而来的。更不幸的是，里根的继任者继续沿着放松管制的道路进行下去。他们还扩大了为顶层人群减税的政策，以至于当今最富的 1% 的美国人只需缴纳其收入的 15% 左右的税款，这个税率远低于收入较普通的群体。

里根终止空中交通管制员的罢工常常被认为是工会实力被削弱的一个关键节点，也是能解释为什么工人的处境在近几十年来每况愈下的众多因素之一。但同样也有其他的原因。里根推行贸易自由化，不平等加剧的部分原因是全球化以及新技术和劳动力的离岸外包对半熟练岗位的替代。欧洲和美国常见的一些不平等加剧现象可以归结于此。但美国的不同之处是最顶层人群收入的异常显著增长,尤其是最富的 1‰ 的人。这个程度比大多数欧洲国家都要高出几个数量级,一部分原因是里根对放松管制(尤其是在金融领域)的热情,一部分原因在于竞争法的执行不力,还有一部分原因是美国更愿意趁机利用不完善的公司治理法规。

纵观美国历史,这个国家一直在与不平等做斗争。但由于战后时期出现的税收政策和法规,美国当时正在走上缓解一些不平等问题的正确道路。里根当政时期开始的减税和放松管制逆转了这一趋势。现如今税前和转移支付(通过食品券等方式给予穷人的帮助)前的收入差距加大了,并且因为政府为穷人做得更少并偏袒富人,税后和转移支付后的收入不平等甚至更大了。

**你不厌其烦地批判的活动之一就是"寻租"。那你是否在摩根大通的惨败中看到了寻租行为?**

摩根大通最近公布的巨额亏损表明,我们没有遏制住银行的过度行为;我们还没有彻底解决导致危机的问题。仍然存在透明度的缺失、掠夺性贷款和不计后果的行为——并且仍由纳税人承担风险。金融业改革的失败正是寻租的一个明显体现。我们继续实行"利润私有化,损失社会化"的体制;实际上,银行一直是巨额补贴(往往是暗中的)的受益者。

金融业利用与政府之间的"政商旋转门",首先削弱了约束它们的监管规定;甚至在发现这些监管规定明显不足之后,它们也要利用这层关系阻止适当的新监管措施。由于寻租,美国的监管结构存在缺陷。银行利用自身的影响力获得特殊待遇,包括接受救助。它们已经看到,如果亏损可能让它们破产,美国的纳税人将为其提供廉价的融资(直接注资、零利率借款、援助抵押贷款市场、支付美国国际集团的债务,等等)。通过各种方式,它们可以从其他人的身上榨取租金。接下来,这些租金以股息的形式支付给股东,以"奖金"的形式支付给管理层。让很多美国人极为恼火的是,那些将自己公司拖入濒临毁灭境地的经理人竟然拿走了奖金。并且,即使银行拿到了美联储接近于零利率的借款，而只需购买长期政府债券就能轻松赚钱，但是银行家们仍然为此获得了奖金，就仿佛这些都是由他们的辛勤工作或聪明才智产生的利润。

**在你的书中，你提出了一系列的政策选项，如果能全部实行，假以时日，将会解决不平等的问题。如果你只拥有执行其中一项的权力，你会选择哪一个？理由呢？如果还有一个机会，那么排在第二名的是什么？**

这世上根本没有万能药，部分原因是在美国的不平等之中有很多完全不同的组成方面：收入和财富在顶层的高度集中，中产阶级的空心化，底层人民的贫困加剧。每一个方面都有其各自的原因，并且每一个方面都需要专门的补救办法。

最令我不安的是，美国已经不再是一个机会之地，美国底层群体进入中上层的机会甚至比老欧洲国家还要少很多；事实上，美国的情况比其他任何一个有数据可查的发达工业国家都要糟。这种机会公平性的缺失会随着时间转化为不平等的加剧，并可能导致世袭财阀的产生。所以对于我来说，最重要的一项行动是确保所有人都能接受优质教育。与此同时，提高教育水平将有助于美国人在竞争日益激烈的全球市场上获得优势。

我在《不平等的代价》一书中提议的政策直接遵循了我对不平等来源的诊断：在顶层，存在过度的金融化、公司治理的滥用（让首席执行官攫取超乎比例的利润分成）以及种种寻租行为；在中间，工会力量的削弱；在底层，则是歧视和剥削。建立良好的金融监管、更好的公司治理体系，以及制定遏制更多歧视性和掠夺性贷款行为的法律，都将有所帮助。竞选资助和其他政治改革也应如此，这些改革将遏制顶层群体寻租的机会。

所有这些措施都将降低税前收入的不平等程度，但同样重要的是减少税后收入的不平等。一个简单的入手点就是税收本身——资本利得可能来自投机，而现行的税收制度对资本利得的税率远远低于薪金和工资。这样做不仅没有充分的理由，还扭曲了经济，增加了不稳定。富人的纳税比例本就不该低于中产，否则就加剧了不平等，进而扭曲了美国的政治，使这个国家更难恢复到财政健康的状态。此外，增加的财政收入可以为基础设施、教育和科学研究提供必要的公共投资，从而在未来使美国的经济回到正轨——并且，如果设计得当，还可以增加平等和机会公平。

**在 1% 的人当中，必然有人同意你的观点，他们也认为不平等事关重大，富人的利益与所有人的福利息息相关。这都是哪些人呢？**

有很多人都是这样想的，比如巴菲特。数百人签署了一份由一个名为"爱国百万富翁联盟"的组织牵头的请愿书，要求对富人增税，这份请愿书可以在该组织的网站上找到。这些人懂得一栋被拆开的房子无法矗立起来；他们懂得，自身和子孙后代的长久幸福要依靠一个团结的美国社会，这就需要对教育、基础设施和科技进行充足的投资。他们中的很多人都是实现了美国梦的人，他们的成功和财富靠的是白手起家，所以他们也希望其他人能享有与他们同等的机会。最重要的是，我猜测他们都坚信一些特定的价值观（以巴菲特的生活方式为例），同时他们担心在一个越来越割裂的美国，这些价值观将变得越来越稀缺。正如"爱国百万富翁联盟"在支持"巴菲特规则"的请愿书中写道："我们的国家一直在善待我们。它为我们的成功奠定了基础。现如今，我们希望尽自己的力量来巩固这个基础，这样其他人就能像我们一样取得成功。"

## 注　释

1. 刊登于 2012 年 6 月 5 日的《名利场》杂志。

# 出版社贡献

———

感谢《纽约时报》允许在本书中刊登以下文章:《不平等是一项选择》《马丁·路德·金如何引导我的经济学研究》《机会公平:美国的国家神话》《学生债务和美国梦碎》《拯救美国房地产的最后一招:大规模抵押贷款的再融资》《不利于99%的人的税收制度》《从底特律破产中获得的教训》《我们不信任任何人》《为什么该由耶伦而不是萨默斯来领导美联储》《美国粮食政策的错乱》《全球化的不利一面》《知识产权保护是如何加剧不平等的》《不平等并非无可避免》《新加坡经验对美国的启示》《日本是个典范,而非前车之鉴》《不平等正在拖累经济复苏》。

感谢《报业辛迪加》允许在本书中刊登以下文章:《不平等蔓延全球》(最初发表时名字为《在群龙无首的世界》)《21世纪的民主》《部分人的公正》《不平等与美国儿童》《埃博拉与不平等》《美

国的富人社会》《自由贸易的把戏》《印度对专利的明智判决》《危机后的危机》《毛里求斯的奇迹》《中国的发展路线图》《麦德林：照亮城市的一缕光》《澳大利亚的美式妄想》《富足时代的匮乏》《向左求增长》《创新之谜》。

感谢《名利场》杂志允许在本书中刊登以下文章：《小布什先生的经济恶果》《资本主义的蠢货》《1%的人的民有、民治和民享》《1%的人的问题》《就业之书（约伯记）》《访谈：约瑟夫·斯蒂格利茨驳斥1%的人驱动创新的谬论，以及为什么里根政府时期是美国不平等的拐点》。

本书中收录的更多文章要分别感谢：《批判性评论》的《一桩谋杀案的剖析：是谁扼杀了美国经济》《时代周刊》的《如何走出金融危机》《华盛顿月刊》的《缓慢的增长和不平等是政治选择，我们还可以有其他的选择》《哈泼斯》杂志的《假冒的资本主义》；美国政治新闻网的《美国黄金年代的神话》和《如何让美国恢复就业》《卫报》的《全球化不仅带来利润，还影响税收》《今日美国》的《罗姆尼逻辑的谬误》《华盛顿邮报》的《政策如何促成经济上的大鸿沟》《伦理与国际事务》的《消除极端不平等：2015～2030年的一项可持续发展目标》；德间书店的《日本应当警惕》《格拉斯哥先驱报》的《苏格兰的独立》；Taurus出版社的《西班牙的萧条》。